現代行政法
25講

片上孝洋・兼平裕子
西村淑子・藤井正希
編著

成文堂

はしがき

　現代社会において，行政が市民生活のほとんどあらゆる場面に関わっており，行政の活動も広範にわたっています。行政の活動にはその根拠となる法律があるのが普通で，行政に関わる法律（行政法）は多くあります。法律に基づく行政の活動によって，市民の権利と自由が制限あるいは侵害されるだけでなく，市民の権利と自由が保障あるいは保護されることもあります。そのため，行政と市民の関係を規律する法制度に共通する考え方や仕組みを追究する法分野である行政法を学ぶ意義があります。

　本書は，大学講義や公務員研修において行政法を学ぶ学生や公務員のためのテキストとして企画されました。本書は，「市民と行政活動」・「行政統制のシステム」・「行政の外縁」に関する25講のテーマを選定し，各講について分かりやすく解説することを基本としています。まず，各講の冒頭に「本講の内容のあらまし」を掲げ，それに沿いながら基本的な内容について，また必要に応じて学説や判例といったより深い内容についても解説し，それらを素材として活用することによって，講義・研修内容が充実したものになるよう留意しています。そして，各講を学び終えて，考えていただきたい「設問」を設けるとともに，各講についてより深く学ぶことができるように「参考文献」を挙げています。本書での学びを通して，行政と市民の関係を規律する法制度に共通する考え方や仕組みに関する知識を身につけ，それをより深めていただくことを心から願っています。

　本書を執筆するにあたって，執筆者には，文章は簡易平明を，解説は分かりやすさを基本とするようにお願いしました。しかしながら，執筆者が責任をもって担当の講を書いていますので，各講が独立した内容をもっており，文章や学説の統一は必ずしも図られていません。もっとも本書の不十分な点については，読者諸賢のご批判とご叱正を乞い，執筆者の協力の下に改訂の機会をもちたいと考えています。

　最後に，本書の企画を勧めていただいた後藤光男早稲田大学名誉教授，本書の出版を快く了承していただいた成文堂の阿部成一社長には厚くお礼申し上げます。また，出版の労をとっていただいた編集部の篠﨑雄彦氏にはいつも大変お世話になり，今回も格別のご配慮と適切なご助言をいただきました。執筆者を代表して心よりのお礼と感謝を申し上げます。

　　2022年5月　　　　　　　　　　　執筆者を代表して

　　　　　　　　　　　　　　　　　　片　上　孝　洋

凡　例

1．判例の略記

判例の引用にあたっては，次の略記法を用いている。

最大判平成21年11月18日民集63巻 9 号2033頁＝最高裁判所大法廷平成21年11月
18日判決，最高裁判所民事判例集第63巻 9 号2033頁

〔判例出典略語〕

最大判	最高裁判所大法廷判決	集　刑	最高裁判所裁判集刑事
最大決	最高裁判所大法廷決定	高民集	高等裁判所民事判例集
最　判	最高裁判所判決	高刑集	高等裁判所刑事判例集
最　決	最高裁判所決定	下民集	下級裁判所民事判例集
高　判	高等裁判所判決	下刑集	下級裁判所刑事判例集
高　決	高等裁判所決定	行　集	行政事件裁判例集
地　判	地方裁判所判決	訴　月	訴訟月報
地　決	地方裁判所決定	判　時	判例時報
民　集	最高裁判所民事判例集	判　自	判例地方自治
刑　集	最高裁判所刑事判例集	判　タ	判例タイムズ
集　民	最高裁判所裁判集民事		

2．参考文献の略記

各講の末尾の参考文献は，次の略記法を用いている。

執筆者・編（著）者名『書名』（発行所，発行年）
　　例：藤田宙靖『行政法入門（第 7 版）』（有斐閣，2016年）
　なお，共著者・編（著）者が 3 名以上の場合は， 1 名のみ表示し，その他の共著
者名は「ほか」と表示している。また，「改訂版」，「新版」等が書名に表示されて
いる場合は，書名の一部として表示している。

目　次

はしがき

凡　例

第 **1** 講　私たちの生活と行政法

----**本講の内容のあらまし**----------------------------------

　本テキスト『現代行政法25講』のイントロとして，①行政と行政法の乖離，②私たちの生活と多様な行政活動，③人口減少社会における行政法の変化，について概説する。私たちの生活と個別行政法との関わりは幅広いが，テキストとして学ぶ行政法は，多くの行政活動の背後にある共通項目を理論化・抽象化した学問となっている。このような今日の行政法の学問的背景や，民法と異なるところの行政法の特徴や変容について概説する。そして，人口減少社会および地方分権化という時代の変化に応じて行政活動の仕組みが，よりソフトな，より効率的な手法へと変容していること，予防法学・政策法学としての行政法の役割が重くなってきている点についても言及する。

第1節　行政と行政法の乖離

1　行政と行政法

(1) 行政法は退屈な科目？

　行政法は，伝統的には，行政権の組織・作用に関する国内公法と定義されている。行政法の守備範囲は広く，実体法も手続法も取り扱っている。

　大学で行政法を学ぶ学生の数はそれほど多いわけではないが，学生の一般的な評判は芳しくない。「なじみが薄い」「面白くない」「無味乾燥」といったネガティブな評価が多い。それは「行政法総論」「行政救済法」として学ぶ講義内容が日常生活とかけ離れた抽象的な説明に終始しているせいであろ

う。行政活動は多岐にわたるが，行政法総論の内容は，行政についての法すべてに共通する原則や通則をまとめたものであるし，法律用語自体が難しい。行政救済法といっても，日常生活で接する市役所の職員ともめて裁判所で争う事態までは想像しにくい。

　一方で，公権力を行使する立場の公務員こそ行政法の全体的な原理や通則の知識が必須に思えるが，行政法総論の理論構成を知らなくても公務員としての日々の務めを果たせないわけではない。法律（本法）よりもガイドラインや通達・要綱に沿って仕事をすることが多く，せいぜい必要なのは，公務員試験対策として勉強した五択問題の一部としての行政法の知識程度であろう。そして，行政法を研究し教育することで食っている行政法学者も，行政法という科目が「退屈な科目」であることを認めている。研究領域としては，抽象レベルでの行政活動の理論的解明に主たるエネルギーを注入している。

　要は，行政法を教わる側も教える側も，さらには実務家までもが面白くないと感じ，役にたたない学問だと内心では思っていることになる。

（2）私たちの生活と個別行政法

　ところが，私たち一般市民の生活は，個別の行政法を知らないと，道路を渡ることも，学校に入学することも進学することも，家を建てることも，市役所で住民登録や出生届の手続きを行うこともできないことになる。しかし，行政法総論の理論的知識はなくても，行政にかかわる日常生活をつつがなく営んでいる。何となく行政に関するルールは心得ており，個別の行政法の知識は一般常識となっている場合が多い。

　このような日常生活にかかわる多様な行政活動と行政法総論との乖離は，実社会とアカデミアとの乖離なのか，行政法という学問内容の構成が旧態依然としているせいなのか――不思議な世界である。

2　行政法という名前の行政法はない

(1)　民法と行政法の違い

よく言われることであるが，行政法という名前の行政法はない。1898年に制定され，1044条（現在は1050条）の条文から成る民法とは大違いである。民法は財産法と家族法の内容を条文に従って勉強していけば理解できる構成となっている。民法は暮らしや経済活動を成り立たせる最も基本的な法律であり，ローマ法以来2000年の歴史がある。

ところが行政法は，市民革命によって絶対王政が終焉する200年前までは存在しなかった。学問として存在しなかった行政法を理論化したのがドイツ人のオットー・マイヤーである。現在も最も大事な原理といわれる「法律による行政の原理」を唱えたオットー・マイヤーの行政法理論は，戦前，美濃部達吉や佐々木惣一によって日本に紹介され，行政法の教科書となった。天皇制であった日本とカイザー（皇帝）のいるドイツには類似性があったのであろう。

(2)　戦前の理論と戦後のアメリカ法の影響

戦前の行政法は，行政裁判所の存在を背景とし，権力関係として公法関係を理解するため，私法とは異なる法体系であった。戦後，日本国憲法が制定された後の行政法はアメリカ法の影響を受けている。公法関係への民事法の適用が広く認められている。しかし，すべての行政法システムが突然にアメリカ型に変わったわけはなく，戦前からの理論やシステムを引きずったところの複雑な構成となっている。

結局のところ，戦後の行政法システムの変化に対して，行政法テキストの構成の仕方はそれほど変わらなかった。たいていのテキストは，行政組織や行政作用についての総論的な説明と行政統制のシステムから構成されている。このような伝統的なテキストの構成方法が「現在のわが国の行政活動の変化や行政の外縁（国と地方の関係，民営化・効率化，アカウンタビリティ，グローバル化への対応）を説明するのに十分か」という大きな問題を惹起していることになる。

3　行政に関する法

(1) 行政法の共通ルールと行政の役割の変容

　司法試験制度改革によって行政法が基本7科目に入るまでは「六法に入れてもらえぬ行政法」であった。しかし個別行政法のレベルでは，現在生きている法律約1900本のうち，1300本程度は「行政法」の分野に属する。個別法の分野での法律の本数では行政法天国の様相を呈しているが，多すぎるからこそ「これら個別行政法に共通するルールを勉強するのが行政法である」ということになり，抽象的・総論的な学問分野になっている。

　それでも最近は行政の説明責任（アカウンタビリティ）が重視されているので，情報公開法や個人情報保護法，行政手続の透明化が論じられている。「目に見える行政」が必須となっている。一方で，行政法規が不備な場合の行政活動は後手後手となり，「人柱行政」となってしまう懸念が払拭できない。行政法の欠缺による被害が生じた後になってやっと，改正の必要性が論じられることが多い。これからの行政は「予防行政」重視により，「先手必勝」を目指すものへと変化する必要があろう。

　行政法には地方自治体に関する法も含まれる。国と地方の関係は，理論上は，対等である。実際には中央集権システムが残っているが，それでも，地方分権により国と地方の関係は変化している。さらに行政活動の範囲については，民間活動の補完に徹するという原則のもと，民営化や効率化の推進により「私人による行政」という分野も増えている。

(2) 裁判規範と行為規範

　民事法の世界では，契約自由の原則（民法521条）がとられ，民法は「裁判規範」となっている。行政法の世界では，行政手続，行政争訟と国家補償，行政強制はそれなりに裁判規範となるが，行政活動に関する個別法は，まずは「行為規範」であることが求められている。したがって，行政に関する法のバック・グラウンドにある共通ルール——行政基準，行政行為，行政裁量，行政契約，行政計画，行政指導，行政調査——についての，市民と行政活動の関わりの共通点の理解を深めるところからスタートする必要性があ

る。多様な行政活動を分析し，類型化することも学問として大事になってくる。

第2節　私たちの生活と多様な行政活動

1　私たちの生活と行政法

　私たちのライフサイクルのいろいろな段階で——学校教育で，職業生活で，私生活で，退職後の生活で——行政活動が関わってくることになる。私たちの日常生活のいろいろな場面で，個別行政法が顔を出してくる場面をみてみよう。

　(1)　学校にいく

　0歳児からの保育所入所（児童福祉法）や満3歳児からの幼稚園入園（学校教育法）は，本人の選択ではなく保護者の選択である。両者の根拠法の違いは知らなくても，保育所と幼稚園の違いは誰もが知っている。6歳に達すると小学校に入学することになるが，義務教育に関する根拠法は知らなくても，市役所から就学通知書が届くことによって校区内の小学校に入学できることになる。

　「なぜ市役所が個人情報を知っているのか？」それは私たちが出生届けを提出し，住民登録をするからである。住民基本台帳による登録制度によって，多くの行政活動が円滑に執行されることになる。一方で，子供に何らかの障害がある場合の情報も，行政は把握している。保護者は各種の手当てを受給するために個人情報を登録申請することになるが，これらの情報を市役所が把握することによって，普通学校への入学は難しくなり，特殊支援学校への入学となる場合が多くなる。

　国や地方自治体は，私たちの基本的な情報を把握・管理している。「行政がもつ一種のビッグデータ（住民基本台帳法やマイナンバー法による情報）を誰がコントロールするのか」という問題も生じてくる。

(2) サラリーマンになる

ニートや引きこもりが多くなってきたとはいえ，たいていの庶民は働かないと生活していけないので，自営業者でない限りは給与所得者になる。学校卒業時から定年退職時まで30年から40年以上にわたってサラリーマン生活を送ることになる。

誰もブラック企業には勤めたくない。したがって，適切な労働環境を国が守る必要がある。これが労働基準監督署による規制（労働三法に基づく）である。一方で，私たちが労働の対価として受け取った給与から，国や地方自治体は源泉徴収という天引き制度によって，税金（所得税，住民税）を徴収している。これは財産権のはく奪ではない。国や地方の仕事の財源を確保するために，私たちみんなに課された義務（憲法30条：納税の義務）である。事業主（支払者）が源泉徴収義務者として年末調整までしてくれるので，サラリーマンは社畜化し，納税者意識が希薄なまま定年を迎えることになる。

30年から40年以上の間ずっと健康で働き続けられるとは限らない。会社が倒産したり，リストラによって仕事を失う場合もある。これらのリスクによって，「健康で文化的な最低限度の生活」（憲法25条）を営めなくなる場合のリスクヘッジが社会保障制度であり，ハローワークによる就業サポートである。しかし高齢化と若年層人口の減少によって，これまでのような社会保障制度が持続可能か，更なる増税がどの程度必要か，という問題が生じている。

(3) 専業主婦の生活

子供が小さいうちは専業主婦になるという選択肢もあるが，一度仕事をやめると好条件での再就職は難しい。したがって，結婚後も仕事を続ける女性の数は増え続けており，専業主婦の数は減っている。子供を預けながら仕事を続けるのは容易ではない。0歳児からの認可保育所の待機児童問題が顕在化しているように，受け入れ態勢は十分とはいえない。それでも，パートや非正規雇用，派遣を含めた働く女性の数は年々増えており，いまや女性も大きな労働パワーとなっている。

　このような労働市場の変化のなかで，そして女性の高学歴化のなかで，あえて「専業主婦」を選択するのは一種の「特権」であると同時に，社会的には肩身が狭い立場に甘んじることになる。専業主婦という法律用語はない。所得税法では「控除対象配偶者」として税法上の優遇を，社会保険法上は「被扶養者」として社会保険上の優遇を受けることになる。これらの専業主婦（パート等を含む）優遇システムが，逆に女性の社会進出を妨げているという批判も多い。いわゆる「103万円の壁」「130万円の壁」である。

　1986年に男女雇用機会均等法が施行され，内閣府は男女共同参画社会を唱えている。働く女性の割合は増え続けているが，管理職に占める女性の割合は世界的にみてもかなり低い。女性の昇進の壁となる「ガラスの天井」を裏返せば，「旧来型の男社会を支えている専業主婦優遇システムを黙示的に推奨しているのが，現在の所得税法や社会保険法である」という問題点にたどり着く。

（4）ずっと単身者の人生

　2020年国勢調査資料によると，生涯未婚率（50歳時の未婚率）は男性25.7%，女性16.4%まで上昇している。「結婚離れ」現象である。私たちの生き方は多様化しているが，18歳から34歳までの独身者調査では，男女とも9割程度は「いずれ結婚するつもり」と答えている。にもかかわらず，結果として結婚できない「おひとりさま」が増えていることになる。

　雇用の不安定化や低所得化の影響が指摘されているが，ひと昔前の「お見合いシステム」がすっかり影をひそめてしまい，出会いの場が少ないことも大きな要因となっている。地域コミュニティや親戚親族のつきあいは希薄になり，職場で交際相手を見つけようにも「パワハラ」「セクハラ」のリスクもあり，近頃の若者は職場結婚には消極的である。

　積極的選択の結果ではなくとも，結果としてずっと単身者人生となった場合，「自由な時間を楽しめる」「家族に煩わされず好きなことができる」「自分のサラリーを自分で使える」といったメリットもあるが，一人で終活をし，一人で死ぬ覚悟が必要になる。

死別や離婚を含めると，単身者世帯の数は増えていくばかりである。家族形態の変化とコミュニティの希薄化にどこまで行政がかかわっていくべきか，たとえば，結婚相手を探すのも行政の仕事か，という問題が生じることになる。

(5) 退職高齢者の生活

かつて55歳だった定年退職年齢は60歳，65歳，やがては70歳へと延びてきている。高齢者層が増え，年金受給開始年齢を引き上げざるをえない財政状況のなかで，健康な高齢者は，むしろ，働くことによる自助が推奨されている。もはや，「隠居生活」を楽しむことは難しい時代になりつつある。孫と戯れる祖父母というユートピアは古き良き時代の名残となりつつある。共働き時代を反映して，孫育てパワーとして駆り出される場合も多い。退職後，自由な時間が増えた高齢者は，健康志向が強く，中高年の登山やフィットネスジムは大はやりである。確かにいまの高齢者は，ひと昔前の高齢者に比べて10歳程度は健康年齢が若返っている。

加齢により，集中力や記憶力や体力は衰えてくる。それでも長いキャリアを通じて培ってきたスキル（結晶性知能）をもっている。これら得意分野で社会貢献ができれば，「高齢者に生きがいを与え，自助を促す」「年金支出総額を減らせる」という「ウィン・ウィン」の関係になるが，そのマッチングは難しい。高齢者すべてが一方的な弱者という存在ではない。人生百年時代，元気な高齢者パワーを社会に活かす道を拡げるのも今後の行政に求められる活動分野かもしれない。

2　4つの行政活動

このように，私たちは，ライフサイクルの様々な段階や職業生活の様々な場面を通じて，行政と関わっていくことになる。私たちの生活と関わる行政活動は様々であるが，以下の4つに大別される。

行政活動としてあげられるのは，①「しつける行政」としての「規制行政」，②「与える行政」としての「給付行政」，③「支払う行政」としての

「調達行政」，そして，④これらの仕事の財源を確保するための「奪う行政」としての「租税行政」である（③④は研究者によって，分類の仕方や名称が異なる）。

①の規制行政は，私たち市民の活動に対して，行政が規制を行う類型である。規制行政は，私たち市民にマイナスの作用を及ぼすものであり，「しつけが厳しすぎないように」統制する必要がある。

②の給付行政は，行政が私たち市民に対して，金銭や各種のサービスを提供する類型である。現代は，給付行政が肥大化しており，生活保護，公立校による教育，ごみ処理，道路の設置・管理，水道・下水道管理サービス等，様々な分野に及んでいる。「不公平にならないように」統制する必要がある。「給付における平等」が求められる。

③の調達行政は，行政が民間と取引をする活動であり，「無駄がないように」統制することが必要になる。市役所でボールペン1本を購入する契約は民法上の売買契約と同じであるが，市役所が工事の発注をする場合は，原則として一般競争入札になる。談合のように，取引の相手方に対して「不公平にならないように」統制することも重要になる。

これらの行政活動の財源を確保するための活動が，④の租税行政である。「奪いすぎないように」しなければならない。国や地方自治体は，民間企業のように収益事業を行っているわけではないので，行政活動を行うために必要な経費は税金によって調達することになる。もっとも現代は，必要な国家予算の半分程度しか税金によって賄っていない。残りの大部分は国債発行によっている。

第3節　人口減少社会における行政法の変化

1　人口減少社会と行政活動

2008年の人口1億2808万人をピークとして，わが国の人口は減少に向かっている。厚生労働省の出生中位推計では，2060年には9000万人を下回り，2100年には約5000万人まで人口が減少すると予想されている。そのような時

代の変化に応じて，行政の仕組みも変容せざるをえない。

(1) 給付行政の限界

高齢化社会に伴って，社会保障費が増加しているが，財源に限りがあるため，根本的なシステムの見直し（賦課方式から積立方式への移行）や給付水準の見直し（マクロ経済スライド）が必要になる。社会保障費は国の予算のうち3割以上を占めている給付行政の典型であるが，国の支出は打出の小槌ではない。給付行政の限界を「執行可能性」というキーワードでとらえる必要が出てくる。

(2) 人口減少社会における地方分権——土地神話の崩壊

高度成長期の終焉とバブル経済の崩壊により，明治維新以来続いてきた中央集権体制によるナショナル・ミニマムの達成目標は，「地方のことは地方が決める」地方分権社会へと移行している。2005〜2006年にかけてピークを迎えた「平成の大合併」は，広域化による行財政基盤の強化を目標としたが，その背景にあるのは人口減少による効率化の必要性である。

人口減少によって，高度成長期の土地神話は一転してしまった。地方では，限界集落や耕作放棄地が増え，空き家問題や所有者不明土地問題を引き起こしている。自治体にとって生活環境保全上の支障をもたらす空き家問題は喫緊の課題であり，2010年代には空き家条例の制定が目立つようになった。「空家等対策の推進に関する特別措置法」が制定されたのは2014年のことである。国の法律より地方自治体の条例制定の方が，時代の変容に対応しやすいという一例である。

利用価値の低い土地を相続登記をしないこと等によって発生する所有者不明土地は，私有地の20%（ほぼ九州の面積に匹敵）に及んでいる。強すぎる所有権を背景に，放棄することもできない。公共事業の遂行に支障をきたす事態も生じている。行政活動によって達成しようとする「公益性」の中身が人口減少とともに変容している。

(3) 公務員数の削減と行政の守備範囲

人口に占める公務員数の割合はOECD加盟国平均の三分の一程度であ

る。欧米と比べてもともと少なかった公務員数は更に減少し，行政の民営化（指定管理制度や駐車違反取締り業務の民間委託等）や民間資金の活用による効率化（PFI法による請負から管理までの一括委託等）が求められている。行政と民間が協力して「まちづくり」を行うという例もある。講学上は「公私協働」として論じられるテーマである。

　多様化・複雑化した国や地域の問題すべてに行政が応えることは不可能である。行政の守備範囲はどこまでかに関しては，①民間でできるものは民間に委ねる，②市民が必要とする行政を最小の費用で行う，③行政機関は市民に対するアカウンタビリティを果たさなければならない，という3つの原則が立てられている（「行政関与の在り方に関する基準」1996年：行政改革委員会）。

2　行政手法の変容

　多様な行政活動のうち行政処分を中心にして，義務違反に対しては行政刑罰を課す伝統的な規制的・監督的な手法から，よりソフトな，より効率的な手法へと行政手法も変容している。

　行政処分を中心とする規制的・監督的な手法は，従来型のハードな行政手法であるが，もめた場合には抗告訴訟（取消訴訟）の対象となることから，行政の現場では発しにくい側面がある。むしろ，処分に該当せず，「特定の者に一定の作為または不作為を求める指導，勧告，助言その他の行為」（行政手続法2条）であるところの「行政指導」を多用しているのが実務である。

　(1)　私人による行政——指定管理者制度・PFI事業・コンセッション方式
　民間でできるものは民間に任せ，最小の費用で行うという基本方針のもと，私人による行政として，指定管理者制度（地方自治法）やPFI事業（PFI法）がある。前者は「公の施設」の管理運営を民間の団体（指定管理者）が行うものであり，後者は公共施設の建設から管理運営までを一括して民間企業に委託する事業である。これらは行政活動としては，支払う行政としての調達行政の類型に入るが，より一層の民営化と効率化を求める新しい手法になる。

　これまで市町村が担うことが多かった水道事業についても水道法改正（2018年12月）により，民営化が認められることになった。老朽水道管の交換を促す必要もあり，水道事業を運営していた自治体が浄水場などの施設を所有したまま運営を民間事業者に売却するコンセッション方式という公設民営方式が促進されることになる。

　(2)　グローバルな目標を達成するための国内行政法――誘導行政

　経済活動がグローバル化した現代は，地球規模の目標に対応した国内目標の達成が必要になる。行政法の守備範囲は国内公法と理解されているが，グローバルな規範が国内の行政活動に影響を与える場面が増えており，国内行政法もグローバル化の影響を受けざるを得ない。グローバルな目標とは「持続可能な発展」であり，国連総会で2015年に採択されたSDGs（Sustainable Development Goals：17の分野別の目標）を指す。その目標の一つが，気候変動への具体的な対策である。21世紀後半の平均気温の上昇を産業革命時から2℃以下に抑えるという「パリ協定」（2015年）による国際公約を，日本も批准している。国際公約は法的拘束力をもつ義務となっている。

　脱化石燃料社会構築のためには再生可能エネルギーの普及が必須となる。発電価格の高さがネックとなり普及が進まなかった太陽光発電は，ここ数年で急速に普及した。その後押しとなったのが，「固定価格買取制度」であり，経済的手法あるいは誘導行政といわれる手法である。2012年7月にスタートした固定価格買取制度は，各種の再生可能エネルギーを，一定期間（10年から20年），全量，固定価格で電力会社が買い取る制度である。「市場の失敗」を補うには税金か補助金による後押しが必要になる。補助金の支給ではなかなか進まなかった再生可能エネルギーは固定価格買取制度という経済的手法によって，ブレイク・スルーが起こった。価格による誘導というソフトな手法である。

　(3)　行政の役割の変化――市場の失敗と政府の失敗

　ナショナル・ミニマムの達成に向けてのインフラ整備が行政の主たる仕事であった時代と比べて，今日の行政の役割は変化してきている。グローバル

化のなかでは市場が先に反応するが，ブレイク・スルーを引き起こすところ
の潮目の変化に対し，行政は関与できるか。行政法学の制度設計論としての
側面も強くなっている。

　「持続可能な発展」という SDGs 目標のもと，制度（立法）が変わることに
よって，経済が変わり，技術も変わってくる。科学や倫理を根拠とした立法
によって，市場や技術のブレイク・スルーが引き起こされることもある。た
とえば「健康増進法」の制定・改正によって禁煙や分煙が促進され，現在で
は当たり前となっているのはその一例である。

　予算主義と先例主義に縛られる行政の対応はどうしても遅れてしまうが，
行政の役割が皆無というわけではない。国ばかりではなく，地方自治体にお
いても，政策法務の役割は重要になっており，よりソフトな，より効率的な
手法が求められている。

3　行政に関する法と行政法

　社会問題に対応する立法の多くは行政法の枠内に含まれており，行政法は
いわば「時代を映す鏡」である。裁判所とは区別される行政機関が能動的に
活動し，社会変動に即応する責務を担ってきた。総論としての行政法は，行
政に関する個別法の共通ルールをまとめたものである。一方，私たちの日常
生活に関わっている個別行政法にはそれぞれ固有の理論もあるが，これら行
政法はアカデミアの世界だけに生息しているものではない。実社会と乖離し
た社会科学は空疎な学問分野となってしまう。理論と実務は車の両輪であ
る。

　私たちの生活は多くの行政活動に囲まれており，常に何らかの問題が生じ
ている。その原因の少なからぬ部分は，法制度の欠陥や不備による。法律
（立法）はどうしても社会の変化に遅れてしまうからである。新たな社会問題
に対応して，従来の手法を変える必要も出てくる。その意味で行政法は，社
会認識を深めるための学問であると言えよう。

　「トラブルが生じた場合に行政側や市民側はどのように対処・対応すべき

か」については，行政手続法・行政不服審査法・行政事件訴訟法・国家賠償法・国家行政組織法・地方自治法といった通則法の知識が必要となる。同時に，個別行政法の個別条文のバックボーンとなる行政活動に関する共通ルールを知っておく必要がある。

　「法律による行政の原理」が支配する行政法の世界では，まず，基本理論や体系を知る必要がある。これらの基礎知識を，具体的な問題や紛争が生じた場合の予防法学として役立たせるところに，行政法総論を学ぶ意味があると言えよう。

【設　問】

(1)　わが国での行政法の考え方は，戦前と戦後では異なっています。日本国憲法の制定に伴ってそれまでの行政法システムがどのように改正されていったのか調べてみましょう。

(2)　あなたのこれまでの人生の段階において，そして，これからの人生の段階において，具体的には，①出生・子育て，②学校に通う，③働く，④健康を保つ，⑤住む，⑥リスクに備える，⑦旅立ち，の各場面に，どのような法律が関係しているか考えてください。

(3)　私人による行政の一つとして水道法改正による民営化があります。なぜいま民営化が必要とされるのか，そして，欧米の民営化事例がその後どうなったのか，調べてみましょう。

参考文献

阿部泰隆『ひと味違う法学入門』（信山社，2016年）
宇賀克也編『ブリッジブック行政法（第3版）』（信山社，2017年）
大橋洋一『社会とつながる行政法入門（第2版）』（有斐閣，2021年）
原田大樹『グラフィック行政法入門』（新世社，2017年）
藤田宙靖『行政法入門（第7版）』（有斐閣，2016年）

（兼平裕子）

第**2**講　行政主体と行政機関

┌─**本講の内容のあらまし**─────────────────────
　国や地方公共団体（都道府県・市町村など）のように，行政活動を行
なう権利と義務をもち，自己の名と責任の下に行政を行なう団体のこと
を行政主体という。行政主体のために実際の職務を行う機関を行政機関
という。行政機関は，行政権限的機関概念（作用法的概念）と事務分掌
的機関概念（組織法的概念）に区別される。特に行政権限的機関概念に
おける行政庁の役割を理解することが重要である。行政機関は公務員に
よって担われている。さらに，行政活動を行うためには，物的手段とし
ての公物が必要である。そこで，本講では，行政活動における①主体と
は何か，②行政機関はいかなる構成になっているのか，③行政の活動に
おける人的・物的要素とは何かについてそれぞれ概観する。
└─────────────────────────────────

第1節　行政主体

1　意　義

　実際の行政活動は公務員が行っているが，それらの活動は公務員の私的活
動というわけではなく，国や地方公共団体の活動として行われている。した
がって，公務員の行政活動の法的効果は，行政活動の主体である国や地方公
共団体に帰属する。国や地方公共団体のように，行政活動を行う権利と義務
をもち，自己の名と責任の下で行政を行う団体のことを「行政主体」とい
う。行政主体は法人であり，その構成員の活動の法的効果はすべて行政主体
に帰属する。これに対し，行政活動の相手方を行政客体という。行政客体に

は，自然人や法人が含まれ，私人ともいわれる。

2　種　類

　行政主体は，一般的行政権をもつ①国や②地方公共団体が中心となるが，③その他の行政主体として，特定分野における事業を実施するために設置された公共組合，特殊法人，独立行政法人等もある（図1）。

　①　国は統治団体として最も重要な行政主体であり，行政組織を整備し行政活動を行っている。国の行政組織に関する法律として，内閣法，内閣府設置法，国家行政組織法等がある。

　②　地方公共団体は，都道府県や市町村に代表されるように，国の領土内の一定の地域と住民によって構成され，統治権（自治権）をその地域内で行使する団体であり，地方行政の担い手である。明治憲法下においては，中央集権の下，行政権のほとんどを国が掌握しており，地方自治に関する規定もなかった。他方，日本国憲法は，第8章で「地方自治」の規定を設け，地方公共団体に一定程度の行政権を委譲し，地方行政を自主的に行うことを保障している。憲法92条は，「地方公共団体の組織及び運営に関する事項は、地方自治の本旨に基いて、法律でこれを定める」と規定しているが，本条にい

図1　行政主体

①国		
②地方公共団体	普通地方公共団体	都道府県
		市町村
	特別地方公共団体	特別区
		地方公共団体の組合
		財産区
③その他の行政主体		公共組合
		特殊法人
		独立行政法人

う「地方自治の本旨」とは，地方公共団体が国から独立した1つの地域的統治団体としての地位をもつこと（団体自治）と地域住民が自らの意思に基づき自主的に地域の事務を処理すること（住民自治）を意味している。

　地方公共団体の種類について地方自治法は，「普通地方公共団体（都道府県，市町村）」と「特別地方公共団体（特別区，地方公共団体の組合，財産区）」に分けている（1条の3）。普通地方公共団体には一般的な行政権をもつ都道府県と市町村がある。都道府県は，市町村の総合調整を行う包括的・広域的な地方公共団体であり，市町村は住民生活に身近な行政活動を行う基礎的な地方公共団体である。都道府県と市町村は，地方公共団体という立場においては同格であり，上下関係にはない。

　特別地方公共団体は，特定の目的や機能をもつ行政主体であり，次の三種類がある。（ⅰ）「特別区」は，東京都23区を指しており，市とほぼ同様の権限と機構を有している。基礎的自治体と位置づけられ，基本的には市に関する規定が適用される。区議会，区長，委員会及び委員が設置される。（ⅱ）「地方公共団体の組合」は，地方公共団体の事務を共同処理するために設けられる団体である。単独の市町村では実施できない場合に，複数の普通地方公共団体が協力して1つの組合を作り，教育・福祉・介護などの事務を担う。「地方公共団体の組合」には事務の一部を共同処理する「一部事務組合」（例：消防，火葬場，公立学校）と広域にわたり処理することが適当な事務を総合的に処理する「広域連合」（例：介護保険，ごみ処理，広域観光）がある。（ⅲ）「財産区」は，市町村や特別区の一部で，公の施設を設置しているものについて，その財産や公の施設の管理・処分に限って，市町村や特別区とは別個の法人格を認めたものをいう（自治法294条以下）。山林を財産として有する財産区が最も多いが，このほか，土地，墓地，用水施設，公会堂，公民館，温泉などに関する財産区がある。

　③　その他の行政主体の代表的なものとして，「公共組合」「特殊法人」「独立行政法人」がある。（ⅰ）「公共組合」は，特別の法律に基づき，特定の公共的な事務事業を実施することを目的として設立された公の社団法人を

いう。地方公共団体とは異なり，一定の資格をもつ組合員から構成される事業団体である。例えば，土地区画整理法に基づき設立される土地区画整理組合は，強制加入制や事業執行における権力性という観点から行政主体と捉えられる。その他の例として，土地改良区（土地改良法），健康保険組合（健康保険法），農業共済組合（農業災害補償法）等がある。

　(ii)「特殊法人」は，法人設立の手続に着目した行政主体であり，法律により直接に設立される法人，または特別の法律により特別の設立行為をもって設立される法人（独立行政法人を除く）で，設立・目的変更・廃止等の審査を総務省が行うものをいう。独立採算制の下，企業的な経営方式による合理的な事業経営を可能とするために独立の法人と位置づけられる。例えば，日本放送協会（NHK），放送大学学園，日本年金機構などがある。わが国ではかつて，公団，公庫，公社，事業団，金庫，基金，機構等の多様な名称の特殊法人が存在した。運営上，法人税や固定資産税などが免除されたり，政府の財政投融資による資金調達が可能であるなど，大きな特典を有している反面，事業計画には国会の承認が必要となることや不採算事業からの撤退等が簡単にはできない点など，国の意向に大きく左右されてきた。しかし，2000年代に入り，特殊法人の業務効率の悪さなどが指摘されるようになり，特殊法人等改革基本法に基づき，特殊法人の事業については廃止，整理縮小または合理化，他の実施主体への移管などの措置が，特殊法人の組織形態そのものについても廃止，民営化，独立行政法人への移行などの措置が採られることになった。

　(iii)「独立行政法人」は，各府省の行政活動から政策の実施部門のうち一定の事務・事業を分離し，これを担当する機関に独立の法人格を与え，業務の質の向上や活性化，効率性の向上，自律的な運営，透明性の向上を図ることを目的とする制度である。例えば，日本学生支援機構，大学入試センター，国立病院機構，国立公文書館などがある。独立行政法人は，国民生活や社会経済の安定等の公共上の見地から確実に実施されることが必要なものの，国が自ら主体となって直接に実施する必要のないものであり，しかし，

民間に委ねた場合には必ずしも実施されないおそれがあるもの，または一つの主体に独占して行わせることが必要なもの，のそれぞれの要件を満たす事務・事業を実施するために設置される。なお，独立行政法人は，独立行政法人通則法および個別の設立法に基づいて設立される。特殊法人と異なる点は，資金調達に国の保証が得られず，法人税や固定資産税など公租公課の義務が生じる点である。

第 2 節　行政機関

　行政主体のために実際の職務を行う機関を行政機関という。行政主体は法人格を有しているが，現実に行政主体が活動するためには多くの手足が必要である。その手足が行政機関である。行政機関には法律により一定範囲の権限が割り当てられており，その範囲内で行政活動を行う。

　ただし，これは理論上（学問上）の概念であり，法律上の概念とは異なる。すなわち，行政機関の概念は，1　行政権限的機関概念（作用法的な概念，学問上の概念，ドイツ的な行政官庁概念）と，2　事務分掌的機関概念（組織法的な概念，法律上の概念，アメリカ的な行政機関概念）とに大別することができる。

1　行政権限的行政機関概念（作用法的な概念，学問上の概念）

　権限の観点から，行政機関を次の 6 つに分類することができる。この分類方法は，行政機関が国民との関係でどのような権限を有するのかという観点から捉えた行政機関概念である。したがって，国民に対する働きかけ（行政作用）を考察するには便宜である。以下，法的権利・義務の帰属先である行政主体を人体に例えながら，その手足となって活動する行政機関について説明していく（図 2）。

　①　行政庁　　行政主体のために意思決定を行い，自己の名において外部に表示する権限を有する行政機関をいう。いわば行政主体の頭（ヘッド）となり，顔となる行政機関である。行政主体の中で最も重要な役割を果たす行

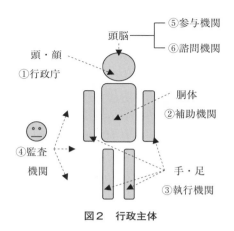

図2　行政主体

政機関である。例えば，各省大臣，各庁の長官，地方公共団体の長（都道府県知事，市町村長）がこれにあたる。行政庁以外の行政機関は，行政庁との関係の中で位置づけられる。このように，行政庁という概念を中心に理論的に体系づける考え方を「行政官庁論」という（戦前のドイツの影響を受けた考え方）。

　　　　行政庁の形態には独任制の場合（原則）と合議制の場合（例外）がある。独任制の例として，各省大臣や地方公共団体の長が挙げられるが，これらは行政の迅速かつ統一的な処理を行い，責任を明確にすることに適している。一方，合議制の例として，人事院，公正取引委員会，選挙管理委員会，人事委員会が挙げられるが，これらは複数人の意見交換を経て意思決定がなされるため，政治的中立性や専門技術的な知識が必要とされる行政分野に適している。

　②　補助機関　　行政庁その他の行政機関の職務を補助し，日常的な事務を遂行する行政機関である。例えば，国の場合は，副大臣，事務次官，局長，部長，課長，事務官などであり，地方公共団体の場合は，副知事，副市町村長，部長，課長，一般の職員など，ほとんどの公務員が補助機関にあたる。

　③　執行機関　　行政目的を実現するために，国民の身体や財産に直接実力を行使する権限を有する機関である。例えば，警察官，消防職員，自衛官，徴税職員が挙げられる。

　④　監査機関　　他の行政機関の事務や会計処理を検査し，その適否を監査する権限を有する行政機関である。例えば，国の会計検査院や地方公共団体の監査委員が挙げられる。

⑤　参与機関　　行政庁の意思決定に参与する行政機関である。行政庁の頭脳（ブレイン）として，行政庁の意思を法的に拘束するため，行政庁の意思決定はその議決に基づかなければならない。例えば，電波監理審議会，運輸審議会がこれにあたる。行政庁が参与機関の議決を経ずに行った行為は，無権限の行為として無効となる。

⑥　諮問機関　　行政庁の頭脳（ブレイン）として，行政庁から諮問を受けて，調査・審議の上，意見を述べる行政機関である。参与機関と異なり，諮問機関が出した答申や意見は，行政庁を法的に拘束しない。例えば，法制審議会，地方制度調査会，税制調査会がこれにあたる。

2　事務分掌的行政機関概念 （組織法的な概念，法律上の概念）

担当する事務（職務）の観点から，行政機関を分類することができる。国家行政組織法 3 条 2 項は，省，委員会，庁などを国の行政機関と呼んでいるが，これは所掌事務ないし職務を単位として構成される行政上の組織体系を全体として捉えるものである（戦後のアメリカ行政組織論の影響を受けた考え方）。

①　国の行政組織の最上位に位置するのが内閣であり，憲法は，行政権は内閣に属し（65条），国会に対し連帯責任を負うことを定める（66条 3 項）。内閣は，内閣総理大臣および国務大臣（原則14人，特に必要がある場合は 3 人増員可）によって構成される（内閣法 2 条）。内閣は，内閣総理大臣が主宰する全員一致制の閣議により意思決定を行う（同法 4 条）。内閣総理大臣は，閣議決定に従い，内閣を代表して行政各部を指揮監督し（同法 6 条），大臣間における権限の疑義が生じた場合は，閣議にかけて裁定する（同法 7 条）。また，行政各部の処分または命令を中止させ，内閣の処置に服させることもできる（同法 8 条）。内閣の最も重要な任務は，国務の総理者として行政権の基本方針を決定し（執政機能），また，行政の統轄者として行政各部を指揮監督して執行にあたらせ，総合調整を図ることにある（行政機能）。

②　内閣の構成員としての大臣は，国務大臣と呼ばれる（内閣法 2 条 1 項）。また，各大臣は主任の大臣として行政事務を分担管理する（同法 3 条 1

項)。すなわち，各省大臣は，内閣法に定める主任の大臣として，行政事務を分担管理する (国家行政組織法 5 条 1 項)。この各省の長としての大臣を行政大臣と呼ぶ。1 人の人間が国務大臣と行政大臣を兼任することによって，「執政 (政治)」を担う内閣と「行政」を担う行政組織を連結させている。例えば，財務大臣は内閣の一員 (国務大臣) であるが，財務省の長 (行政大臣) でもある。なお，内閣には，行政事務を分担管理しない無任所大臣を置くこともできる (内閣法 3 条 2 項)。

③　2001年 (平成13年) に実施された中央省庁等改革により，内閣の機能強化が図られ，内閣の補助機関として，内閣官房の機能強化，内閣府の設置などが行われた。内閣官房が内閣に置かれ (内閣法12条 1 項)，内閣官房長官には国務大臣が充てられる (同法13条 2 項)。内閣官房は，内閣の補助機関であると同時に，内閣の首長としての内閣総理大臣の職務を直接補佐する機関でもあり，閣議に係る事務等を処理するほか，国政に関する基本方針の企画立案，国政上の重要事項についての総合調整，情報の収集及び分析，危機管理並びに広報に関する機能を担っている (同法12条 2 項等)。また，内閣府が内閣に新設され (内閣府設置法 2 条)，内閣総理大臣を長とする機関とし (同法6 条 1 項)，内閣官房の総合戦略機能を助け，省庁横断的な企画・調整機能を担うとともに，内閣総理大臣が担当する実施事務を処理することになった (同法 3 条，4 条)。すなわち，内閣府は，各省と同様に行政事務を分担管理するとともに，各省よりも高次の立場から国政の具体的な重要事項について，企画・立案・総合調整事務を行う。そのため，内閣府は，国家行政組織法の対象から外され，根拠法を内閣府設置法とし，一般的な行政機関と区別して規律されることになった。つまり，内閣府は11の省に優位する立場にある。

④　国家行政組織法 3 条に基づく行政機関として，省，庁，委員会がある (3 条機関)。内閣の統轄の下に，行政事務をつかさどる機関として，現在11の省が置かれ (同法別表第一，図 3)，その長には国務大臣が充てられている (同法 5 条)。

省の内部部局 (内局) として，官房や局が置かれ，その下に部・課・室が

図3　国家行政組織法　別表第一

省（11）	委員会（5）	庁（15）
総務省	公害等調整委員会	消防庁
法務省	公安審査委員会	出入国在留管理庁，公安調査庁
外務省		
財務省		国税庁
文部科学省		スポーツ庁，文化庁
厚生労働省	中央労働委員会	
農林水産省		林野庁，水産庁
経済産業省		資源エネルギー庁，特許庁，中小企業庁
国土交通省	運輸安全委員会	観光庁，気象庁，海上保安庁
環境省	原子力規制委員会	
防衛省		防衛装備庁

（　）内は設置数を表わしている。

置かれる（同法7条）。

　⑤　内閣府および省の外局として，必要に応じて庁（独任制）と委員会（合議制）が置かれる。外局とは，外部部局の略称であり，内部部局（内局）の対置的表現である。庁は，府・省の内部部局が取り扱うには事務内容が特殊な場合や事務量が膨大な場合に置かれ，ある程度独立して処理させる目的で設けられる。委員会は，事務の性質上，行政の中立性の確保や専門技術的な判断，利害の調整等の要請に基づいて設置される合議制の行政機関である。委員会は戦後，アメリカの制度をモデルに導入された制度であり，「行政委員会」と呼ばれる。委員会は，府や省から分離され，職務の独立性をもつ（独立行政委員会）。行政的権限のほかに，規則制定という準立法的権限や審査裁決といった準司法的権限を有する。

　⑥　府・省・庁・委員会は，地方出先機関として地方支分部局を置くことができる（国家行政組織法9条等）。例えば，法務省の法務局や地方出入国在留管理局，財務省の財務局や税関，厚生労働省の労働基準監督署や公共職業安

定所がある。地方支分部局の設置は，地方公共団体の行政と競合するおそれ
があるため，法律事項となっている。

3　行政機関相互の関係

行政組織は，行政機関を全体として統一的に機能させ，行政目的を円滑か
つ能率的に実現するため，階層制の構造となっており，上級行政機関は下級
行政機関に対し，所掌事務の範囲内において指揮監督する権限を持つ。指揮
監督権の内容として，①監視権，②許認可権，③訓令・通達権，④権限争議
の裁定権，⑤処分の取消権，代執行権などがある。

①　監視権とは，上級行政機関が下級行政機関を調査する権限である。例
えば，上級行政機関は下級行政機関に権限行使の状況を報告させ，書類帳簿
等を閲覧・検査し，職員を派遣して視察する権限を持つ。

②　許認可権とは，下級行政機関が一定の権限行使をするにあたり，事前
に監督権限のある上級行政機関の許可・認可等を受けなければならないとす
るものである。

③　訓令・通達権は，上級行政機関が下級行政機関に対し，訓令（口頭）
や通達（文書）を発することができる権限である。

④　権限争議の裁定権は，下級行政機関相互間に権限争議がある場合に，
上級行政機関がその争議を裁定することができる権限である。

4　権限の代行

行政機関には，法令によって所掌事務と権限が与えられ，原則として配分
された権限を自ら行使するが，例外的に他の機関に行使させることができ
る。その方法には，①権限の委任，②権限の代理，③専決・代決がある。

①　権限の委任とは，行政機関がその権限の一部を下級行政機関その他の
行政機関に委任することをいう。権限の委任は，委任機関による一方的な委
任行為により成立し，受任機関の同意は必要ない。委任により，法律上の権
限の配分に変更が加えられるため，委任には法律の根拠が必要であり，かつ

外部への公示が必要となる。委任できる範囲は，委任機関の権限の一部に限られ，全部または主要部分の委任はできない。委任により，その権限が受任機関に移転し，受任機関は，委任の範囲内でその権限を自己の名と責任において行使する。したがって，権限行使の法律効果は受任機関に帰属し，委任機関の受任機関に対する指揮監督権は，原則として及ばない。

②　権限の代理とは，行政機関の権限の全部または一部を他の行政機関が代わって行うことをいう。代理機関が代理者として権限を行使すれば，被代理機関の行為として効力を発する。例えば，市長から預かった入学式の祝辞を副市長が代読した場合には，市長が祝辞を述べたのと同じ効果が発生する。権限の代理は，代理権の発生原因により，授権代理と法定代理に分けられる。

まず，授権代理とは，本来の行政機関が他の行政機関に対し授権することによって，代理関係が発生する場合をいう（例えば，上記の副市長による市長祝辞の代読）。授権機関による代理行使は権限の一部についてのみ認められ，全部代理はできない。また，本来の行政機関の権限は，代理機関に移動しないため，授権代理には法の根拠は必要ない。被代理機関は，権限を有したままの状態であるため，代理機関を指揮監督することができる。

次に，法定代理とは，法定の事実の発生に基づいて，代理関係が発生する場合をいう。法律の定めに従い，他の行政機関が本来の行政機関の権限の全部を代行する。例えば，地方自治法152条1項は，「普通地方公共団体の長に事故があるとき，又は長が欠けたときは，副知事又は副市町村長がその職務を代理する」と定める。このように法定代理を認めるためには，その名の通り法律の明文の根拠が必要である。法定代理においては，被代理機関は，代

図4　委任と代理の比較

	権限の移動	法律の根拠	外部への表示	授権の範囲	指揮監督権
委　任	あ　り	必　要	受任機関名	一　部	及ばない
授権代理	な　し	不　要	代理表示	一　部	及　ぶ
法定代理	な　し	必　要	代理表示	全　部	及ばない

理機関の行為について責任を負わない（図4）。

③　専決・代決とは，補助機関が行政庁の権限を行政庁の名で行うことをいう。例えば，市役所窓口の事務職員は市長名で事務処理を行い，各種証明書を発行する。代決・専決は，行政事務において慣行的に行われている行政内部の事務処理方法である。内部の事務分掌規定によって，あらかじめ補助機関に決定権を与えている場合を専決といい，急を要する案件のため，不在の行政庁に代わって決定する場合を代決という。専決・代決は，補助機関の名を外部表示せず，行政庁の名と責任において決定・処理する点において，代理と区別される。

第3節　公務員

　行政活動は行政機関によって行われているが，行政機関は自然人である公務員によって担われている。公務員とは，給与を受けて公務に従事する職員をいう。憲法15条は，「公務員を選定し、及びこれを罷免することは、国民固有の権利」（1項）であり，「すべて公務員は，全体の奉仕者であつて，一部の奉仕者ではない」（2項）と規定するが，その詳細は国家公務員法や地方公務員法等の法令に委ねられ，公務員の雇用関係に基づく法律関係を規律している。

　公務員法の基本原理として，民主主義の原理，能率性の原理，基本的人権の尊重が挙げられる。日本国憲法下においては，民主的な公務員制度の確立が労働基本権の保障とともに要請される。もっとも，国民がすべての公務員を選挙で選ぶのではない。選挙を通じて民主的なコントロールを公務員制度に及ぼすことは，政治との関わりを強めることになり，職務の専門性・中立性・能率性を損なう恐れが生じかねない。そのような事態を避けるため，わが国の公務員制度は成績主義や能力主義に立脚し，能率性の原理をも採用している。

1　公務員の制度

①　公務員の分類法としては，まず，国に勤務する国家公務員と，地方公共団体に勤務する地方公務員に分けられる。次に，一般職と特別職に分けられる。一般職は，特別職以外の者であり，通常，国家公務員，地方公務員といわれる。一方，特別職は，限定列挙されており，政治的に任用されるもの（例：大臣，副大臣），選挙・議会による同意によるもの（例：市町村長，副市町村長），国家行政組織法上の行政機関の職にないもの（例：裁判官，裁判所職員，国会職員）がある。一般職の国家公務員や地方公務員には，それぞれ国家公務員法や地方公務員法が適用され，特別職には，国家公務員法や地方公務員法は適用されず，特別法が適用される。

②　公務員法の適用関係について，一般職の国家公務員には，まず国家公務員法が適用される。その他，国家公務員法の委任立法である人事院規則（人事院による準立法作用）などが適用される。一方，一般職の地方公務員には，まず，地方公務員法が，次いで各自治体が定める条例等が適用される。

2　公務員の権利

公務員は，公務員としての地位を得ることにより，様々な権利を有し，義務を負う。公務員の勤務関係は，公務員の職務の公共性と全体の奉仕者としての地位により，一般企業の雇用関係とは異なった規律がなされている。公務員の権利として，①身分保障上の権利，および②財産上の権利，これらの権利を保障するための③保障請求権，④労働基本権がある。

①　身分保障上の権利　　公務員は，法律または人事院規則に定める事由によらなければ，その意に反して降格・休職・免職されることはない（国公75条1項，地公27条2項）。これを身分保障という。公務員の身分保障の例外となるのが，分限処分（能力不足の場合）と懲戒処分（非行行為の場合）である。分限処分とは，当該公務員にその職務の遂行が期待できず，職に就けておくことが望ましくない場合，公務の能率維持のため，または，廃職・過員が生じた場合に公務の適正な運営の確保のために，本人の意に反して行われる

（国公78条，地公28条）。例えば，免職，降任，休職がある。懲戒処分とは，職場の規律・秩序維持のため，職員の非行や義務違反に対し，その責任を追及するために，本人の意に反して行われる。懲戒事由としては，法令違反，職務上の義務違反，全体の奉仕者にふさわしくない非行がある場合に（国公82条，地公29条），免職，停職，減給，戒告に処せられる。

　②　財産上の権利　　公務員の財産上の権利として，給与，退職金，退職年金，公務災害補償などを受ける権利がある。公務員の給与は，一般の労働契約関係とは異なり，法律・条例により詳細に定められている。

　③　保障請求権　　公務員の保障請求権には，勤務条件の措置要求権と不利益処分に関する不服申立権がある。これらは，公務員の権利を手続的に保障するための制度である。まず，勤務条件の措置要求権とは，公務員が勤務条件について人事機関（人事院，人事委員会または公平委員会）に対し，適当な措置をとるように要求する権利である。この権利は，公務員の労働基本権制限の代償措置としての性格をもつ。次に，不利益処分に関する不服申立権とは，不利益処分を受けた公務員は，人事機関に対し，行政不服審査法に基づいて不服を申し立てることができる権利である。不利益処分を受けた職員は，人事院，人事委員会または公平委員会に対してのみ不服申立をすることができる（国公90条，地公49条の2）。この権利は，専門的な救済制度により職員を救済することによって，職員の権利を保障する趣旨である。

　④　労働基本権　　公務員も，憲法28条の「勤労者」にあたり，労働基本権（団結権・団体交渉権・争議権）の保障が及ぶ。もっとも，公務員の職務は公共性が高く，その停滞は国民生活に大きな影響を与えるため，現行法上，公務員の労働基本権は大幅に制限されている。現業公務員は，労働組合法にいう労働組合を組織する権利と労働協約締結権を伴う団体交渉権は保障されているが，争議行為は禁止されている。非現業職員は，公務員法上の職員団体結成権と労働協約締結権を伴わない交渉権を保障されているが，労働協約締結権を伴う交渉権および争議権は保障されていない（一般職公務員のうち，国営企業・地方公営企業に勤務する職員および単純な労働のために雇用される地方公務員を現

図 5　公務員の労働基本権の保障内容

	団結権	団体交渉権	争議権
現業公務員	○	○	×
非現業公務員	○	△	×
警察職員等	×	×	×

○…保障されている。
△…一部保障されている。
×…保障されていない。

業公務員といい，それ以外の職員を非現業公務員という）。警察職員・消防署員・自衛隊等は，労働基本権のすべてが保障されていない（図 5）。

3　公務員の義務

すべての職員は，国民全体の奉仕者として公共の利益のために勤務し，かつ，職務の遂行に当たっては全力を挙げてこれに専念しなければならない（憲法15条 2 項，国公96条，地公30条）。これは公務員の服務の根本基準であり，この実現のために，具体的な義務が置かれている。なお，義務の内容は国家公務員と地方公務員とでほぼ同内容となっている。

①　服務の宣誓　　公務員は，服務の宣誓をしなければならない（国公97条，地公31条）。公務員が国民全体の奉仕者として公共の利益のために勤務する性格を有することを自覚させるため，新たに職員となった者に対して課されている。

②　職務専念義務　　職員は，法令の定める場合を除いては，その勤務時間および職務上の注意力のすべてをその職責遂行のために用い，政府がなすべき責を有する職務にのみ従事しなければならない（国公101条，地公35条）。

③　法令及び上司の職務命令に従う義務　　公務員は，その職務を遂行するにあたって，法令に従い，かつ，上司の職務上の命令に従わなければならない（憲法99条，国公98条 1 項，地公32条）。法令遵守義務は，法治主義の原則に基づくものであり，職務命令への遵守義務は，行政の統一的運営の確保や行政組織の秩序維持の必要性に基づくものである。

④　秘密保持義務　　公務員は，職務上知り得た秘密を守る義務があり，退職後も同様である（国公100条 1 項，地公34条 1 項）。守秘義務を課す理由は，

公務への信頼性と能率的運営を確保するためである。秘密を漏らしたときは，刑事罰の対象になる（国公109条12号，地公60条）。

⑤　政治的行為の制限　　国家公務員法は，国家公務員に禁止される政治的行為を人事院規則（14-7）に包括的に委ねており（国公102条），その定めは政治的寄付金への関与，政治団体の役職員への就任など極めて広範囲に及んでおり，選挙権の行使以外のほとんどの政治的行為が禁止されている。一方，地方公務員の政治的行為の制限は，地方公務員法自体にその禁止・制限の対象を限定的に列挙しており，その範囲は比較的狭い（地公36条 2 項 5 号）。また，当該職員が属する地方公共団体の区域外においては，一定の政治的行為を行うことが許されている（地公36条 2 項但書）。また，地方公務員には，政治的行為の制限違反に関する罰則の定めもない。このように，国家公務員に比べて地方公務員に対する政治的行為の制限が緩和されているのは，国家公務員法・人事院規則（14-7）に対する厳しい批判があったためである。

第 4 節　公　　物

行政活動を行うためには，人的手段である「公務員」だけでなく，物的手段としての「公物」が必要である。例えば，土地や建物，建物の中の事務用機器なども行政活動を行うためには欠かせない。公物は，学問上用いられる用語であり，法令上の用語ではない。

公物とは，国や地方公共団体などの行政主体により，直接に公の目的に供用される個々の有体物をいう。有体物として支配管理の対象になることが必要であるため，無体物（電気・光・熱など）や無体財産権（知的財産権など）は，公物には当たらない。また，公物の管理・利用に関する法律（例えば，道路法，河川法，港湾法，空港整備法，都市公園法，国有財産法など）を総称して公物法と呼び，公物法という名の法典があるわけではない。公物は，物の管理面に着目した概念であり，その所有権とは関係がない点には注意を要する。

国や地方公共団体の所有物（国有物・公有物）でありながら，公物ではない物があり（国有私物・公有私物），また，私人の所有物でありながら公物になる物（私有公物）もある。

なお，公物と類似の概念に「営造物」がある。公物も営造物も，行政主体が公の目的のために供用するという点では共通している。しかし，公物は個々の有体物（物的施設）のみを指しており，人的手段は入らず総合的な施設ではない。一方，営造物は人的手段と有体物（物的施設）が含まれた総合的な施設である。例えば，国公立の学校は，教・職員という人的手段と校舎・体育館・グランドなどの物的施設（有体物）の総合的な施設として捉えられる。

1 公物の種類

様々な観点から公物を分類することができる。

① 公物の供用目的の相違による分類に，「公共用物」と「公用物」がある。「公共用物」とは，直接，一般公衆の共同使用に供される有体物である。例えば，道路，公園，橋，河川などがある。これに対し，「公用物」とは，国や地方公共団体などの行政主体自体の使用（公用）に供される有体物である。例えば，官公庁の建物・敷地，職員官舎，公用車などである。

② 公物の成立過程の相違による分類に，「自然公物」と「人工公物」がある。「自然公物」とは，自然のままの状態において，公の用に供することができるものをいう。例えば，河川，海浜，湖沼などである。これに対し，「人工公物」とは，行政主体によって加工され，かつ，公の用に供する旨の意思表示（公用開始行為）によって，はじめて公物となるものをいう。例えば，道路，公園，官公庁の建物などである。

③ 公物の所有権帰属の相違による分類に，「国有公物」「公有公物」「私有公物」がある。「国有公物」とは，国に所有権が帰属する公物である。例えば，国有地がある。「公有公物」とは，地方公共団体に所有権が帰属する公物である。例えば，地方公務員宿舎がある。「私有公物」とは，私人に所

有権が帰属する公物である。例えば，国立博物館に展示されている私有の文化財などがある。

2　公物の成立と消滅

公物の成立要件と消滅要件は，公共用物と公用物で異なる。

①　公共用物は，一般公衆の用に供するものであるから，成立時が特に問題となる。まず，自然公物の場合は，自然な状態のままで公共の利用に供される形態を備え，公物としての性質を有するため，成立の観念はない。次に，人工公物の場合の成立要件は，特定物件が一般公衆の利用に供される形態的要素を備えていること，およびこれをその目的に供する旨の行政主体の意思的行為が存することが必要である。この意思的行為を「公用開始行為」という。

一方，消滅要件については，その形態的要素が永久的に変化し，原状回復が社会通念上不能もしくは著しく困難な場合，または，行政主体による公用廃止の意思的行為，すなわち「公用廃止行為」がなされた場合は，公物としての性質を失う。

②　公用物は，国または地方公共団体が自分で使うものであるから，特に使用の開始を表示するなどの行為をする必要はない。すなわち，公共用物のように，意思的行為は必要ではなく，行政主体が事実上その使用を開始すれば，公用物は成立する。同様に，消滅については，単にその使用を廃止すれば消滅し，特別な意思表示や行為をする必要はない。

3　公物の使用関係

公物の使用によって生じる国民と公物管理者（行政主体）との関係を「公物の使用関係」という。

①　自由使用・一般使用・普通使用　　道路・公園・河川などの公共用物は，本来，一般公衆の自由な使用に供され，原則として管理者の許可その他の特別な行為を必要とせず，誰でも自由に普通に使用できる。

②　許可使用　　行政庁が公物の使用を一般的に禁止し，申請に基づき特定の場合に禁止を解除し，使用させることができる。例えば，道路や公園などで露店を出したり，集会やデモ行進を行ったりすることは，他人の通行や交通を一時的に妨害することになるため，原則として禁止される。もっとも，一般公衆に対する妨害や危険がない場合は，使用者からの申請に基づいて公物管理者は許可を行い，禁止を解除することができる。

③　特許使用　　公物管理者が，特定人に対し，公共用物について，一般人に認められない独占的・排他的使用（特許）を認める場合がある。例えば，道路に水道管やガス管を埋設したり，河川の上流に水力発電所を建設するような場合である。

④　公物の目的外使用　　①～③は，いずれも本来の用途に従った公物の使用形態である（公物の目的内使用）。しかし，公共の便宜のため，公物を本来の目的以外の用に供することがある。これを公物の目的外使用という。国公立大学の構内で食堂や書店などに営業させたり，市役所庁舎内に売店やATMを設置させることがある。

【設　問】
(1)　行政権限的行政機関概念について説明しなさい。
(2)　行政庁による権限の委任と代理について説明しなさい。
(3)　公物の成立要件と消滅要件について説明しなさい。

参考文献
塩野宏『行政法Ⅲ（第 5 版）』（有斐閣，2021年）
藤田宙靖『行政組織法』（有斐閣，2005年）
宇賀克也『行政法概説Ⅲ（第 5 版）』（有斐閣，2019年）
櫻井敬子＝橋本博之『行政法（第 6 版）』（弘文堂，2019年）

（後藤浩士）

第 **3** 講　法律による行政の原理

本講の内容のあらまし

　「法律による行政の原理」は，行政法の基盤をなす原理である。日本では「法治主義」ともいわれている。「法治主義」は，大陸法系の原理である。また，「法治主義」と同様に，法で国家権力に縛りをかけることによって，恣意的，あるいは専断的な国家権力を排斥するという考え方には「法の支配」も存在する。「法の支配」は，英米法系の原理である。本講では，まずは，「法治主義」と「法の支配」について，両者の違いが理解できるように，大日本帝国憲法と日本国憲法の基本原理を踏まえながら説明する。そのあと，「法律による行政の原理」の意義と具体的内容について説明する。

第1節　法律による行政の原理と法の支配

1　法律による行政の原理（法治主義）と法の支配

　まず，「法律による行政の原理」とは，行政活動は，法律に基づき，法律にしたがって行われなければならないことを意味する。「法律による行政の原理」は，ドイツ公法学において確立された法治主義理論に由来する。それが，大日本帝国憲法時代にわが国に導入されて，日本では「法治主義」ともいわれている。これに対して，「法の支配」とは，専断的な国家権力の支配（人の支配）を排斥し，権力を法で拘束することによって，人権を擁護することを目的とする原理である。「法の支配」は，中世の法優位の思想から生まれ，英米法の根幹として発展してきた基本原理である。わが国においては，

第二次大戦後，日本国憲法が制定されたことによって，「法の支配」が導入された。

　次に，法で国家権力に縛りをかけることによって，恣意的，あるいは専断的な国家権力を排斥するという点のみをみれば，「法治主義」と「法の支配」との間に大きな違いはなさそうである。それでは，行政法が法で国家権力を縛ろうとする根源的な理由から「法治主義」と「法の支配」との間にある違いについて考えてみる。行政法は，憲法の定める基本的価値を具体化する法であるといわれることもある。日本の憲法といえば，大日本帝国憲法（以下，「明治憲法」という）と日本国憲法が存在する。どちらも近代立憲主義に立脚する憲法である。ただし，明治憲法はドイツ（プロイセン）の憲法に倣って制定されたのに対して，日本国憲法はアメリカの憲法に倣って制定された。したがって，憲法の基本原理において，この2つの憲法には違いがあるので，その違いが行政法の基盤をなす原理に影響を与えていると考えられる。

2　憲法と法治主義・法の支配の関係

（1）形式的法治主義

　法治主義は，ドイツの「外見的立憲主義」のもとで確立された理論である。明治憲法は，ドイツ（プロイセン）の憲法に倣って制定されたことから，「外見的立憲主義」の憲法であった。また，明治憲法の下で，行政法もドイツ法の影響を受けて理論化された。そのため，明治憲法時代において，「法治主義」が公法原理となったのである。

　法治国にとって，法治主義は，元来，人権を保障するために，国権の発動を法に拠らしめようとするものである。しかしながら，明治憲法そのものが「外見的立憲主義」であったがゆえに，法治主義は，その要素から人権保障という目的面が欠落していた。明治憲法と行政法の目的は，法律の留保を伴う臣民の権利と自由の保障にあったので，結果として，法治主義の眼目は，形式的に法律の根拠があればよく，法律をもって行政権発動の限界を定めて，その法律に行政をしたがわせようとすることであった。このような法治

主義は，「形式的法治主義」と称されている。

(2) 実質的法治主義・法の支配

　第二次大戦後，日本国憲法はアメリカの憲法に倣って制定されたので，英米法における「法の支配」がわが国に導入された。そのため，日本国憲法の下では，「法の支配」にしたがって，公正な行政を期するためには，法律の内容をも問題とし，行政を拘束する法は，国民の意思を反映したものであり，かつ人権の保障を内実とするものであると解されている。一方で，日本が倣ったドイツにおいては，第二次大戦後，ボン基本法の制定により，人権保障という目的・実質とそれを実現する手段・形式をともに要件とする「実質的法治国」へと転換を遂げたとされる。わが国においても明治憲法から日本国憲法への憲法原理の転換は，そこにおける法治主義の転換をもたらした。すなわち，法治主義は，人権保障という内容を包含する「実質的法治主義」へと転換したのである。そのため，日本国憲法の下では，「実質的法治主義」にしたがって，公正な行政を期するためには，法律の内容をも問題とし，行政を拘束する法は，人権保障という内容を包含するものであると解されている。

　それでは，日本国憲法の下で，行政法の基盤をなす原理は，「法の支配」であるのか，それとも「実質的法治主義」であるのかという問題がある。憲法学において，「法の支配」の内容として重要なものは，①憲法の最高法規性の観念，②権力によって侵されない個人の人権，③法の内容・手続の公正を要求する適正手続，④権力の恣意的行使をコントロールする裁判所の役割に対する尊重，などがあげられる。憲法学は，「法の支配」の内容として重要なものが憲法に規定されていることをもって，日本国憲法が「法の支配」を採用していると捉えている。一方，行政法学において，「実質的法治主義」は，人権保障を目的とし，その手段として，権力分立，法による国家作用（司法，行政，立法），適正手続，救済制度などを整備しようとするものである。行政法学において，「実質的法治主義」の憲法上の根拠は，①人権を不可侵・永久の権利として信託・保障していること（11条，97条），②そのよう

な人権を保障した憲法の最高法規性（98条），③そのような憲法を保障し，法律その他の国家行為が人権に拘束されることを担保する違憲審査制（81条）があげられる。「実質的法治主義」の憲法上の根拠は，憲法学があげる「法の支配」のそれと共通しているといえるであろう。そのため，行政法学は，日本国憲法が「実質的法治主義」と「法の支配」とを採用していると捉えている。

第2節　法律による行政の原理とはなにか

1　法律による行政の原理とは

　行政活動は，法律に基づき，法律にしたがって行われなければならない。これを「法律による行政の原理」という。「法律による行政の原理」は，行政法の基盤をなす最も重要な原理である。行政活動を行う場合，たとえその目的が国民の生命や財産を保護するためであったとしても，国民に対する公権力を伴って行われる活動である以上，その活動を，行政の恣意や専断で行ってはならず，国民の代表機関である国会の制定する法律にしたがって行わなければならない。なぜならば，行政が恣意や専断で活動を行うことを認めれば，行政は自らの利益を優先することになり，国民の権利と自由を制限したり侵害したりするおそれがあるからである。また，現代社会は「社会国家」ないし「福祉国家」と呼ばれているように，行政が国民の日常生活のあらゆる場面に関与するようになっている。ということは，行政の行う活動も広範で多岐にわたっている。しかも，それは，行政が国民の権利と自由を必要以上に制限したり侵害したりする場面も増えてくることを意味する。それゆえ，「法律による行政の原理」は，ますます重要になっている。

　それでは，法律と行政との関係，つまり国会と内閣との関係から，「法律による行政の原理」を考えてみる。日本国憲法は，国会，内閣，裁判所の3つの独立した機関が相互に抑制し合いながらバランスをも保つことにより，権力の濫用を防ぎ，国民の権利と自由を保障する「三権分立」の原則を定め

ている（41条，65条，76条）。また，日本国憲法は，41条で「国会は，国権の
最高機関であつて，国の唯一の立法機関である」と定めて，国会中心主義の
統治体系を明らかにしたうえで，66条 3 項で「内閣は，行政権の行使につい
て，国会に対し連帯して責任を負」い，かつ73条 1 号で内閣は「法律を誠実
に執行」すると定めている。つまり，日本国憲法は，行政を法律の統制下に
置いているのである。したがって，「法律による行政の原理」は，憲法上の
重要な原理であると解されている。

2　法律による行政の原理の意義

「法律による行政の原理」は，次の基本的な考え方に支えられている。

まず，行政が国民の私的領域に恣意的に介入することを防ぐことによっ
て，国民の自由を保護しようという自由主義の要請である。事前に定められ
た法律にしたがって，行政は，その活動を行わなければならないのに対し
て，事前に法律が明らかにされることによって，国民は，どのような場合に
どのような行政がどこまで規制，あるいは介入してくるかを予測することが
可能となる。結果として，国民にとって自由が保障されることになる。つま
り，「法律による行政の原理」は，行政を法律にしたがわせるということそ
れ自体が目的ではなく，行政を法律にしたがわせることによって，国民の自
由を保障することが主たる目的である。また，「法律による行政の原理」に
よって，行政と国民は，互いに同じ法律に基づいて活動したり判断したりす
ることになるので，両者の関係が安定することにもなる。

次に，行政活動を国民の民主的なコントールの下に置こうという民主主義
の要請である。「法律による行政の原理」の法律は，国民の代表機関である
国会が制定するので，国民の意思を表現する法規範であるといえる。そのた
め，行政を法律にしたがわせることによって，間接的に，国民が行政活動を
民主的なコントロール下に置いているのである。また，「法律による行政の
原理」は，行政活動の正当性の根拠が法律にあるという趣旨をも含む。すな
わち，法律は国民が行政の公権力性を認める法規範であるから，行政は，法

律に基づいて，国民に対して命令したり強制したりすることができるのである。

3　法律による行政の原理の具体的内容

「法律による行政の原理」の具体的内容として，「法律の法規創造力の原則」，「法律の優位の原則」，「法律の留保の原則」の3つがあげられる。それでは，これらの原則の具体的内容について確認する。

(1) 法律の法規創造力の原則

国会で制定する法律のみが法規を創造することができる。これを「法律の法規創造力の原則」という。ここでいう「法規」とは，単なる法という意味ではなく，国民の権利を制限したり，国民に義務を課したりする法規範である。日本国憲法の下では，国民の権利を制限したり，国民に義務を課したりすることを内容とする事項については，必ず法律という形式を伴った国会の承認が必要である。この原則は，憲法41条の「国会は，……国の唯一の立法機関である」と定める「国会中心立法の原則」から帰結されると解する。つまり，新たに法規を創造するのは立法府の専権に属することであって，行政府は，法律による授権がない限り，法規を創造することはできないのである。

(2) 法律の優位の原則

行政活動は，現に存在している法律の定めにしたがって行われなければならず，これに違反することはできない。これを「法律の優位の原則」という。この原則は，行政活動全般について適用される。また，この原則の求める行政活動を規律する法律の定めは，別段の明文規定がない限り，当事者の意思によってその適用を排除することができる任意規定ではなく，行政が当然に遵守しなければならない強制規定であることをも含意している。この原則によれば，例えば，課税処分は，所得税法等の個別の税法にしたがって行われなければならないのであって，税務職員が納税者との話し合いによって納税額を決めることはできないし，また，道路交通の取締りは，道路交通法

を適用して行わなければならないのであって，法律とは異なる警察官の独自の判断によって行うことはできない。

(3)　法律の留保の原則

　行政活動は，国会の制定する法律の根拠に基づかなければならない。これを「法律の留保の原則」という。法律に「留保」されているとは，法律のみが決定できるということで，行政は法律の根拠がなければ何もできないということを意味する。この原則は，法律の根拠が必要となる行政活動の範囲を問題としている。この原則を理解するためには，「法律の優位の原則」との関係を確認しておく必要がある。「法律の優位の原則」とは，行政活動は現に存在している法律の定めにしたがって行われなければならないということであるから，これを反対解釈すれば，行政は，現に存在している法律に抵触しない限り，何をしても許されるという解釈を導くことになってしまう。そのような事態を防止するために，「法律の留保の原則」によって，法律に根拠がない行政活動は違法行政であるという結論を導いているのである。

4　法律の留保の原則と法律

　「法律の留保の原則」にとっての法律，つまり行政に関わる法律には，組織規範，根拠規範，規制規範の3つの類型がある。

　組織規範とは，行政機関を設置し，その所掌事務を定め，機関相互の関係を定める規範である。内閣法，内閣府設置法，財務省設置法のように行政機関の所掌事務や組織に関する事項について定めるものが組織規範である。

　根拠規範とは，組織規範があることを前提に，行政の活動につき実体的要件・効果を定めた規範である。警察官職務執行法のように行政機関がどのような場合に何をするのかを定めるものが根拠規範である。

　規制規範とは，行政活動の実施につき，その適正を図るために定められる規範である。行政手続法のように行政活動のルールを定めるものが規制規範である。

　上述した3つの類型のうち，「法律による行政の原理」において，「法律の

留保の原則」の下で特に重視されてきたのは，根拠規範である。近時，場合によっては，組織規範が法律の留保の原則における法律の根拠となり得るとする見解もある。しかし，この見解に対しては，組織規範があれば事実上無制約の行政活動を容認してしまうおそれがあるので，国家権力から個人の自由を守るという自由主義的な問題意識が希薄化してしまうという批判がある。

5　法律の留保の原則の適用範囲

　行政は，法律の根拠に基づかなければ活動を行うことができない。もっとも，「社会国家」ないし「福祉国家」と呼ばれる現代社会において，行政活動は広範で多岐にわたっているので，行政の行うあらゆる活動にいちいち法律の根拠を必要としたのでは，時として必要な行政活動が迅速に行われなかったり，行政活動が硬直化したりするなどの弊害が生じるおそれがある。それゆえ，法律の根拠が必要となる行政活動の範囲をどのように考えるのかということが重要な課題である。この課題については，次のような考え方がある。

(1) 侵害留保説

　侵害留保説は，行政活動のうち，国民の権利を制限したり，国民に義務を課したりするものにのみ法律の根拠が必要であるという考え方である。この説によれば，国民の権利を制限したり，国民に義務を課したりする活動，例えば，営業規制や租税の賦課徴収などの侵害行政については，法律の根拠が必要であるが，そうでない活動，例えば，補助金の交付や生活保護費の支給などの給付行政については法律の根拠が不要である。この説が給付行政に法律の根拠を求めないのは，給付行政は個人に便益を与えるものであり，また，この種の活動については法律で縛ることなく行政の自由度を高めておくほうが，むしろ国民の利益になると考えられているからである。既に述べたとおり，「社会国家」あるいは「福祉国家」と呼ばれる現代社会においては，給付行政をはじめ，さまざまな領域に行政が関与していることを考えれ

ば，侵害行政のみに法律の根拠を求めるのでは不十分である。

（2）全部留保説

全部留保説は，行政の行うあらゆる活動には，法律の根拠が必要であるという考え方である。この説は，日本国憲法が国民主権を採用している以上，天皇主権と結びついた侵害留保説はもはや過去のものであり，また，日本国憲法が民主主義を採用している以上，あらゆる行政活動が民主的正当性，すなわち法律の根拠をもたなければならないという考え方に基づいている。この説に立つと，法律の根拠がなければ行政活動を行うことができないので，行政は，実際上のニーズが生じても法律の根拠がない限り具体的な対応をとることができなかったり，国民のニーズに迅速に応えることができなかったりするなどの弊害が生じるおそれがあるし，また行政に対して包括的な授権をする法律が増えてしまうだけで，結局のところ，法律による行政権の縛りが緩くなるという指摘もある。

（3）社会留保説

社会留保説は，社会保障等の給付行政には法律の根拠が必要であるという考え方である。「社会国家」ないし「福祉国家」と呼ばれる現代社会において，社会保障等の給付行政が拡充している。そのため，個人の自由な領域を確保するための侵害留保説では不十分であり，給付行政にも法律の根拠が必要とされる。この説に対して，広範な給付行政すべてに法律の根拠を求めることが現実に可能か，給付行政以外の重要な政策決定を捨象して給付行政に限定した法律の根拠の拡張を図ることに合理性はあるのかという指摘がある。

（4）権力留保説

権力留保説は，公権力の行使としての性質をもつ行政活動には法律の根拠が必要であるという考え方である。この説のねらいは，侵害留保説のように，国民に対して侵害的な行政活動か否かに着目するのではなく，行政の行為形式において権力的手法が用いられているか否かに着目するところにある。この説によれば，営業規制や租税の賦課徴収のような侵害的かつ権力的

な行為のみならず，警察官による泥酔者の保護のような授益的かつ権力的な行為についても法律の根拠が必要となる。一方で，この説によれば，行政が私人と契約を締結して補助金を交付するというような非権力的な行政活動については法律の根拠が不要となる。この説に対して，行政の現代的手法としてその重要性を増している行政指導などの非権力的な行政活動がすべて「法律の留保の原則」の枠外に置かれることになってしまい，侵害留保説に対する正面からの批判にはなっていないという指摘がある。

（5）重要事項留保説

重要事項留保説は，行政の行為が侵害的か授益的か，あるいは権力的か非権力的かにかかわらず，重要な事項について法律の根拠が必要であるという考え方である。この説は，自由主義の観点から侵害留保説を拡張し，制裁的になされる氏名公表のように，権利を制限したり義務を課したりするわけではないが，国民に重大な不利益を及ぼしうるものについても法律の根拠を必要とし，また，民主主義や国会審議の公開制の観点から，行政組織の基本的枠組み，基本的な政策・計画，重要な補助金等についても法律の根拠を必要とする。この説は，他の説に比し柔軟性と視野の広さをもつが，何が重要であるかという点が明確になっているとは言い難い面があるという批判がある。

上述した諸説のなかで，行政実務が依拠する侵害留保説に取って代わるだけの決定的なものは見当たらない。だが，現代行政法においても，公権力による侵害から国民の権利と自由を守るという意義が失われたわけではないので，侵害留保説を基本としつつ，「侵害」の概念を柔軟にとらえることが望ましいと考えられている。

6　法律の留保が問題となる場面

行政実務においては侵害留保説が強固に維持され，現実に法律の根拠をもたない行政活動が日々展開されてきた。法律の留保をめぐる行政法学説と行政実務の対応は全く対照的であるが，法律の留保が実務的に全く問題となら

なかったわけではない。ここでは，次の 3 つの場面について考えてみる。

（1）緊急措置と法律の留保

切迫した危険が生じている状況下において，国民の生命や財産など重要な法益を保護するため，行政が法律の根拠なしに侵害行為をすることは一切許されないのであろうかという問題がある。

河川内にヨット係留用の鉄杭が違法に設置されていたため，漁港管理者である町が航行船舶の事故およびそれによる住民の危難を回避する緊急措置として，その鉄杭を法令に基づくことなく強制撤去した事件がある。最高裁は，「漁港管理者の右管理権限に基づき漁港管理規程によって撤去することができるものと解すべきである。しかし，当時，〔浦安〕町においては漁港管理規程が制定されていなかったのであるから，上告人が〔浦安〕漁港の管理者たる同町の町長として本件鉄杭撤去を強行したことは，漁港法の規定に違反しており，これにつき行政代執行法に基づく代執行としての適法性を肯定する余地はない」と判示している（最判平成 3 年 3 月 8 日民集45巻 3 号164頁）。最高裁は，たとえ緊急措置であったとしても，鉄杭撤去行為は侵害行為にあたるので，法律の根拠を欠く侵害行為は違法であるとの立場を明確に示している。

（2）警察実務と法律の留保

警察官による自動車の一斉検問については，これを直接に認める法律の根拠がない。そのため，警察官による自動車の一斉検問の適法性をめぐって，警察法 2 条 1 項の規定をもって根拠規範とすることができるか，それとも警察官職務執行法上の根拠が必要かという問題がある。

警察法は，警察の組織について定める組織法であり，具体的な権限を導き出すことはできない。警察官の具体的な権限・行為規範については，作用法としての警察官職務執行法が定めている。警察官職務執行法 2 条 1 項によれば，警察官は，挙動不審者に対して職務質問をする権限を有しているが，自動車に対する一斉検問は挙動不審かどうかにかかわらず実施されるため，職務質問の要件を満たしていないことになる。最高裁は，「警察法 2 条 1 項が

『交通の取締』を警察の責務として定めていることに照らすと，交通の安全及び交通秩序の維持などに必要な警察の諸活動は，強制力を伴わない任意手段による限り，一般的に許容されるべきものであるが，それが国民の権利，自由の干渉にわたるおそれのある事項にかかわる場合には，任意手段によるからといつて無制限に許されるべきものでないことも同条 2 項及び警察官職務執行法 1 条などの趣旨にかんがみ明らかである。しかしながら，自動車の運転者は，公道において自動車を利用することを許されていることに伴う当然の負担として，合理的に必要な限度で行われる交通の取締に協力すべきものであること，その他現時における交通違反，交通事故の状況などをも考慮すると，警察官が，交通取締の一環として交通違反の多発する地域等の適当な場所において，交通違反の予防，検挙のための自動車検問を実施し，同所を通過する自動車に対して走行の外観上の不審な点の有無にかかわりなく短時分の停止を求めて，運転者などに対し必要な事項についての質問などをすることは，それが相手方の任意の協力を求める形で行われ，自動車の利用者の自由を不当に制約することにならない方法，態様で行われる限り，適法なものと解すべきである」（最決昭和55年 9 月22日刑集34巻 5 号272頁）として，警察法を援用したうえで任意の協力を求める形で行われる自動車検問を適法であると判示している。

(3) 情報提供と法律の留保

最近では，スマートフォンやタブレット端末などが普及し，それらが情報の収集・発信やコミュニケーションの手段として，国民の生活を飛躍的に便利なものにしている。行政においても「電子政府の総合窓口（e-Gov）」を設けて，インターネットを通じて行政情報の総合的な検索・案内サービスを提供している。こうした情報化社会のなかで，行政の情報提供のあり方について，法律の根拠が必要な場合があるのではないかという問題が認識されている。

行政による公表の中には，①情報の公表が，その実質において法的義務や行政指導の実効性を確保するために，もっぱら義務違反者や行政指導不服従

者などに対する行政による制裁を目的とするものもあれば，②国民にとって利益となる天気予報や緊急地震速報，あるいは消費者保護に関わる第三者による不慮の損害を避けるための注意喚起としての情報提供を目的とするものもある。①の場合，その公表については法律の根拠が必要であると考えられる。②の場合，天気予報や緊急地震速報といった一定事項の予報や警報については法律の根拠が不要であると考えられる。ただし，消費者保護に関わる第三者による不慮の損害を避けるための注意喚起としての情報提供を目的とする公表については法律の根拠が必要であるか否かが問われている。

　この問題について，厚生大臣（当時）が，貝割れ大根が集団食中毒の原因と断定するに至らない調査結果にもかかわらず，記者会見を通じ，食品関係者に「何について」注意を喚起するかなどについて所管行政庁としての判断等を明示せず，曖昧な調査結果の内容をそのまま公表し，かえって貝割れ大根が原因食材であると疑われているとの誤解を広く生じさせ，市場における評価の毀損を招いた事件がある。東京高裁は，「本件各報告の公表は，本件集団下痢症の原因が未だ解明されない段階において，食品製造業者の利益よりも消費者の利益を重視して講じられた厚生省の初めての措置として歴史的意義を有し，情報の開示の目的，方法，これによる影響についての配慮が十分であったか，疑問を残すものの，国民一般からは，歓迎すべきことである。本件各報告の公表は，現行法上，これを許容し，又は命ずる規定が見あたらないものの，関係者に対し，行政上の制裁等，法律上の不利益を課すことを予定したものでなく，これをするについて，明示の法的根拠を必要としない。本件各報告の公表を受けてされた報道の後，貝割れ大根の売上が激減し，これにより控訴人らが……受けた……不利益は，本件各報告の公表の法的効果ということはできず，これに法的根拠を要することの裏付けとなるものではない」として，食中毒の原因と目される食材に関する情報提供を行うにあたり，調査結果の公表について法律の根拠は不要であると判示している（東京高判平成15年 5 月21日高民集56巻 2 号 4 頁）。

【設　問】
(1)「法治主義」と「法の支配」との違いについて論じなさい。また，
　　日本国憲法は，行政法の基盤をなす原理として「法治主義」と「法の
　　支配」をどのように捉えているのかについて論じなさい。
(2)「法律による行政の原理」の具体的内容について論じなさい。
(3) 法律の根拠が必要となる行政活動の範囲に関する学説について論じ
　　なさい。

参考文献

芦部信喜（高橋和之補訂）『憲法（第 7 版）』（岩波書店，2019年）

宇賀克也『行政法（第 2 版）』（有斐閣，2018年）

大橋洋一『行政法Ⅰ（第 4 版）』（有斐閣，2019年）

櫻井敬子・橋本博之『行政法（第 6 版）』（弘文堂，2019年）

塩野宏『行政法Ⅰ（第 6 版）』（有斐閣，2015年）

芝池義一『行政法読本（第 4 版）』（有斐閣，2016年）

高田敏『社会的法治国の構成―人権の変容と行政の現代化』（信山社出版，1993年）

（片上孝洋）

第 4 講　行政上の一般原則

本講の内容のあらまし

　行政上の一般原則は，法律の明文規定を補ったり，また行政裁量を統制したりすることで，行政活動を制約する法規範としての役割が認められている。本講では，まずは，法律による行政の原理と行政上の一般原則との関係，そのあと，行政上の一般原則である，信義誠実の原則，権利濫用禁止の原則，比例原則，平等原則について説明する。法律による行政の原理と行政上の一般原則とが抵触する場合，前者より後者を優先して適用することは，行政活動の不公平や不平等を招いたり，違法状態を承認したりすることになりうる。そのため，判例を参照しながら，行政上の一般原則の適用にあたっては慎重さが求められることを詳しく説明する。

第 1 節　行政上の一般原則

　行政法における最も重要な原理は法律による行政の原理である。法律による行政の原理とは，行政活動は，法律に基づき，法律にしたがって行われなければならないことを意味する。この原理によれば，事前に定められた法律にしたがって，行政は，その活動を行わなければならず，また事前に法律が明らかにされることによって，国民は，どのような場合にどのような行政がどこまで規制，あるいは介入してくるかを予測することができる。その結果，行政が国民の私的領域に恣意的に介入することを防止し，国民の権利と自由が保障されることになる。この原理を前提に考えれば，国民に対する行

政活動を制約し規律する法規範は法律であるということになる。それゆえ，行政活動においては，法律の根拠だけを確認し，それを尊重すれば足りるのではないかと思う人もいるかもしれない。しかし，行政法関係においては，法律に明文規定が存在しない場合であっても，行政活動であれば当然に満たすべき一般的要請が存在すると考えられている。これが行政上の一般原則と呼ばれるものである。行政上の一般原則は，法律の明文規定を補ったり，また行政裁量を統制したりすることで，行政活動を制約する法規範としての役割が認められている。

　行政上の一般原則には，行政機関の示した見解を国民が信頼して行動を起こした後に，行政機関がその見解と異なる態度を表明し，国民の信頼を破棄するような行動をしてはならないという「信義誠実の原則」，行政機関が権限を行使する場合に，その権限を濫用してはならないという「権利濫用禁止の原則」がある。これらは，民法上の一般原則であるが，行政上の法律関係にも適用される。このほか，行政機関が規制権限をもつ場合であっても，行政機関は規制目的との関係で過剰な処分をしてはならないという「比例原則」，行政機関は国民を等しく扱わなければならず，合理的な理由なく差別をしてはならないという「平等原則」がある。これらは，憲法の基本原則であり，行政上の法律関係にも適用される。かかる原則に違反した行政活動は，法律に定められた規定違反と同様に，違法となりうることもある。

第2節　信義誠実の原則

1　行政における信義誠実の原則

　信義誠実の原則とは，相手方の信頼を裏切ることのないように行動すべきであるという原則である。信義誠実の原則は，民法1条2項で「権利の行使及び義務の履行は，信義に従い誠実に行わなければならない」と規定されており，信義則ともいう。また，信義誠実の原則は，行政活動に対する国民の信頼を一定の場合に保護するという信頼保護原則として議論されることもあ

る。この原則は，民法上の一般原則であるが，法律関係全般に妥当性をもつ一般原則として，行政上の法律関係にも適用されると解されている。

　法律による行政の原理によれば，事前に定められた法律にしたがって，行政は，その活動を行わなければならない。本来，法律による行政の原理が遵守されるのであれば，同時に行政に対する国民の信頼も保護されるはずである。しかしながら，法律による行政の原理を徹底することが，かえって行政に対する国民の信頼を損なう場合もある。例えば，行政機関の示した見解を国民が信頼して行動を起こした後に，行政機関がその見解と異なる態度を表明し，国民の信頼を破棄する場合がある。このような場合は，法律による行政の原理を適用することによってではなく，信義誠実の原則を適用することによって，その解決を図るということが考えられる。ただし，法律による行政の原理を信義誠実の原則によって修正することは，行政活動の不公平や不平等を招き，国民の信頼を損なうおそれがあるため，慎重に考えるべきである。

2　租税行政と信義誠実の原則

　法律による行政の原理と信義誠実の原則とが抵触する場合がある。

　租税法の分野では，租税法律主義という形で法律による行政の原理が厳格に要求されている以上，租税法規の厳格な適用よりも信義誠実の原則を優先させることには慎重さが求められる。このようなケースとして，税務署が，納税者の青色申告について，税務署長の承認がないという違法があることを見逃して確定申告を受理し，さらに，翌年分以後の所得税についても，その納税者に青色申告用紙を送付し青色申告に基づいた所得税額を収納してきたが，その後，税務署長は，青色申告としての効力を以前に遡って否定し，白色申告と同様の課税処分を行ったという事件がある。最高裁は，法律による行政の原理，とりわけ租税法律主義の原則が貫かれるべき租税法律関係において，青色申告の承認を受けていないことを理由とする更正処分に対して，それが租税法規に適合する処分であっても「法の一般原理である信義則の法

理の適用により，右課税処分を違法なものとして取り消すことができる場合があるとしても，……右法理の適用については慎重でなければならず，租税法規の適用における納税者間の平等，公平という要請を犠牲にしてもなお当該課税処分に係る課税を免れしめて納税者の信頼を保護しなければ正義に反するといえるような特別の事情が存する場合」でなければならず，「少なくとも，税務官庁が納税者に対し信頼の対象となる公的見解を表示したことにより，納税者がその表示を信頼しその信頼に基づいて行動したところ，のちに右表示に反する課税処分が行われ，そのために納税者が経済的不利益を受けることになつたものであるかどうか，また，納税者が税務官庁の右表示を信頼しその信頼に基づいて行動したことについて納税者の責めに帰すべき事由がないかどうかという点の考慮は不可欠のものであるといわなければならない」（最判昭和62年10月30日集民152号93頁）と判示し，信義誠実の原則の適用が肯定される要件を示している。この事件においては，青色申告用紙の送付や青色申告書による確定申告の受理があったとしても，それは青色申告を承認する公的見解の表示とまでは解することはできないとして，「税務官庁が納税者に対し信頼の対象となる公的見解を表示したこと」の要件を欠き，結果として信義誠実の原則の適用は否定された。

3 行政計画と信義誠実の原則

　議会が工場の誘致を決定し，当時の村長も全面的協力を言明したため，誘致を受けた会社は，工場建設の準備を進めていたところ，選挙により工場の誘致反対派の村長が当選した。その結果，村の工場誘致政策が協力拒否へと変更されたため，誘致を受けた会社は，村への進出を断念し，村に対して損害賠償請求をした事件がある。最高裁は，住民自治の原則により村が政策を変更することを認めつつ，一定の場合に，誘致を受けた者と地方公共団体の間に契約が締結されていなくても，「密接な交渉を持つに至つた当事者間の関係を規律すべき信義衡平の原則に照らし，その施策の変更にあたつてはかかる信頼に対して法的保護が与えられなければならないものというべきであ

る。すなわち，右施策が変更されることにより，前記の勧告等に動機づけられて前記のような活動に入つた者がその信頼に反して所期の活動を妨げられ，社会観念上看過することのできない程度の積極的損害を被る場合に，地方公共団体において右損害を補償するなどの代償的措置を講ずることなく施策を変更することは，それがやむをえない客観的事情によるのでない限り，当事者間に形成された信頼関係を不当に破壊するものとして違法性を帯び，地方公共団体の不法行為責任を生ぜしめるものといわなければならない」（最判昭和56年1月27日民集35巻1号35頁）と判示している。

　行政計画では，単なる情報提供や準備手続としての限度を超えて，一定期間にわたり継続的に行われた勧誘や勧告並びに交渉により行政と相手方との間に一定の信頼関係が形成されたと認められる場合がある。このような場合に，かかる信頼関係を行政側の一方的な考えで破壊するような行為は，相手方の信頼利益を不当に侵害するものとして違法となる可能性が生ずると考えられる。また，信義誠実の原則が厳格に解される理由は，この原則の適用により違法状況を承認することとなるといった事情，つまり法律による行政の原理との抵触問題が存在するからである。それゆえ，行政計画において，法律の根拠のない計画の場合は，法律による行政の原理と正面から抵触することとはならないため，信義誠実の原則の適用や信頼利益の保護による救済が比較的認められやすいと考えられる。

4　給付行政と信義誠実の原則

　給付行政でも法律による行政の原理と信義誠実の原則とが抵触する場合がある。

　原爆被爆者援護法に基づく健康管理手当について，対象者が国外に出国すると受給権を失うと通達で定めていたが，これは後に違法とされた。そこで国外居住の対象者から未支給の手当支払を求められた事件がある。最高裁は，原子爆弾被爆者に対する援護に関する法律等に基づいて健康管理手当の受給権を取得した被爆者が違法な通達を根拠に外国への出国を理由として手

当支給が打ち切られた場合，支払義務者たる県が地方自治法236条所定の消滅時効を主張して「未支給の本件健康管理手当の支給義務を免れようとすることは，違法な通達を定めて受給権者の権利行使を困難にしていた国から事務の委任を受け，又は事務を受託し，自らも上記通達に従い違法な事務処理をしていた普通地方公共団体ないしその機関自身が，受給権者によるその権利の不行使を理由として支払義務を免れようとするに等しいものといわざるを得ない。そうすると」，県の消滅時効の主張は，違法な「通達が発出されているにもかかわらず，当該被爆者については同通達に基づく失権の取扱いに対し訴訟を提起するなどして自己の権利を行使することが合理的に期待できる事情があったなどの特段の事情のない限り，信義則に反し許されないものと解するのが相当である」（最判平成19年 2 月 6 日民集61巻 1 号122頁）と判示している。この判決は，出国により健康管理手当の受給権について失権と扱われた被爆者が国内で時効中断のための権利行使をすることが困難であるといった状況下で，支払義務者たる県が違法な通達にしたがってみずからも違法な事務処理をしていた，つまり県が法令遵守義務に違背していた以上，受給権者による権利の不行使を理由として支払義務を免れようとすることは認められないとして，信義則を用いて地方自治法236条 2 項の適用を排除したものである。また，この判決について，本来は外部拘束力をもたない通達が，国民との関係で「実際上の効果」をもつことを示したものという見方もある。

第 3 節　権利濫用禁止の原則

1　行政における権利濫用禁止の原則

　権利濫用禁止の原則とは，行政機関が権限を行使する場合に，その権限を濫用してはならないという原則である。権利濫用禁止の原則は，民法 1 条 3 項で「権利の濫用は，これを許さない」と規定されている。この原則は，民法上の一般原則であるが，法律関係全般に妥当性をもつ一般原則として，行

政上の法律関係にも適用されると解されている。現行法の中にも，例えば，警察官の職務執行について濫用禁止を定めた規定（警察官職務執行法1条2項）や，裁量権濫用の場合に処分の取消しを定めた規定（行政事件訴訟法30条）がある。権利濫用禁止の原則は，行政の側が国民との関係で権限を濫用した場合に適用されるのは当然であるが，国民の側が情報公開法や情報公開条例に基づいて行政に対して情報開示請求権を濫用する場合においても適用されることが考えられる。この点について，憲法12条は，国民に対して権利を濫用してはならないことを明記している。

2　児童福祉施設設置認可処分と権利濫用禁止の原則

　行政側の権利濫用が問題となった事例として，余目町個室付浴場事件がある。被告会社は，余目町において個室付浴場を営むため，公衆浴場法に基づく許可を受けた。その後，地元住民から個室付浴場の営業の開業に対する反対運動が起こったため，町と県が共謀して個室付浴場の営業を阻止する目的で，児童福祉法に定める児童福祉施設の周辺200メートルの区域内において個室付浴場の営業が禁止されていることを利用して，県知事による児童福祉施設の設置が急遽認可された。その後，被告会社が個室付浴場の営業を始めたところ，児童福祉施設の周辺200メートルの区域内で個室付浴場の営業をしたとして営業停止処分が行われた事件である。最高裁は，個室付浴場業の規制を主たる動機，目的とする知事の児童遊園設置認可処分は，「行政権の濫用に相当する違法性」があり，個室付浴場業を規制しうる効力を有しないと判示している（最判昭和53年6月16日刑集第32巻4号605頁）。この判決から，権利濫用禁止の原則は，行政側の権限行使の目的に着目し，法律の趣旨・目的から逸脱した不正な動機に基づく裁量処分を統制する法理としても機能していると解することができる。

第 4 節　比例原則

1　行政における比例原則

　比例原則とは，ある目的を達成するために，必要最小限度を超えた不利益
を課すような手段を用いることを禁止する原則である。この原則は「雀を撃
つのに大砲をもってしてはならない」という比喩を用いてしばしば説明され
る。別の言い方をすれば，ある手段が目的達成のために必要であって，しか
もその手段が目的との関係において過剰なものであってはならず，目的に照
らして均衡のとれた関係になっていなければならないとするものである。立
法例としては，警察官が職務遂行のために用いる手段は，個人の生命，身体
および財産等の保護という「目的のため必要な最小の限度において用いるべ
きもの」であると定めた規定（警察官職務執行法 1 条 2 項）や，徴収職員は「国
税を徴収するために必要な財産以外の財産は，差し押えることができない」
と定めた規定（国税徴収法48条 1 項）がある。これらの規定は，比例原則の趣
旨に沿ったものである。ただし，比例原則は，これを定めた条文は存在せ
ず，憲法との関係では，個人の尊重および自由権等への最大限の尊重を国に
命じた憲法13条に由来すると解されている。

　比例原則は，元来，警察作用を抑制することを目的とした警察権の限界に
関わる原則の一つである警察比例の原則に由来する。ここにいう「警察」と
は，権力を用いて個人の権利と財産を制限することにより社会公共の安全と
秩序を維持する行政の活動一般を意味する。その後，比例原則は，行政行為
一般に適用され，今日においては，警察権に限らず，行政権の活動全体に適
用される法原則と解されている。

　比例原則は，目的と手段の関係に係る原則として，手段は目的に適合した
ものでなければならないという「目的適合性の原則」，手段は目的達成に必
要不可欠なものでなければならないという「必要性の原則」，手段の必要性
が認められても，手段は目的に照らして均衡のとれたものでなければならな

いという「均衡の原則」の要請を含んでいる。

　比例原則は，行政が規制目的との関係で過剰な規制を抑止するという側面が強調されてきた。だが，様々な場面で行政による積極的な介入が要請される現代においては，行政規制権限の不作為責任が問題とされる場面も出てきているため，比例原則は，行政による過小な規制を禁止するための原則として活用される余地がある。

2　生活保護廃止処分と比例原則

　生活保護受給者が自動車の所有および借用等を禁止した指示に違反したことを理由として，市福祉事務所長が生活保護法62条３項に基づいて下した保護廃止処分が，処分の相当性において保護実施機関に与えられた裁量の範囲を逸脱したものであるか否かが問題となった事件がある。福岡地裁は，「原告世帯の要保護性は高い上，……直接の違反行為自体の内容が自動車の借用による使用であって，しかもそのうちの一部については許容される余地もあること，近時自動車の普及率が著しく高まり，以前に比べると比較的身近な生活用品になってきていることなどの事情も考え併せると，原告の違反行為は直ちに廃止処分を行うべき程悪質なものとまでいうことはできず，保護の実施機関としては，処分に至るまでになお自動車使用に関する適切な指導を試み，又はこの際何らかの処分が必要であるとしても，保護の変更や停止といったより軽い処分を行うなどして，原告の規範意識の涵養に努める必要があったと考えられる。これらの事情を総合して判断すると，被告が原告に対し，……直ちに最も重大な保護廃止処分を行ったことは重きに失し，処分の相当性において，保護実施機関に与えられた裁量の範囲を逸脱したものというべきであって，本件処分は違法な処分といわざるを得ない」（福岡地判平成10年５月26日判時1678号72頁）と判示している。この判決は，比例原則という表現こそ用いていないが，生活保護受給者に対する保護廃止処分は，生活保護制度の趣旨および目的，並びに生活保護受給者の要保護性の高さに照らして重きに失すると判断していることから，比例原則を適用していると考えられる。

3　地方公務員の懲戒処分と比例原則

　公立養護学校の教員が同校の記念式典において国歌斉唱の際に国旗に向かって起立して斉唱することを命ずる旨の校長の職務命令に従わなかったことを理由とする停職処分が裁量権の範囲を超えるものとして違法であるとされた事件がある。最高裁は，公立養護学校の教員に対する処分の加重の理由とされた過去の懲戒処分の対象は，いずれも本件と同様の不起立であって，積極的に式典の進行を妨害する内容の非違行為は含まれておらず，「過去 2 年度の 3 回の卒業式等における不起立行為による懲戒処分を受けていることのみを理由に同上告人に対する懲戒処分として停職処分を選択した都教委の判断は，停職期間の長短にかかわらず，処分の選択が重きに失するものとして社会観念上著しく妥当を欠き，上記停職処分は懲戒権者としての裁量権の範囲を超えるものとして違法の評価を免れないと解するのが相当である」（最判平成24年 1 月16日集民239号 1 頁）と判示している。この判決では，「停職処分は，処分それ自体によって教職員の法的地位に一定の期間における職務の停止及び給与の全額の不支給という直接の職務上および給与上の不利益が及び，将来の昇給等にも相応の影響が及ぶという不利益」を考慮したうえで，「不起立行為に対する懲戒において戒告，減給を超えて停職の処分を選択することが許容されるのは，過去の非違行為による懲戒処分等の処分歴や不起立行為の前後における態度等に鑑み，学校の規律や秩序の保持等の必要性と処分による不利益の内容との権衡の観点から当該処分を選択することの相当性を基礎付ける具体的な事情が認められる場合であることを要する」と判断している。したがって，この判決は，地方公務員の懲戒処分について，比例原則を適用し，裁量統制を行ったものであると考えられる。

第5節　平等原則

1　行政における平等原則

　平等原則とは，行政が同じ条件にある国民を合理的な理由なく差別してはならないとする原則である。行政は，同じ条件にある国民を平等に扱わなければならず，異なる取扱いをする場合は，合理的な理由が求められる。平等原則は，憲法14条1項に由来する。立法例としては，「普通地方公共団体は，住民が公の施設を利用することについて，不当な差別的取扱いをしてはならない」と定めた規定（地方自治法244条3項）がある。また，最高裁も「行政庁は，何等いわれがなく特定の個人を差別的に取り扱いこれに不利益を及ぼす自由を有するものではな」い（最判昭和30年6月24日民集9巻7号930頁）と判示している。

2　行政契約と平等原則

　高根町簡易水道事業給水条例のうち別荘に係る給水契約者の基本料金を別荘以外の給水契約者の基本料金の3.57倍を超える金額に改定した部分が地方自治法244条3項に違反するものとして無効であるとされた事件がある。最高裁は，「（地方自治法244）条3項は普通地方公共団体は住民が公の施設を利用することについて不当な差別的取扱いをしてはならない旨規定している。ところで，普通地方公共団体が設置する公の施設を利用する者の中には，当該普通地方公共団体の住民ではないが，その区域内に事務所，事業所，家屋敷，寮等を有し，その普通地方公共団体に対し地方税を納付する義務を負う者など住民に準ずる地位にある者が存在することは当然に想定されるところである。そして，同項が憲法14条1項が保障する法の下の平等の原則を公の施設の利用関係につき具体的に規定したものであることを考えれば，上記のような住民に準ずる地位にある者による公の施設の利用関係に地方自治法244条3項の規律が及ばないと解するのは相当でなく，これらの者が公の施

設を利用することについて，当該公の施設の性質やこれらの者と当該普通地
方公共団体との結び付きの程度等に照らし合理的な理由なく差別的取扱いを
することは，同項に違反するものというべきである」（最判平成18年 7 月14日民
集60巻 6 号2369頁）と判示している。この判決は，行政契約について，平等原
則が規制規範として働くことを示唆している。そのため，行政契約を結ぶに
あたり，国および地方公共団体が合理的な理由なく一部の地域の国民および
住民に重い負担を課すような契約は無効となるおそれがある。

3　租税行政と平等原則

　平等原則は行政活動一般について適用される。この原則についても，法律
による行政の原理との間で抵触問題が生じうる。

　法律による行政の原理と平等原則との抵触が問題となった事例として，ス
コッチライト事件がある。「スコッチライト」と呼ばれる信号用品を輸入し
た納税者が，神戸税関長から30％の税率で関税を賦課徴収されたところ，同
時期に，別の関税では同物品に20％の税率の関税を賦課徴収していたことか
ら，これを差別的取扱いで不当であるとして国を訴えた事件である。

　大阪高裁は，「全国の税務官庁の大多数が法律の誤解その他の理由によつ
て，事実上，特定の期間特定の課税物件について，法定の課税標準ないし税
率より軽減された課税標準ないし税率で課・徴税処分をして，しかも，その
後，法定の税率による税金とみぎのように軽減された税率による税金の差額
を，実際に追徴したことがなく且つ追徴する見込みもない状況にあるときに
は，租税法律主義ないし課・徴税平等の原則により，みぎ状態の継続した期
間中は，法律の規定に反して多数の税務官庁が採用した軽減された課税標準
ないし税率の方が，実定法上正当なものとされ，却つて法定の課税標準，税
率に従つた課・徴税処分は，実定法に反する処分として，みぎ軽減された課
税標準ないし税率を超過する部分については違法処分と解するのが相当であ
る。したがつて，このような場合について，課税平等の原則は，みぎ法定の
課税標準ないし税率による課・徴税処分を，でき得る限り，軽減された全国

通用の課税標準および税率による課・徴税処分に一致するように訂正し，これによつて両者間の平等をもたらすように処置することを要請しているものと解しなければならない」（大阪高判昭和44年 9 月30日高民集22巻 5 号682頁）と判示している。

　租税法の分野では，租税法律主義という形で法律による行政の原理が厳格に要求されている以上，租税法規の厳格な適用よりも平等原則を優先させることには慎重さが求められる。なぜならば，平等原則を理由に違法状況を承認したり，違法措置の範囲を拡大したりすることは許されないからである。しかしながら，この判決は，関税の賦課徴収について，別の多数の税関とは異なる高率で課税した処分について，多数の税関における処分の方が法律の規定に反していると認定しつつ，本来は正しいはずの高い税率による課税処分を違法としている。つまり，この判決は，法律による行政の原理と平等原則の関係が問題となり，前者よりも後者の方を重く見ているのである。ただし，この判決は，正しい法定税率との差額分を実際に追徴しておらず，事後的に追徴する見込みがない等，事案の特殊性から平等原則を重視する判断に至ったものと考えられる。

【設　問】
(1) 行政上の法律関係における行政上の一般原則の意義と役割について論じなさい。
(2) 行政活動における法律による行政の原理と行政上の一般原則の関係について論じなさい。
(3) 法律による行政の原理と行政上の一般原則とが抵触する事例をあげ，両者をどのように調整すべきかについて論じなさい。

参考文献
稲葉馨ほか『行政法（第 4 版）』（有斐閣，2018年）
宇賀克也『行政法（第 2 版）』（有斐閣，2018年）

大橋洋一『行政法 I（第 4 版）』（有斐閣，2019年）

櫻井敬子・橋本博之『行政法（第 6 版）』（弘文堂，2019年）

曽和俊文ほか『現代行政法入門（第 4 版）』（有斐閣，2019年）

曽和俊文『行政法総論を学ぶ』（有斐閣，2014年）

橋本博之『行政判例ノート（第 4 版）』（弘文堂，2020年）

（片上孝洋）

第 **5** 講　行為基準——法規命令と行政規則

┌─**本講の内容のあらまし**─────────────────────

　日本国憲法は，権力の濫用を防ぎ，国民の権利と自由を保障するために，「三権分立」の原則を定め，行政は法律に基づき執行されなければならない。そして，憲法41条は，国会を「唯一の立法機関」とする一方で，憲法73条 6 号で内閣に「この憲法及び法律の規定を実施するために，政令を制定すること」を認めている。また，憲法81条や98条には，政令以外にも，府省令等も含めた行政機関が定立した法規である命令が規定されている。

　伝統的に「行政立法」といわれる，これらの行政が定立する規範は，現在では，「行政基準」，「行政準則」という用語で説明され（本講では「行政基準」として説明），国民の権利義務に直接影響するかどうかを基準に，法規としての性質を持つ外部法である「法規命令」と，法規としての性質を持たない内部法としての「行政規則」に大別され，前者は，さらに，「委任命令」と「執行命令」に分類される。

　そして，委任命令は，命令への国会の委任自体が合憲であるかという「委任方法」の問題と，制定された命令が委任した法律に抵触していないかどうかという適法性に関する「命令の内容」の問題として議論されてきた。

　以下，用語を整理し，判例を整理しながら，従来の行政法規と行政規則の差異が相対的にとどまるものであり，委任命令と執行命令の区別も絶対的なものではないということを確認し，判例や2005（平成17）年の行政手続法改正等が，今後の行政のあり方に，大きく影響していることをみていきたい。

└──────────────────────────────────

第 1 節 行政基準

1 行政基準とは

　行政が，恣意的でなく，法律に基づき執行されることは，三権分立の基本である。憲法41条が国会を「唯一の立法機関」とする意味は，①国会が国の立法権を独占するという国会中心立法の原則と，②立法は他の機関の関与なく成立するという国会単独立法の原則のふたつであり，行政自体は法律を制定することは出来ない。ただし，憲法73条 6 号で内閣に「この憲法及び法律の規定を実施するために，政令を制定すること」が認められ，憲法81条や98条には，政令以外の行政機関が定立した法規である命令が規定されている。

　すなわち，現実には，行政権の執行や組織等について行政権自体が命令等の規範を多く定立しているのである。

　この点，このような行政が定立する規範を伝統的にひろく「行政立法」といっていたが，国会が独占する立法との混同を避けるため，「行政準則」や「行政基準」という用語が使われる中で，本講では，「行政基準」という用語で説明をしていきたい。

　そして，行政基準を定めることが認められるとしても，行政の法律に基づく執行という大原則が骨抜きにされてよいことではなく，後述のように，法律の根拠が必要になることも再確認していきたい。

2 行政基準の必要性

　行政基準は，行政国家化が指摘されている現在において，法律が一般的・抽象的な大綱的・指針的な規定のみを定め，法令等への委任を前提にしていることが多いため，より具体的・実質的な内容を定める必要性からも，その役割は，より拡大している。

　行政基準の役割の拡大のより具体的な理由としては，①広範かつ変遷する社会に，行政が，迅速に対応していくにあたり，法律の成立や改正を待って

いたら，個別の事案に対応できない場合があること，②専門的・技術的な事項に関しての細部についての規定に行政基準が有効なこと，③政治的中立性が重要視されるような事案が存在すること等が挙げられる。

そして，行政基準は，伝統的に国民の権利義務等を形成する成文法規範である法規としての性格を持つ法規命令と，法規としての性質を持たない行政規則に分類される。

但し，後述するように，両者の区別は明確でなく，相対化が指摘される現状に留意しなければならない。

第2節　法規命令

1　法規命令とは

法規命令は，①行政機関が制定する，②法律の委任が必要な，③国民を拘束する，④裁判規範性があり，⑤公表の必要のある，⑥事前手続きが必要な，⑦外部法的性格を持つ法規である。

具体的には，内閣が制定する政令，内閣総理大臣が制定する内閣府令，各省大臣が主任の行政事務について制定する省令，府省の外局の長が制定する庁令や外局規則，会計検査院や人事院等の内閣から独立の行政機関が制定する独立機関の規則等の命令である。

注意すべきは，憲法94条に基づき，地方公共団体により制定される条例は，法律ではないが，命令ではないので行政基準とは区別されるが，地方自治法15条に規定される長の定める規則等は，法規命令に分類される。

そして，法規命令は，法律との関係から委任命令と執行命令に分類される。

委任命令とは，法律の委任に基づき，国民の権利義務の内容を定める命令で，執行命令とは，法律の権利義務の内容を実現するための手続に関する命令をいう。

但し，執行命令と法規命令との区別は，必ずしも，明確ではないし，国民

の権利・義務を定めてないとしても，手続きの様式等は，国民の生活に無関係ではないはずである。具体的な委任がないにしても，法律の執行に関わる規範である以上，一般的授権は存在するわけで，執行命令に法律の根拠が必要ないとの従来の説明は，正確ではないだろう。

　また，明治憲法 9 条の天皇の独立命令のような国会が関わらないで発せられる命令は，日本国憲法では許されない。

2　委任の合憲性

　法律の委任により委任命令が認められるにしても，いわれる「白紙委任」のような形態は，実質的に行政による立法行為であり許されない。この委任の合憲性は，委任の限界に関する問題であり，法規命令のみならず，委任する法律側の問題でもある。

　この点，憲法10条「日本国民たる要件は，法律でこれを定める」のように憲法が法律の専管事項としている内容を法律が委任することは許されないと考えられる。

　また，法律が政令に委任している内容の一部を，さらに省令に再委任することが許されるかについては，軽微な事項については再委任を禁じるものでないと一般的に説明されるが，例えば，閣議の全会一致を経て内閣より制定される省令と各省大臣が制定する省令では制定過程の重みが違うものであり，安易に，認めるべきではないのではなかろうか。

　さらに，命令の根拠になっている授権法が廃止された場合の委任命令の効力について，大阪地判昭和57年 2 月19日行集33巻 1 = 2 号118頁は，許可認可等臨時措置法を授権法とする許可認可等臨時措置令について「措置法は，本件認可処分当時，その効力がなかつたから，措置法を受けて制定された措置令も，その効力を肯定することができないことに帰着する」と効力を失うという解釈をしている。やはり，委任の根拠がない以上，事前の規定や考慮すべき特段の事情がないのであるならば，その効力は認められるべきでない。

　以下，命令への国会の委任自体が合憲であるかという「委任方法」が問題とされた判例について概観していくが，最高裁で違憲の判断がなされたことはない。

　(1)　最判昭和33年 5 月 1 日刑集12巻 7 号1272頁

　国家公務員法は，国家公務員の政治的行為の制限を定め，102条 1 項は「職員は，政党又は政治的目的のために，寄附金その他の利益を求め，若しくは受領し，又は何らの方法を以てするを問わず，これらの行為に関与し，あるいは選挙権の行使を除く外，人事院規則で定める政治的行為をしてはならない」とし，具体的に禁止される政治行為を人事院規則に委任していることについて「人事院規則は，右国家公務員法102条 1 項に基き，一般職に属する国家公務員の職責に照らして必要と認められる政治的行為の制限を規定したものであるから，前記大法廷判決の趣旨に照らし，実質的に何ら違法，違憲の点は認められないばかりでなく，右人事院規則には国家公務員法の規定によつて委任された範囲を逸脱した点も何ら認められず，形式的にも違法ではないから，憲法31条違反の主張はその前提を欠くものというべきである」と人事院規則が実質的に禁止される政治行為を具体的に定めることを白紙委任でなく合憲としている。

　(2)　最判平成24年12月 7 日刑集66巻12号1722頁

　厚生労働事務官が共産党の機関紙を配布したことが，人事院規則14-7の 6 項 7 号「政党その他の政治的団体の機関紙たる新聞その他の刊行物を発行し，編集し，配布し又はこれらの行為を援助すること」，13号「政治的目的を有する署名又は無署名の文書，図画，音盤又は形象を発行し，回覧に供し，掲示し若しくは配布し又は多数の人に対して朗読し若しくは聴取させ，あるいはこれらの用に供するために著作し又は編集すること」に違反するかが争われた事件で，「本法102条 1 項が人事院規則に委任しているのは，公務員の職務の遂行の政治的中立性を損なうおそれが実質的に認められる政治的行為の行為類型を規制の対象として具体的に定めることであるから，同項が懲戒処分の対象と刑罰の対象とで殊更に区別することなく規制の対象となる

政治的行為の定めを人事院規則に委任しているからといって，憲法上禁止される白紙委任に当たらないことは明らかである」と判示している。

　なお，本判決と上記の33年判決については，人事院の独立性等も合憲の根拠となるとの見方もある。

　(3)　最判平成5年3月16日民集47巻5号3483頁

　本件は，教科書検定に関する損害賠償請求事件であるが，本判決は，「審査基準等を直接定めた法律はない」ことを認めつつ，旧検定規則や旧検定基準が，教育基本法や学校教育法から明らかな教科書の要件を審査の内容及び基準として具体化したものにすぎず，「審査の内容及び基準並びに検定の施行細則である検定の手続を定めたことが，法律の委任を欠くとまではいえない」とし，合憲との判断をしている。

　この点，教科書検定の審査，判断する申請図書についての内容の学問的正確性，中立・公正性の学術的，教育的な専門技術的判断の必要性が認められても，関連法律に何らの審査基準等が定められていないことは，事実上，文部省が基準を定めることになり，問題が指摘されている。

3　委任の適法性

　委任の方法が合憲であっても，委任された命令が委任の趣旨に合致していなければならず，委任の趣旨に反する内容は法律違反であり，委任の適法性が問題になる。この点，憲法に反する命令が許されないことは，憲法81条の憲法の最高法規性からも言うまでもない。

　以下，問題になった判例を概観する。

　(1)　最大判昭和46年1月20日民集25巻1号1頁

　農地法80条（改正前）の買収農地の旧所有者等への売り払いについて，農地法施行令16条が「農地買収の目的に優先する公用等の目的に供する緊急の必要があり，かつ，その用に供されることが確実であるという場合」に限定することについて，「売払いの対象を定める基準を政令に委任しているものと解されるが，委任の範囲にはおのずから限度があり，明らかに法が売払い

の対象として予定しているものを除外することは，前記法80条に基づく売払制度の趣旨に照らし，許されないところであるといわなければならない」とし，「法の委任の範囲を越えた無効のものというのほかはない」と判示した。

　法律で認めていることを，命令で制限している点で，最高裁が，委任命令を，初めて違法にした判決である。

　(2)　最判平成3年7月9日民集45巻6号1049頁

　監獄法45条1項は「在監者ニ接見センコトヲ請フ者アルトキハ之ヲ許ス」，監獄法50条は「接見ノ立会，信書ノ検閲其他接見及ヒ信書ニ関スル制限ハ命令ヲ以テ之ヲ定ム」，監獄法施行規則120条（改正前）は「十四歳未満ノ者ニハ在監者ト接見ヲ為スコトヲ許サス」とし，監獄法施行規則124条（改正前）は「所長ニ於テ処遇上其他必要アリト認ムルトキハ前四条ノ制限ニ依ラサルコトヲ得」と規定していた。

　この点，「命令（法務省令）をもって，面会の立会，場所，時間，回数等，面会の態様についてのみ必要な制限をすることができる旨を定めているが，もとより命令によって右の許可基準そのものを変更することは許されない」，「それ自体，法律によらないで，被勾留者の接見の自由を著しく制限するものであって，法50条の委任の範囲を超えるものといわなければならない」とし，「規則120条（及び124条）が被勾留者と幼年者との接見を許さないとする限度において法50条の委任の範囲を超えた無効のものであるということ自体は，重大な点で法律に違反するものといわざるを得ない」と判示した。

　本件も，法律で認めていることを命令で制限していることを違法としている。

　尚，1991（平成3）年に監獄法施行規則120条は削除されている。

　(3)　最判平成14年1月31日民集56巻1号246頁

　本件は児童扶養手当資格喪失処分取消請求事件であり，児童扶養手当法4条1項5号の委任に基づき児童扶養手当の支給対象児童を定める児童扶養手当法施行令1条の2第3号（改正前）のうち，「母が婚姻（婚姻の届出をしていないが事実上婚姻関係と同様の事情にある場合を含む。）によらないで懐胎した児

童」から「父から認知された児童」を除外している括弧書部分は，同法の委任の範囲を逸脱した違法な規定として無効であると判示した。

(4) 最決平成15年12月25日民集57巻11号2562頁

戸籍法50条 1 項は，「子の名には，常用平易な文字を用いなければならない」とし，2 項で「常用平易な文字の範囲は，法務省令でこれを定める」とし，戸籍法施行規則60条が常用平易な文字の範囲を定めている。社会通念上明らかに常用平易な文字である「曽」の字を定めなかったことは，「法50条 1 項が許容していない文字使用の範囲の制限を加えたことになり，その限りにおいて，施行規則60条は，法による委任の趣旨を逸脱するものとして違法，無効と解すべきである」と判示した。

(5) 最大判平成21年11月18日民集63巻 9 号2033頁

本件は，高知県東洋町選挙管理委員会が，東洋町議会議員に係る解職請求者署名簿の署名について，解職請求代表者に非常勤の公務員である農業委員会委員が含まれているとして，すべてを無効とする旨の決定をしたことに対する異議の申出が棄却されたことの解職請求署名簿無効決定異議申立棄却決定取消請求事件である。

公職選挙法89条 1 項本文所定の公務員は，同項ただし書所定の者を除き，在職中，公職の候補者となることができないが，地方自治法及び地方自治法施行令は，公職選挙法89条 1 項を議員の解職の投票に準用するに当たり，「公職の候補者」を「普通地方公共団体の議会の議員の解職請求代表者」と読み替え，かつ，同項ただし書での特定地方独立行政法人の役員等の準用を除外していることについて，「地自法85条 1 項に基づく政令の定めとして許される範囲を超えたものであって，その資格制限が請求手続にまで及ぼされる限りで無効と解するのが相当である」と判示した。

(6) 最判平成25年 1 月11日民集67巻 1 号 1 頁

改正薬事法の施行に伴って平成21年厚生労働省令第10号により改正された薬事法施行規則において，店舗以外の場所にいる者に対する郵便その他の方法による医薬品の販売等が，一定の医薬品に限って行うことができる旨の規

定及びそれ以外の医薬品の販売若しくは授与又は情報提供はいずれも店舗において薬剤師等の専門家との対面により行わなければならない旨の規定が設けられたことについての医薬品ネット販売の権利確認等請求事件である。

新施行規則のうち，店舗販売業者に対し，一般用医薬品のうち第一類医薬品及び第二類医薬品について，①当該店舗において対面で販売させ又は授与させなければならないものとし，②当該店舗内の情報提供を行う場所において情報の提供を対面により行わせなければならないものとし，③郵便等販売をしてはならないものとした各規定について，「いずれも上記各医薬品に係る郵便等販売を一律に禁止することとなる限度において，新薬事法の趣旨に適合するものではなく，新薬事法の委任の範囲を逸脱した違法なものとして無効というべきである」と判示した。

（7）最判平成 2 年 2 月 1 日民集44巻 2 号369頁

本件は，最高裁が委任命令の違法性を否定した判例である。

銃砲刀剣類所持等取締法14条 1 項が，都道府県の教育委員会は，美術品若しくは骨とう品として価値のある火縄式銃砲等の古式銃砲又は美術品として価値のある刀剣類の登録をするものとし，同法 5 項で鑑定の基準及び手続その他登録に関し必要な細目は，文部科学省令に委任している。

そして，刀剣類の鑑定基準として，銃砲刀剣類登録規則 4 条 2 項が，美術品として文化財的価値を有する日本刀に限る旨を定めていることから，外国刀剣が登録の対象となる刀剣類に該当しないので，委任の趣旨を逸脱するかが争われた。

判決は，「鑑定の基準を設定すること自体も専門技術的な領域に属するものとしてこれを規則に委任したものというべきであり，したがって，規則においていかなる鑑定の基準を定めるかについては，法の委任の趣旨を逸脱しない範囲内において，所管行政庁に専門技術的な観点からの一定の裁量権が認められているものと解するのが相当である」とし，「規則が文化財的価値のある刀剣類の鑑定基準として，前記のとおり美術品として文化財的価値を有する日本刀に限る旨を定め，この基準に合致するもののみを我が国におい

て前記の価値を有するものとして登録の対象にすべきものとしたことは，法
14条 1 項の趣旨に沿う合理性を有する鑑定基準を定めたものというべきであ
るから，これをもって法の委任の趣旨を逸脱する無効のものということはで
きない」と判示した。

　思うに，規則制定の専門領域や裁量を認めるとしても，文化財的価値のあ
る刀剣類を日本刀に限定することは，合理性に乏しいとのではないだろう
か。

第 3 節　行政規則

1　行政規則とは

　行政規則は，伝統的には，①行政機関が制定する，②法律の委任が必要な
い，③国民を拘束しない（国民の権利義務に直接関係しない），④裁判規範性がな
い，⑤公表の必要のない，⑥事前手続きが必要ない，⑦内部法的性格を持
つ，⑧法規でない規範であるとされ，行政の上級機関が下級機関に発する訓
令や通達等が，その代表的なものである。

　行政規則の種類を整理すると，①事務組織に関する規定等の行政組織に関
する定め，②法律の解釈の基準である解釈基準，③行政裁量の行使の基準で
ある裁量基準，④行政指導を行う際の基準である指導要綱などの行政指導指
針，⑤補助金・融資の基準である給付基準，⑥国立大学等の営造物管理規則
等の特別の関係における定め等がある。

2　行政規則の外部化

　国民を拘束せず（国民の権利義務に直接関係しない），裁判規範性がないので法
規でないとされてきた行政規則であるが，近時，その外部化が指摘されてい
る。判例を確認してみよう。

（1）最判昭和33年 3 月28日民集12巻 4 号624頁

　旧物品税法において「遊戯具」として課税対象にされていなかったパチンコ球遊器を，通達で課税対象にした，いわゆる「通達課税」のあり方について，「本件の課税がたまたま所論通達を機縁として行われたものであつても，通達の内容が法の正しい解釈に合致するものである以上，本件課税処分は法の根拠に基く処分と解するに妨げがなく」と判示している。

　しかし，課税の結論の方向性が正しいとしても，憲法84条が「あらたに租税を課し，又は現行の租税を変更するには，法律又は法律の定める条件によることを必要とする」としている以上，国民の知り得ない通達で済ますことは，国民の予測可能性を奪うことにもなりかねず，問題であろう。

　行政規則である解釈基準は，行政内部に留まらず，課税など国民の生活に密接に関わるものがあることは否定できない。

（2）最判昭和43年12月24日民集22巻13号3147頁

　埋葬等に関する法律13条は「墓地，納骨堂又は火葬場の管理者は，埋葬，埋蔵，収蔵又は火葬の求めを受けたときは，正当の理由がなければこれを拒んではならない」とするものであるが，「正当の理由」について，宗教団体の経営する墓地の管理者は埋葬等を請求する者が他の宗教団体の信者であることのみを理由としてその請求を拒むことはできないものとされ，この趣旨に沿って事務処理をすべき旨を求めた厚生省公衆衛生局環境衛生部長通知に対する，法律解釈指定通達取消請求が本件である。

　通達について，「本件通達は，被上告人がその権限にもとづき所掌事務について，知事をも含めた関係行政機関に対し，法律の解釈，運用の方針を示して，その職務権限の行使を指揮したものと解せられる」とした上で，「元来，通達は，原則として，法規の性質をもつものではなく，上級行政機関が関係下級行政機関および職員に対してその職務権限の行使を指揮し，職務に関して命令するために発するものであり，このような通達は右機関および職員に対する行政組織内部における命令にすぎないから，これらのものがその通達に拘束されることはあつても，一般の国民は直接これに拘束されるもの

ではなく，このことは，通達の内容が，法令の解釈や取扱いに関するもの
で，国民の権利義務に重大なかかわりをもつようなものである場合において
も別段異なるところはない。このように，通達は，元来，法規の性質をもつ
ものではないから，行政機関が通達の趣旨に反する処分をした場合において
も，そのことを理由として，その処分の効力が左右されるものではない。ま
た，裁判所がこれらの通達に拘束されることのないことはもちろんで，裁判
所は，法令の解釈適用にあたつては，通達に示された法令の解釈とは異なる
独自の解釈をすることができ，通達に定める取扱いが法の趣旨に反するとき
は独自にその違法を判定することもできる筋合である」と，通達の外部的効
果を否定した。すなわち，形式的な通達は，法規とはいえないとの従来から
の分類で国民が拘束されることを否定したものである。結果的に司法救済の
途を閉ざしていないが，通達に国民が拘束されないとは言い難い事例であろ
う。

　(3) 最判平成27年 3 月 3 日民集69巻 2 号143頁

　本件は，パチンコ店の風俗営業等の規制及び業務の適正化等に関する法律
に関する営業停止処分取消請求事件であるが，行政機関が処分基準に逸脱し
た処分をした場合について，「処分基準は，単に行政庁の行政運営上の便宜
のためにとどまらず，不利益処分に係る判断過程の公正と透明性を確保し，
その相手方の権利利益の保護に資するために定められ公にされるものという
べきである」とし，「行政庁が同項の規定により定めて公にしている処分基
準において，先行の処分を受けたことを理由として後行の処分に係る量定を
加重する旨の不利益な取扱いの定めがある場合に，当該行政庁が後行の処分
につき当該処分基準の定めと異なる取扱いをするならば，裁量権の行使にお
ける公正かつ平等な取扱いの要請や基準の内容に係る相手方の信頼の保護等
の観点から，当該処分基準の定めと異なる取扱いをすることを相当と認める
べき特段の事情がない限り，そのような取扱いは裁量権の範囲の逸脱又はそ
の濫用に当たることとなるものと解され」と裁量基準から逸脱した処分は許
されないとしている。

3　2005（平成17）年行政手続法改正

　1999（平成11）年３月23日に「規制の設定又は改廃に係る意見提出手続き」が，「規制の設定又は改廃に伴い政令・省令等を策定する過程において，国民等の多様な意見・情報・専門的知識を行政機関が把握するとともに，その過程の公正の確保と透明性の向上を図ることが必要である。このような観点から，規制の設定又は改廃に当たり，意思決定過程において広く国民等に対し案等を公表し，それに対して提出された意見・情報を考慮して意思決定を行う意見提出手続（いわゆるパブリック・コメント手続）を，以下のとおり定める」と閣議決定され，その内容は，2005（平成17）年行政手続法改正で法制化して引き継がれた。

　すなわち，行政手続法５条１項で「行政庁は，審査基準を定めるものとする」し，同３項で「行政上特別の支障があるときを除き，法令により申請の提出先とされている機関の事務所における備付けその他の適当な方法により審査基準を公にしておかなければならない」と審査基準の公表が義務付けられたのである。

　また，行政手続法12条１項は，処分基準についても「行政庁は，処分基準を定め，かつ，これを公にしておくよう努めなければならない」としている。

　さらに，行政手続法36条は，行政指導についても「同一の行政目的を実現するため一定の条件に該当する複数の者に対し行政指導をしようとするときは，行政機関は，あらかじめ，事案に応じ，行政指導指針を定め，かつ，行政上特別の支障がない限り，これを公表しなければならない」としている。

　そして，行政手続法38条で命令等を定める場合の一般原則として命令等制定機関は「命令等を定めるに当たっては，当該命令等がこれを定める根拠となる法令の趣旨に適合するものとなるようにしなければならない」とし，同39条で行政機関が命令等（政令，省令など）を制定するに当たって，事前に命令等の案を示し，その案について広く国民から意見や情報を募集する意見公募手続が法定された。

第4節　これからの行政基準

　判例は，従来の行政基準の分類という枠組みで，行政規則は，法規でない
以上，国民や裁判所を拘束するものでないという解釈に変化はないが，争訟
の裁断は可能として，結果的に行政規則であっても，場合によっては，違法
と判断をしてきた。しかし，救済の途があるにしても，大前提として，課税
や許認可等は，直接的に国民の生活に関わるもので，現実には行政規則に国
民が拘束されないという従来からの認定には問題があろう。行政規則が国民
を拘束する法規に分類されなくても，法規命令と同じように，国民に対して
周知や公平性の担保はなされ，行政による適切な運用がなければならない。

　それゆえ，法規命令と行政規則の区別の不明確性や相対化が指摘され，司
法による救済のみならず，行政手続法等の立法的な手段をもって，手続的統
制や国民参加による民主的チェックで権力濫用の防止や国民救済がなされる
ように，多くの行政規則が行政命令に準ずるように扱われるようになった現
状の再確認は必要であろう。

　具体的には，既存のケース以外にも，行政手続法は，2005（平成17）年改
正以降も2014（平成26）年改正で，法律に基づく行政指導を受けた事業者
が，行政指導が法律の要件に適合しないと思う場合に，行政に再考を求める
申出を行える36条の2により，法律上の手続として行政指導の中止等を求め
ることが出来るようになった。

　制度的統制としては，災害対策基本法109条は1項で「国会が閉会中又は
衆議院が解散中であり，かつ，臨時会の召集を決定し，又は参議院の緊急集
会を求めてその措置をまついとまがないとき」に内閣に緊急措置の政令の制
定を認めているが，4項で「内閣は，第1項の規定により政令を制定したと
きは，直ちに，国会の臨時会の召集を決定し，又は参議院の緊急集会を求
め，かつ，そのとつた措置をなお継続すべき場合には，その政令に代わる法
律が制定される措置をとり，その他の場合には，その政令を制定したことに

ついて承認を求めなければならない」と国会の事後的承認を求めている。

　国民参加的側面としては，日本農林規格等に関する法律 4 条 1 項は「都道府県又は利害関係人は，農林水産省令で定めるところにより，原案を添えて，日本農林規格を制定すべきことを農林水産大臣に申し出ることができる」と日本農林規格の制定申出権を規定している。

　その他にも，法規命令等の制定に審議会への諮問が法的に要求されていることも多く，例えば，国民の生活に直結する最低賃金に関し，最低賃金法20条が「厚生労働省に中央最低賃金審議会を，都道府県労働局に地方最低賃金審議会を置く」と最低賃金審議会の設置を法定しているのみならず，同法25条 5 項で「最低賃金の決定又はその改正若しくは廃止の決定について調査審議を行う場合においては，厚生労働省令で定めるところにより，関係労働者及び関係使用者の意見を聴くものとする」と公聴の機会も定めている。

　このように，行政基準についての伝統的な分類を維持しつつも，法律等が既に行政規則の外部化等に対応していることは明らかで，行政基準の法規命令と行政規則の差異が，国民の権利保障という視点では，益々，少なくなり，純然たる内部規律以外については，「相対化」から「合一化」へと推移していくものと考えられる。

　しかし，そもそもの問題として，白紙委任や必要性のない再委任等はあってはならないように，行政の法律によるコントロールは，行政基準の手続的統制や民主的要素の拡大をもっても，その重要性に変わりはなく，安易な行政基準の定立が容認されるわけではない。

　例えば，法律の専管事項は，もちろん，憲法95条「一の地方公共団体のみに適用される特別法は，法律の定めるところにより，その地方公共団体の住民の投票においてその過半数の同意を得なければ，国会は，これを制定することができない」と地方特別法を規定している以上，沖縄に関わる多くの問題について，国会での議論や住民投票を省き，安易に政令で解決していることなどは，国会と住民の意思を，結果的に，排除することになり問題であろう。

　現代社会における，行政基準の必要性や役割を理解しつつ，きちんと法的に統制することで，法律による行政という憲法の精神が護られなければならない。

　【設　問】

　(1)　委任命令の限界について具体的に判例をあげて論じなさい。

　(2)　法律の専管事項を具体的にあげて，法律以外の委任が許されないケースを論じなさい。

　(3)　行政規則の外部化と具体的な統制を，論じなさい。

参考文献

宇賀克也『行政法概説Ⅰ（第7版)』（有斐閣　2020年）

市橋克哉ほか『アクチュアル行政法（第3版）』（法律文化社　2020年）

大橋洋一『行政法Ⅰ（第4版)』（有斐閣　2019年）

櫻井敬子＝橋本博之『行政法（第6版)』（弘文堂　2019年）

大浜啓吉『行政法（第3版）』（岩波書店　2012年）

（三浦一郎）

第 **6** 講　行政行為

┌─**本講の内容のあらまし**─────────────────────
│　本講においては，行政行為という行政法学における最重要概念の1つ
│を取り上げる。そして，この行政行為については，判例および学説にお
│いて厳重な定義付けがなされており，これに基づいて，ある行政活動が
│行政行為に当てはまるかどうか判別されることになる。このような行政
│行為の概念を厳重に行う理由としては，行政行為には特別な効力が認め
│られるからである。そして，行政行為の種類としては，許可，特許，そ
│して認可といったものがあげられ，これらの異同が重要となる。その
│他，本講においては，行政行為の附款，行政行為の無効，そして行政行
│為の職権取消と撤回といった行政行為にかかわる重要な制度についても
│取り上げる。これらによって，行政行為という行政活動のイメージおよ
│び議論内容の大枠を掴んで貰いたいと考えている。
└──────────────────────────────────────

第1節　行政行為の意義

1　行政行為の位置付け

　本講のテーマである行政行為の詳細な定義を取り上げる前に，行政行為の
行政過程論上の位置付けを簡潔に示したい。伝統的なわが国行政法学におい
ては民法学における法律行為と対比する形で行政行為という行為形式の解明
に焦点が充てられてきた。また，藤田宙靖教授によって提唱がなされてい
る，いわゆる三段階構造モデルによれば「法律→行政行為→強制行為」とい
う三段階構造が行政の過程の基本的骨格を成すと説明がなされてきた。した
がって，伝統的なわが国行政法学においては行政行為を中心に議論がなされ

ており，今日においては行政計画や行政契約などのその他の行為形式も注目
を浴びるような状況になってきているものの，依然として行政行為は行政過
程論上の最重要概念の 1 つである。

　他方で，行政行為は，あくまでも講学上・理論上の概念であるという点に
注意が必要である。すなわち，行政行為は，実定法上の概念ではなく，例え
ば行政手続法などの行政関連法規の中で，行政行為という用語は用いられて
いないからである。そのため，行政行為の概念に類似する用語として，法令
上，行政処分という概念が用いられている。その結果，論者によっては，行
政処分という用語を用いて解説を行うこともあるが，ここでは行政行為の用
語に統一をして解説を行いたい。なお，本講は，取消訴訟の処分性の議論に
も通じるところもあるため，この点については適宜参照されたい。

2　行政行為の定義

　行政行為の定義については，論者によって若干の差異が見られるものの，
少なくとも，例えば立法行為，司法行為，統治行為といった国家行為や，公
法上の契約，私法上の契約，事実行為から区別して，定義付けがなされよう
としている点に共通点が見られる。

　そして，行政行為の定義に関しては，ゴミ焼却場事件の最高裁判決がリー
ディングケースになる。同判決によれば，行政行為は「行政庁の法令に基づ
く行為のすべてを意味するものではなく，公権力の主体たる国または公共団
体が行う行為のうち，その行為によって，直接国民の権利義務を形成しまた
はその範囲を確定することが法律上認められているもの」を指すとしている
（最判昭和39年10月29日民集18巻 8 号1809頁）。

　他方で，学説上，この文言を更に分解し，それぞれの意義を示すことに
よって，行政行為とその他の行為との差異の明確化に努めようと試みてい
る。その結果，学説においては，①公権力性，②法的効果，③外部性，④個
別性・具体性，という要素から行政行為は構成されるとしており，以下，こ
れらの具体的検討に進みたい。

3　具体的検討

　まず，行政行為の①公権力性であるが，これは行政による当該行為によって名宛人の権利・義務を一方的に変動させることを意味する。つまり，行政行為は，国民の意思や意向には左右されず，行政側の一方的判断によって行うことができることになる。したがって，双方の合意によって締結されることになる民法上の契約はもちろんのこと，行政契約も一般的にこの要件を満たさないものと理解されることになる。

　次に，行政行為の②法的効果であるが，これは国民の権利・義務を具体的に規律するものであることを意味する。つまり，行政行為は，それがなされると，国民の権利・義務に変動が生じることになる。したがって，法的効果を持たない行政指導は，これによって国民の権利・義務に何らかの変動を及ぼすわけではないため，一般的にこの要件を満たさないことになる。また，泥酔者の保護，道路の補修工事，危険物の撤去といった諸活動は，行政と国民の間の法律関係に何の影響も与えないことから事実行為とされ，これらについても法的効果が無いとされる。なお，最高裁判例においては，交通反則金制度の通告について具体的法効果が無いことから処分性が否定されている（最判昭和57年7月15日民集36巻6号1169頁）のに対して，関税定率法に基づく税関長の輸入禁制品該当通知について本来的意味の行政行為に該当していないにもかかわらず具体的な法効果が生じるとして処分性を肯定している（最判昭和54年12月25日民集33巻7号753頁）。それゆえ，行政処分・処分性については，本来的には行政行為では無い活動であっても，救済の見地から判断されうる場合もある。

　そして，行政行為の③外部性であるが，これは行政機関内でのみ効力を有する内部行為ではないことを意味する。つまり，行政行為は，行政庁が国民に対して向けた行為である必要がある。したがって，行政機関同士の行為や，上級行政機関から下級行政機関に対して発せられる通達などは，この要件を満たさないことになる。この点，消防法に基づく火薬工場設置の際に必要となる消防庁の同意およびその取消しは建築主事に対して行われることか

ら行政機関相互間における行為であるとし処分性を否定し（最判昭和34年 1 月
29日民集13巻 1 号32頁），また全国新幹線鉄道整備法に基づく運輸大臣（現国土
交通大臣）による工事実施計画の認可は作成主である日本鉄道建設公団との
関係で上級行政機関と下級行政機関にあるとし処分性を否定した（最判昭和
53年12月 8 日民集32巻 9 号1617頁）。更に，墓地埋葬法13条における「正当の理
由」について，従来までの解釈を変更する通達に対しても国民の権利・義務
に影響は及ばないとし処分性を否定している（最判昭和43年12月24日民集22巻13
号3147頁）。それゆえ，行政機関相互間の行為や通達については，通常，行政
行為として認められないことになる。但し，通達に関しては例外的に処分性
を肯定した判決もある（東京地判昭和46年11月18日行集22巻11・12号1785頁）。

　最後に，行政行為の④個別性・具体性であるが，これは一般的・抽象的行
為ではないことを意味する。換言すると，行政行為においては，個別的に
「誰」に対して，そして具体的に「何」をするのかを明確にしておく必要が
あるということになる。したがって，法律や条例は通常国民全員を対象にし
ていることから個別性が無いといえ，そして行政計画の多くは抽象的に行政
が持っている構想を描くものであることから具体性が無いといえるため，こ
れらの要件を満たさないことになる。それゆえ，法律や条例，そして行政計
画については，通常，行政行為として認められないことになる。但し，保育
所廃止条例（最判平成21年11月26日民集63巻 9 号2124頁），土地区画整理事業の事
業計画の決定公告（最大判平成20年 9 月10日民集62巻 8 号2029頁）や第二種市街地
再開発事業の事業計画の決定（最判平成 4 年11月26日民集46巻 8 号2658頁）などに
関しては処分性を肯定した判決もある。加えて，行政は，立法行為や行政行
為のほか，一般処分という行為を行うことがある。この一般処分というの
は，不特定多数の国民に対し，具体的事実に関し，法的規律をなす行為のこ
とをいう。これには，例えば道路通行の禁止，健康保険法に基づく医療費の
職権告示，そして保安林の指定（伐採などの禁止）・解除などを挙げることが
できる。つまり，一般処分は，不特定多数の国民を対象として行われる点
で，個人を対象として行われる行政行為と異なる一方で，具体的事実に関し

て行う点で，抽象的事実に関して行う立法行為と異なることになる。それゆえ，一般処分は，立法行為と行政行為の中間的性質をもつものであると理解されるのが一般的である。このような一般処分については，判例によっては処分性が肯定される場合もある（最判平成14年1月17日民集56巻1号1頁）。

第2節　行政行為の効力

　行政行為は，その定義に基づいて，その他の諸行為と厳格に区別されることになるが，このような厳格な区別が必要となるのは，行政行為には特殊な効力が認められているからである。そして，具体的には，公定力，拘束力，不可争力，執行力，不可変更力といった効力を挙げることができる。以下ではこれらについて取り上げる。

1　公定力

　公定力とは，行政行為がたとえ違法であっても，権限を持つ機関によって適法に取り消されない限り，その効力は維持され続けるという効力である。一般的に，行政行為が効力を有するためには，それが法律や命令などに適合していなければならない。したがって，法律や命令に適合していない場合は違法であり，効力を持たない筈である。けれども，行政行為の場合には，行政の停滞を防ぐため，たとえ違法な行政行為であっても，効力が存続することになる。

　次に，違法な行政行為であった場合に適法に取り消す権限を与えられた組織とは，処分を行った行政庁自身，その監督や不服審査にあたる上級行政庁，そして行政訴訟が提起された場合の裁判所である。したがって，それ以外の，例えば処分の名宛人や，行政行為とは無関係の行政機関は，たとえ当該行政行為が違法であったとしても，それを取り消す権限が与えられていないため，その効力を認めなければならない。このようなことの裏返しとして，公定力が及ぶ範囲は，主に国民である。

　さて，以上のような行政行為の公定力の根拠について，伝統的行政法学は行政の権威性といった超実定法的な効力を認めることで説明を試みてきた。けれども，戦後，このような根拠のみを理由に公定力の存在を肯定することに強い疑問が投げられることになった。その結果，今日においては，公定力の根拠は，取消訴訟の排他的管轄に求めるのが通常である。ところで，通常，行政との間に紛争が生じた場合，国民は民事訴訟法に基づいて救済を主張するのではなく，行政事件訴訟法に基づいて救済を主張することになる。このように民事訴訟法も存在する中，わざわざ行政事件訴訟法という特別な制度を設け，そこでの主な訴訟類型である取消訴訟という制度を設けたのは，行政訴訟の提起を促しているという立法意図があると理解されることになる。その結果，「特別な訴訟手続」によって，「特別な効力」を取り除くということになり，斯くして公定力と取消訴訟の排他的管轄は表裏の関係を形成することになる。したがって，公定力は，そもそも行政行為に備わっている効力というよりも，むしろ行政事件訴訟法といった法制度から生み出された効力とも言える。

　他方で，以上のように，公定力と取消訴訟の排他的管轄は表裏の関係をなしており，通常，当該行政行為が違法であった場合，取消訴訟という特別な手続によってこれを取り除く必要がある。そこで，行政との紛争が生じた場合に，いかなる時も取消訴訟を提起しなければならないのかという問題が生ずる。すなわち，公定力が及ぶ範囲の限界である。まず，公定力が及ばない行政行為として，当該行政行為の違法性が重大かつ明白であり無効な場合を挙げることができる。この場合，取消訴訟の提起も可能ではあるが，無効等確認訴訟の提起も可能となる。次に，公定力と国家賠償訴訟との関係を挙げることができる。これは，違法な行政行為に関する紛争において，当該行政行為によって生じた損害賠償を請求する国家賠償訴訟に対して，公定力が及ぶのかどうかという問題である。この場合，もし行政行為の公定力が国家賠償訴訟に及ぶとなると，取消訴訟を経た上でないと，国家賠償訴訟を提起することができないことになる。けれども，国家賠償訴訟の目的は，行政行為

の効果を取り除くことではない。そのため，取消訴訟を提起し行政行為を取り消していなくても，国家賠償訴訟を独立して提起することも可能となる。最後に，公定力と刑事訴訟との関係を挙げることができる。これは，例えば違法に課された営業停止処分に従わずに営業を続けると，通常，当該処分の名宛人は刑事訴追を受けることになり，この場合，刑事訴訟に対して公定力が及ぶのかどうか問題となる。もし，このような場合に行政行為の公定力が刑事訴訟に及ぶとなると，取消訴訟を経た上でないと，被告人である名宛人は刑事訴訟において無罪を主張することができないことになる。この点，個室付浴場事件においては，両者の関係に特段触れることなく，被告人を無罪としていることから，刑事訴訟に対しても行政行為の公定力は及ばない（最判昭和53年6月16日刑集32巻4号605頁）。

2　拘束力

　拘束力とは，行政行為がなされると関係する行政機関や国民はその内容に拘束されるという効力である。したがって，例えば一度営業許可がなされると，当該事業者はその営業許可の内容を守る義務がある反面，行政庁側も事業者が無許可営業であることを理由に取り締まることができなくなることになる。もっとも，拘束力は，行政と国民の双方に法律あるいは行政行為の内容を守る義務を求めるものであることから，至極当然のことを述べているに過ぎない。他方で，法律あるいは行政行為以上のことを拘束する余地を探ったとしても，そこでは何を拘束するのかが不明確である。そのため，わざわざ行政行為の効力という必要がないと理解されることが多く，拘束力を行政行為の効力として挙げていない場合も多い。

3　不可争力

　不可争力とは，行政行為の名宛人が当該行政行為に不満があったとしても，一定の期間を過ぎてしまうと，その内容を争うことができなくなるという効力のことを言う。この点，行政不服審査法は審査請求期間として原則処

分があったことを知った日の翌日から起算して 3 ヶ月以内，行政事件訴訟法は出訴期間として原則処分又は裁決があったことを知った日から 6 ヶ月以内をそれぞれ規定しているが，これらの期間を経過すると，ここでいう不可争力が働くことになる。したがって，不可争力は，行政行為を早期に確定する必要性から生じる効力となる。もっとも，違法な行政行為のうち，瑕疵が重大かつ明白で無効な場合については無効等確認訴訟の提起が可能であり，また不可争力が生じたとしても処分を行った行政庁自ら職権取消を行うことも可能である。そのため，行政行為であっても，瑕疵が重大かつ明白で無効な場合には不可争力は及ばないことから，あらゆる行政行為に不可争力が備わっているわけではない。

4　執行力

　執行力とは，行政行為によって命じた義務を，裁判所の手を借りることなく行政が自ら行動して実現できる効力のことを言う。すなわち，国民が行政行為によって命じられた義務を自ら実行しない場合，行政庁は行政行為によって命じた義務の内容を実行するべく，国民の意向に反して強制することになる。したがって，行政行為については，私人間同士の紛争のように裁判所に民事訴訟を提起して，これに勝訴し債務名義を手に入れた上で強制執行が行われるのではなく，伝統的行政法学においては常に行政行為に内在する効力と考えられてきた。もっとも，今日，行政行為と行政上の強制執行は，別個独立の権限であるとする方が，国民の権利を守るために適切であると理解されている。その結果，行政代執行法で規定されている代替的作為義務に該当するか，あるいは，個別法で強制執行の権限が付与されていない限り，行政庁は強制執行を行うことが出来ないことになる。そのため，強制執行に関する権限が別途規定されていなければならないことから，あらゆる行政行為に当然に自力執行力が備わっているわけではない。

5　不可変更力

　不可変更力とは，ごく単純に示せば，行政行為に対してやり直しを認めないとする効力のことを言う。もっとも，あらゆる行政行為に対して不可変更力が備わっているとすると，行政庁が誤った行政行為を行った場合でも，やり直しや修正が認められないことになる。そうすると，却って国民にとっても不都合な状況にもなるし，以下で見るような職権取消の存在とも矛盾することになる。それゆえ，不可変更力は，通常，裁判判決と同様，慎重な審議の上で決定される行政不服審査法に基づく審査請求に対する審査庁の裁決や，土地収用法に基づく土地収用委員会の裁決などに対してのみ認められることになる。なお，ここで取り上げている訴訟類似の裁断行為である裁決も行政行為に含まれる。そして，これらの裁決に関しては，行政庁側が安易に取消しを行ってしまうと，関係者の法律関係はいつまでも安定しない恐れが出てくることになる。したがって，不可変更力は裁決に対してのみ認められる効力であって，通常の行政行為に含まれている効力ではない。

第3節　行政行為の種類

1　概　観

　以上のような行政行為の種類について伝統的な学説は，図のように示されることがある。もっとも，このような区別については，現代行政法学において強い批判に晒されることもあることから，ここでは命令的行為と形成的行為の区別を説明した上で，許可，特許，そして認可について説明をしていきたい。

2　命令的行為と形成的行為

　命令的行為とは，国民が生まれながらに有している活動の自由に制限を課して，一定の作為または不作為を課したり，あるいは，これらを解除する行為のことを言う。それゆえ，命令的行為は，国民が本来有している自由権が

参考図　伝統的な学説による行政行為の種類

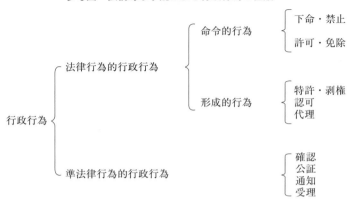

対象になる。

　これに対して，形成的行為とは，国民が本来有していない特殊な権利，能力その他の法的地位を与えたり奪ったりする行為のことを言う。それゆえ，形成的行為は，国民が本来有していない特殊な法的地位が対象になる。

　以上のように，行政行為は，対象となっている権利・利益の内容に応じて，2つに大別されることになり，命令的行為の代表例として許可，形成的行為の代表例として特許と認可が挙げられることになる。なお，このような区別についても，あくまでも講学上の概念となる。そのため，以下で取り上げる講学上の「許可，特許，そして認可」は，法律上，許可，免許，登録，認証，確認，認定といった，さまざまの名称が付けられていることがある。それゆえ，講学上の概念を理解することが，各法律における当該行為の意義を把握する上でも重要になる。そこで，以下では，このような状況も踏まえて，各行為について説明をしていきたい。

3　許　可

　許可とは，行政法令による一般的禁止を特定の場合に，特定人に個別的に解除する行為を言う。つまり，本来であれば，誰でも自由にできることを公

益上の理由から，一般的に禁止をし，当該禁止の解除を個別的に申請してき
た場合に，公益上の見地から審査を行った上で個別的に解除する行為とな
る。このような許可の具体例としては，自動車の運転免許や飲食店の営業許
可などを挙げることができる。つまり，自動車の運転や飲食店における飲食
物の提供については，当初は誰でも自由に行うことができたが，公益上の理
由から，これらを一律に行えないようにし，一定の能力・知識を備えている
と判断された場合に，個々人に対して許可を与えるものとなっている。

　このように許可は，公共の秩序や安全を守るために人の行動や営業の自由
を一旦制約するものであることから，憲法で保障された基本的人権に強い制
約を課すことになる。そのため，もしこれらの権利・自由の行使を規制する
のであれば，最低限度の規制にとどめられるべきといえる。そこで，許可
は，一般的に，申請書が法律で定められている様々な要件に適合すると，ほ
ぼ自動的に認められることになる。これを原則許可制と言う。

　他方で，許可は，本来有している自由を回復させることから，新たな権利
を発生させるわけではない。それゆえ，許可を受けたことによって，特権が
生じるわけではない。したがって，許可を受けた者が，距離制限などによっ
て事実上，独占的な利益を得ることがあっても，その利益は，原則として，
事実上の利益にすぎず，裁判などで主張することはできないとされる。

4　特　許

　特許とは，国民がもともと有していない特別の資格や権利を，行政が国民
に与えることを言う。つまり，国民に対して，国民が本来有していない権利
を設定する行為となる。このような特許の代表例としては，道路占用許可，
公有水面埋立免許，鉱業権設定許可，外国人の帰化の許可などが挙げられ
る。例えば道路は誰でも自由に通行することができるのが通常であるため，
原則として特定の人が道路を占拠することを予定したものではない。そこ
で，電柱や水道管などを設けるためにどうしても道路を占有しなければなら
ない場合には道路管理者の「許可」を受ける必要がある。ここでの「許可」

を受けた者は，通常は認められない道路の占用を特別に認められることになる。この道路占用「許可」は，講学上，特許と呼ばれることになる。この他にも，電気・ガス事業などについては，公企業の特許とも言われ，本来であれば国家が持っている経営権を特定の国民に独占的・排他的に付与することになる。

　このような特許の特徴としては，特定の人に他の人には認められない特別の資格や権利を付与されることになり，国民の持つ本来的自由を回復する許可と区別されることになる。そして，このように国から付与される権利の性質が異なる結果，違法な許可または特許が第三者に付与された場合，許可については第三者と争うことができないのに対して，特許については排他的・独占的地位を付与することから第三者と争うことができる。次に，特許は，国民が本来有していない権利・能力の付与という性質上，特許を付与するかどうかの行政庁側の判断の余地，すなわち裁量の幅が広くなるということを挙げることができる。この点，許可は，本来，国民が持つ自由を個別的に回復させるという性質上，法律で定めた要件を満たした場合，許可を与えなければならないため，行政庁には基本的に判断の余地は認められない。最後に，特許は，上記の公企業の特許のように国民のライフラインに関わることから，国民に安定供給を行う必要もある結果，行政庁側からの監督を受けることがある。この点，許可は，無許可営業などの違反を行った場合，国からペナルティーが科せられるものの，それ以外は監督を受けることなく自由に活動する点で異なることになる。

　以上のように，許可と特許の違いとしては，①第三者と争うことができるかどうか，②裁量の広狭，③行政からの監督の有無といった点を挙げることができる。

5　認　可

　認可とは，私人の法律行為を前提とし，その法律行為の効果を補充して，その効力を完成させる行為のことを言う。つまり，私人間などで行う活動に

対して，行政庁が当該活動にお墨付きを与える行為となる。このような認可の代表例としては，農地売買の際の所有権移転にかかわる農業委員会の「許可」や，タクシーの運送料金の認可などを挙げることができる。つまり，農業委員会の「許可」を例にすると，農地法3条1項によると，農地の売買を行うに際して，農業委員会から「許可」を受ける必要があり，この「許可」を受けないで行った売買契約はその効果が否定されることになる。この農地法3条1項でいう「許可」は，講学上，認可と呼ばれることになる。

　このような認可も，特許と同様，講学上の許可との区別が重要となる。まず，認可は，農地売買からも明らかな通り，私人の法律行為の存在を前提に，これに対して認可を付与することになることから，法律行為に対して行われることになる。この点，許可は，運転免許や飲食店の営業許可のように，運転をするとか，飲食物を作るといった，それだけでは権利変動が生じない事実行為に対して行われることになる。次に，認可は，私人による法律行為の存在を前提に，認可によって効力が完全に発生させることを目的とする。この点，許可は，禁止された行為に対する自由が回復させることを目的とする。最後に，認可は，私人の法律行為を完全に発生させるために行われることから，無認可で行われた行為は無効となる。この点，許可は，無許可行為は処罰の対象とはなるものの，人を輸送したことや飲食物を提供したことへの対価を受け取ることまでは否定されたわけではなく，私法上の行為には影響は無いとされる。

　以上のように，許可と特許の違いとしては，①対象行為の違い，②法的効果の違い，③無許可・無認可の場合といった点を挙げることができる。

第4節　行政行為の附款

1　附款の意義

　行政行為の附款とは，行政行為の主たる意思表示に付加される従たる意思表示のことを言う。つまり，本体である行政行為に付加してなされた行政庁

の意思表示で，行政行為の効力の一部を制限したり，さらに特別の義務を課したりするものである。このような附款の種類や具体例については後述するが，これを付すことができる場面は，法律で予め定められている法定附款か，あるいは，主たる意思表示である行政行為に関して行政庁に裁量権が認められている場合に分けられることになる。

　まず，法定附款としては，例えば任官後，6ヶ月間の条件付き任用を定める国家公務員法59条1項や，眼鏡等着用といった条件を付すことを認める道路交通法91条などがある。もっとも，法定附款は無制限に附款を付すことができるわけではなく，あくまでも附款を認めている法律の目的に適合するものでなくてはならない。

　他方で，附款は，法定附款以外にも，行政庁に裁量が認められている場合にも付すことができる。この場合，附款の内容は裁量の範囲内でなければならず，当該根拠法令を個別的に解釈していく必要がある。

2　附款の種類

（1）概　　観

　以下では，附款の種類としては，条件，期限，負担，撤回権の留保などが挙げられる。なお，法令用語として附款は，単に「条件」と表現されることもあるため，以下の種類の区別に注視する必要がある。

（2）条　　件

　条件とは，行政行為の効果を，発生の不確実な将来の事実にかからしめる附款のことを言う。このような条件には，それを充足すれば法的効果が発生する停止条件と法的効果が消滅する解除条件がある。まず，前者の停止条件とは，当該事実の発生によって行政行為の効力が発生するものである。これには，例えば道路舗装工事の完成を条件として，バス事業などの一般乗合旅客自動車運送事業の免許を付与する場合が挙げられる。次に，後者の解除条件とは，当該事実の発生によって行政行為の効力が消滅するものである。これには，例えば一定期間内に工事に着手しなければ失効することを条件とし

て，地方鉄道業の免許を付与する場合が挙げられる。

(3) 期　限

期限とは，行政行為の効果を発生確実な事実にかからしめる附款のことを言う。このような期限には，その日付から行政行為の効果が発生するとする始期と，その日付で行政行為の効果が消滅する終期がある。また，何年何月何日というように日付が確定している確定期限と，将来到来することは確実であるが具体的には決まっていない不確定期限という区別もある。なお，期限が問題となった最高裁判例としては，小学校教員の任期付任用事件があり，そこでは特段の事情が存在する場合には，法律の明文が無くても，期限を付けて採用することも許されるとしている（最判昭和38年 4 月 2 日民集17巻 3 号435頁）。

(4) 負　担

負担とは，処分の相手方に対して，一定の作為・不作為の義務を課す附款のことを言う。これには，例えば運転免許に眼鏡着用を命じるような負担がその典型例として挙げられる。なお，負担と条件の違いに注意が必要となる。すなわち，条件は必ずしも義務を命じるものではないものであるのに対して，負担は必ず義務を課するものとなる。しかし他方で，負担は，条件とは異なり，いわば独立した義務を課す行為となるため，当該行政行為の効果発生の前提となっているわけではない。つまり，行政行為の効力の発生・消滅には直接影響しないことから，負担の不履行は行政行為の効果を自動的に消滅させるものではない。例えば上述の運転免許の眼鏡着用という負担については，眼鏡を着用し運転するという義務が付与されているものの，たとえ眼鏡をかけていなくても運転免許の効力がなくなるわけではない。但し，当該負担を履行していないと罰則を受けるため，まさに当該負担は義務と言えるわけである。これに対して，条件であれば，上述の道路舗装工事は，免許を受ける人の義務ではないものの，舗装工事の完成という条件がクリアされないと免許の効力は発生しないことになる。

(5) 撤回権の留保とその他の類型

　最後に撤回権の留保とは，特定の場合に当該行政行為を撤回する権利を留保しておく附款のことを言う。もっとも，撤回権が留保されているからといって，行政庁は常に自由に撤回を行えるわけではない。この点については，撤回の記述の箇所で触れたい。

　以上の主要な類型のほか，行政行為の法効果の一部除外という類型もある。これには，例えば公務員に対して出張を命じながらも，規定に基づく旅費を支給しない場合などを挙げることができる。

3　附款の限界

　附款については，上述の通り，法律に明示の定めがある場合，もしくは，主たる意思表示である行政行為に関して行政庁に裁量が認められている場合にのみ，付すことができる。そのため，これらに該当しない場合は，形式的要件を満たさず，違法となる。

　他方で，形式的要件を満たした場合でも，附款の内容それ自体についても一定の限界がある。法定附款の場合は，無論，法律に反するような内容の附款を付すことはできない。他方で，法定附款ではない場合であっても，相手方に課す義務の内容は比例原則に基づいて必要最小限度でなければならない。

4　行政行為と附款の関係

　附款も行政行為の一部を構成することから，附款それ自体も公定力を有することになる。問題は，附款に対して不服がある場合となる。この場合，附款が本体たる行政行為と切り離すことができるような場合，附款だけを切り離して違法とし，本体たる行政行為を残すことができる。これに対して，本体たる行政行為と附款が不可分一体である場合，附款の存続の有無が本体たる行政行為の存続の有無にも密接に関係することから，附款が無効であれば，本体たる行政行為それ自体も無効となる。

第5節　行政行為の瑕疵

1　行政行為の無効と取消

(1) 行政行為の瑕疵とその種類

　行政行為の瑕疵とは，行政行為に何らかの欠陥や傷があることを意味する。つまり，例えば行政行為がその根拠となっている法律に違反している場合や違法ではないけれども公益に適合していない場合，瑕疵ある行政行為として扱われることになる。もっとも，行政行為には公定力も備わっているため，行政行為に瑕疵があったとしても正式に取り消されない限り，一応有効なものとして扱われることになる。このことから行政行為の瑕疵は，原則として取消原因となるにすぎないとされる。

　けれども，行政行為が全くデタラメ，あるいは，著しい誤認があった場合でも，当該瑕疵は取消原因に過ぎず，一応有効なものとして扱われることになると市民側には大きな負担となる。そのため，伝統的に瑕疵があまりにも大きい時には，例外的にこれを無効とされてきた。以下では，この無効な行政行為について説明を行いたい。

(2) 無効な行政行為

　行政行為に瑕疵がある場合，その瑕疵の程度に応じて，「取り消しすべき瑕疵ある行政行為」と「無効な行政行為」に区別される。前者は，当該行政行為の瑕疵が軽微であることから，正式に取り消されるまでの間，公定力が作用し，一応有効な行政行為として扱われる。これに対して，後者は，当該行政行為の瑕疵が重大であることから，正式に取り消されていなくても，何人もその無効も主張することができるものとして扱われる。

　ところで，瑕疵ある行政行為は，上述の通り，瑕疵の程度に応じて，公定力やその根拠となる取消訴訟の排他的管轄が作用するかどうかで異なる取扱いを受けることになるが，これは実際に訴訟を提起した際に大きな意義を持つことになる。すなわち，取り消しすべき瑕疵ある行政行為については，公

定力が作用することから，その理論的根拠である取消訴訟の排他的管轄が及び，当該瑕疵を取り消すためには，取消訴訟の提起が必要となる。これに対して，無効な行政行為については，公定力が作用しないことから，取消訴訟の排他的管轄が及ばず，当該瑕疵を取り消す際には，取消訴訟以外の訴訟を選択することも可能となる。したがって，国民は，取消訴訟以外にも，行政事件訴訟法が規定する無効等確認訴訟や，当該行政行為の無効を前提とする民事訴訟の提起が許容されることになる。

このように見ていくと，無効な行政行為は，国民の訴訟選択にもかかわることになるため，以下では，どのように無効を判断していくのかについて見ていく。

2　無効の判定基準

(1)　概　観

無効な行政行為の判定基準として，学説においては，重大説，重大明白説，外観上一見明白説，調査義務違反説，明白性補充要件説などが主張されている。これらの学説の全てにおいて，当該行政行為に重大な瑕疵が帯びているという点で共通する。そのため，学説の分かれ道は，瑕疵の重大性の存在を前提にした上で，他の要件が必要かどうか，より厳密に言うと，誰にとって当該瑕疵の存在が明らかであるかということである。そこで以下では，まずこの点について判例の展開を見ていく。

(2)　判例上の展開

無効な行政行為の判定基準のリーディングケースとしては，いわゆるガントレット事件の最高裁判決を挙げることができる。そこでは，重大明白説を採用しており，瑕疵の重大性と当該瑕疵の明白性という要件に基づいて無効な行政行為かを判別するに至っている（最判昭和31年7月18日民集10巻7号890頁）。もっとも，この明白性の要件が誰にとって明白であるのかについて必ずしも明らかではない。そのため，その後の最高裁判例においては，当該行政行為の瑕疵が何人によっても明らかであることを要する外見上一見明白説

が採用されている（最判昭和34年9月22日民集13巻11号1426頁）。これに対して，瑕疵の明白性を何人にも求めるとなると，専門知識を持たない国民にとって明らかであったとは言えず，原告にとっては不利に働く可能性が高い。そのため，下級審レベルにおいては行政庁が調査義務を果たしていれば過誤が発見できる程度であれば良いとする調査義務説が採用されるとするものもある（東京地判昭和36年2月21日行集12巻2号204頁）。その後，最高裁においては，重大明白説を採りつつも，明白性の要件に言及せずに無効を判断するケースも登場する（最判昭和48年4月26日民集27巻3号629頁）。その結果，明白性の要件は第三者の保護や行政の安定・円滑な運営を図る要請がある場合にのみ補充的に必要とされ，それ以外の場合には明白性の要件は必要がないとする明白性補充要件説が展開され，近年の有力説とされている。したがって，最高裁は，無効の判断基準として重大明白説に拠りつつも，状況に応じて明白性の要件を緩和することがある。

3　瑕疵の治癒・違法行為の転換

　行政行為の瑕疵については，上述の通り，取り消しうべき瑕疵ある行政行為と無効な行政行為に分けられるが，とりわけ前者のような瑕疵の程度が軽い場合，手続を最初からやり直すとなると，時間的ロスを生じさせることになる。そこで，訴訟によって取り消される前に，技術的に瑕疵を取り除くことがある。それが，瑕疵の治癒および違法行為の転換という概念である。

　まず，瑕疵の治癒とは，法律要件に違反してなされた行政行為が，後に是正された結果，瑕疵がなくなった場合を言う。これには，例えば行政行為を行う際，手続を経ることなく行われたものの，後になってから手続をやり直したなどによって瑕疵がなくなった場合を挙げることができる。

　次に，違法行為の転換とは，本来であれば違法ないし無効な行政行為であるものの，これを別の行政行為としてみた場合には適法な行為と認められうる場合を言う。これには，例えば死者を名宛人として行われた課税処分について，その相続人を名宛人に対する行政行為に切り替える場合を挙げること

ができる。

　以上のような瑕疵の治癒や違法行為の転換は，行政経済の見地から承認されたものであるが，これをいずれの場合にも認めてしまうと，行政手続の軽視といった悪影響を及ぼすことも考えられる。そのため，これが適用される場合は，手続をやり直しても処分の内容が全く影響を受けない場合や，単に行政の二度手間になるにすぎないような場合に限定されるべきであるとされている。

第 6 節　行政行為の職権取消と撤回

1　行政行為の職権取消

　職権取消とは，行政行為が成立したときから瑕疵があった行政行為について，権限を有する行政庁が職権で，その効力を成立の時に遡って失わせることを言う。例えば，法律に定められた排出基準を守って操業している企業に対して，環境法令に違反したという理由で操業停止命令が出された場合，企業の側に本当に法令違反の事実がなかったのであれば，この操業停止命令は最初から瑕疵のあった違法な行為ということになる。そこで，この操業停止命令は行政庁の職権で取り消され，操業停止命令がなされる前に遡って効力を失うことになる。なお，ここでは行政庁が職権で取消す場合のみを取り上げるが，国民が裁判所に訴える争訟取消も存在する。

　以上のような職権取消については，法律で「取り消すことができる」という規定が置かれていることがある。このような場合，瑕疵ある行政行為は当該法律に従って取り消されることになる。もっとも，このような規定がない場合，つまり実定法上の根拠がない場合は，取り消すことができないのかが問題となる。この点，軽重にかかわらず，瑕疵ある行政行為は，法律による行政の原理に違反している状態であるため，職権取消についての法的根拠が無くても，それを取り消さなければならないと理解される。したがって，伝統的に，職権取消は処分権限の裏返しとして，当然，内包されていると理解

されてきた。つまり，行政行為を行うための根拠条文の中に，職権取消も当然含まれていると理解されてきたわけである。もっとも，いかなる時も職権取消を認めてしまって良いのかが，更なる問題となる。この点，侵害的・負担的行政行為の職権取消については，相手方にとっても望ましいことから，原則として制限は無い。これに対して，受益的行政行為の職権取消は，原則として許されず，回復される公益性が大きい場合にのみ認められることになる。

　以上の職権取消は，それが行われると，当初より当該行政行為が無かったのと同じ状態に戻るのが原則である。もっとも，上記のような受益的行政行為の取消しの効果を遡及させると，例えば支給された年金や生活保護などの給付金を返還しなければならなくなる。そのため，受益的行政行為の取消の効果は将来に向かってのみ生じる。

2　行政行為の撤回

　職権取消に対して，撤回という概念もある。これは，有効に成立した行政行為の効力を，その後の事情を理由として処分庁自らが取り消すことを言う。これには，例えば有効に取得した許可や免許に関して，その後に生じた事情を理由によって「取り消される」場合を挙げることができる。なお，ここで注意が必要なのは，法令上の用語は撤回を「取消し」と規定している点である。この場合，職権取消のように取消しの効果を遡及させるとなると，過去に適法に行われた行為の全てが無許可・無免許で行ったことになってしまう恐れがある。それゆえ，職権取消と撤回に区別を設ける必要性があり，この点については後述する。

　以上のような撤回について，それを認める法的根拠が必要かどうかについて，これまでさまざまな議論がなされてきた。無論，法律で撤回についての根拠規定が置かれている場合には，当該規定に則して撤回が行われることになる。けれども，このような規定が無い場合，職権取消同様，問題となる。この点，多くの学説は，行政活動は，法律や公益に適合しなければならない

という理由で，法律の規定がなくても，行政庁による撤回を認めてきた。これを撤回自由の原則と言う。また，菊田医師事件の最高裁判決は，「処分の撤回によってXの被る不利益を考慮しても，なおそれを撤回すべき公益上の必要性が高いと認められる場合には，法令上その撤回について直接の明文の規定がなくとも，Yは，その権限においてXに対する右指定を撤回することができるというべきである」とし（最判昭和63年6月17日判時1289号39頁），学説同様，法律の明文が無くても，公益上の必要性が高ければ撤回が認められるとする。もっとも，撤回自由の原則は，侵害的行政行為には異議なく適用されるものの，受益的行政行為の撤回に対しては相手方に不正があるなどの事情がない限り適用すべきではないという有力な異論も展開されることがある。すなわち，受益的行為の撤回は，それ自体，新たな侵害的行政行為であると理解する結果，明文がない限り行うことはできないとする。

　さて，有効に成立した行政行為を後発的事情により撤回することから，相手方にとっては予測を裏切られ多大な損失を蒙る恐れがある。それゆえ，公益上の理由を国民に押しつけることは公平に反することから，公共の負担でこれを補填する必要がある。そして，法律の中には，公益上の理由で行政行為が撤回されて生じた損失について，補償をあたえるべき旨を規定していることがある。また，法律に補償の規定がない場合であっても，補償を与えられることもある。但し，撤回の理由が，処分の相手方にある場合には，補償は不要となる。

3　職権取消と撤回の差異

　最後に，職権取消と撤回の差異を簡潔に示すと，図表の通りとなる。まず，両者の差異の1点目として，取消事由あるいは撤回事由の発生時期が異なり，前者は処分時にすでに取消事由が発生しているのに対して，後者は処分後に撤回事由が発生する。2点目として，職権取消あるいは撤回の効果が異なり，前者は原則として処分時に遡って効力を失うのに対して，後者は撤回の意思が表示された時点から将来に向けて効果を失うことになる。3点目

として，取消権者あるいは撤回権者が異なり，前者は職権取消を処分庁だけではなくその上級監督庁も取り消すことが可能であるのに対して，後者は原則として処分庁のみが可能である。すなわち，職権取消は成立した時からの瑕疵であることから，その権限を広く認めようとしているのに対して，撤回は後発的に発生した瑕疵であることから，新たな行政行為とも理解できるため，上級行政庁にまでその権限は認められないと理解されている。

参考図　取消と撤回の違い

	取消	撤回
発生時期	処分時	処分後
効果	遡及する	将来
権限を持つ者	処分庁・上級行政庁	処分庁のみ

【設　問】

(1) 行政行為（行政処分）の定義について，最高裁の判例に即して説明をしなさい。その上で，他の行政活動との異同も踏まえつつ，どのような検討要素があるのか，簡単に纏めなさい。

(2) 行政行為の種類のうち，許可と特許との違い，許可と認可との違いについて纏めなさい。

(3) 行政行為の職権取消と撤回の違いについて纏めなさい。

参考文献

芝池義一『行政法総論講義（第4版補訂版）』（有斐閣，2006年）
藤田宙靖『行政法総論』（青林書院，2013年）
塩野宏『行政法Ⅰ（第6版）』（有斐閣，2015年）
神橋一彦『行政救済法（第2版）』（信山社，2016年）
畠山武道・下井康史編『はじめての行政法（第3版）』（三省堂，2016年）
村上武則監修・横山信二編『新・基本行政法』（有信堂，2016年）
稲葉馨ほか『行政法（第4版）』（有斐閣，2018年）
北村和生ほか『行政法の基本（第7版）』（法律文化社，2019年）

櫻井敬子・橋本博之『行政法（第 6 版）』（弘文堂，2019年）

（小澤久仁男）

第 **7** 講　行政裁量

┌─**本講の内容のあらまし**─────────────────────────┐
　本講では，行政裁量のなかでも，特に行政処分の裁量について取り上
げる。第1節では，行政裁量に関する古典的学説を整理した上で，裁量
処分の取消しを規定する行訴法30条の趣旨及び現在の裁量論について説
明する。第2節では，裁量権の踰越・濫用の有無を判断する司法審査の
方法（実体的審査，手続的審査，判断過程審査）について説明し，これ
らに関連する判例等を紹介する。第3節では，政治的裁量の司法審査の
例として，マクリーン事件を紹介し，解説する。第4節では，専門技術
的裁量の司法審査の例として，伊方原発事件を紹介し，解説する。
└────────────────────────────────────┘

第1節　行政処分の裁量

1　意　義

　法律による行政の原理を徹底し，行政権の濫用を防ぐためには，あらかじ
め法律で，あらゆる行政活動について，どの機関が，どのような場合に，ど
んな方法で，何をするべきかを詳細に定めておくことが望ましいといえる。
しかし，実際のところそれは現実的ではない。むしろ，行政機関には，情勢
に即応した柔軟な措置が要請される場合も少なくない。そこで，しばしば各
種行政法は，要件の定めに不確定概念を用いたり，効果の定めに複数の選択
肢をあげることにより，行政機関に判断の余地を与えている。行政裁量と
は，「法律が認める範囲内で行政機関が判断する余地」のことである。

　要件の定めに不確定概念を用いている例として，行政機関情報公開法7条

（行政機関の長は，開示請求に係る行政文書に不開示情報が記録されている場合であって
も，公益上特に必要があると認めるときは，開示請求者に対し，当該行政文書を開示する
ことができる。）や出入国管理及び難民認定法21条 3 項（法務大臣は，当該外国人
が提出した文書により在留期間の更新を適当と認めるに足りる相当の理由があるときに限
り，これを許可することができる。）が挙げられる。効果の定めに複数の選択肢を
あげている例として，国家公務員法82条 1 項（懲戒処分として，免職，停職，減
給又は戒告の処分をすることができる。）や風営法26条 1 項（当該風俗営業の許可を取
り消し，又は 6 月を超えない範囲内で期間を定めて当該風俗営業の全部若しくは一部の停
止を命ずることができる。）がある。

　行政裁量は，伝統的に，もっぱら処分の問題として論じられてきたが，処
分に限らず他の各種活動形式（例えば，行政立法，行政計画，行政契約など）にも
存在し得る。今日の判例・学説では，都市計画決定や生活保護基準改定な
ど，処分以外の裁量が問題とされることも少なくない。

2　古典的学説

　古典的学説において，行政行為は，法律によって要件や効果が一義的明確
に定められている「羈束行為」と，法律が要件や効果を一義的に定めていな
い「裁量行為」とに区別され，羈束行為は，司法審査の対象とされた。さら
に裁量行為は，「法規裁量行為」と「自由裁量行為」とに区別され，法規裁
量行為は，司法審査の対象とされ，自由裁量行為は司法審査の対象外とされ
た。実際に，戦前わが国に存在した行政裁判所では，自由裁量行為を審査し
ないという原則（裁量不審理原則）がとられていた。

　法規裁量行為と自由裁量行為とを区別する基準については，佐々木惣一
(1878-1965) に代表される「文言説」と美濃部達吉 (1873-1948) に代表される
「性質説」との間に争いがあった。文言説とは，法律の文言，すなわち法律
の定め方を基準として，羈束されているのか，自由裁量に委ねられているの
かを決めようとするものであり，性質説は，法律の文言に拘わらず，当該行
為の性質によって羈束裁量行為か自由裁量行為かを決めようとするものであ

古典的学説における裁量行為の分類

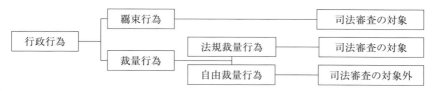

る。「性質説」を代表する，いわゆる「美濃部 3 原則」によれば，①人民に対してその権利を侵害し，あるいは新たに義務を命ずる行為は，かりに法律の明文が自由裁量を認めるように見える場合であっても，常に覊束行為であり法規裁量行為である。②人民のために新たに権利を設定し，または利益を与える行為は，法律の特別の規定のある場合を除き，原則として自由裁量行為である。③人民の権利・義務に直接の影響を及ぼさない行為は，法律の特別の規定のある場合を除き，原則として自由裁量行為である。この「性質説」は，昭和30年代頃まで裁判例や学説において広く支持されていた。

3　行政事件訴訟法30条

1962（昭和37）年に行訴法が制定され，同法30条に「行政庁の裁量処分については，裁量権の範囲をこえ又はその濫用があつた場合に限り，裁判所は，その処分を取り消すことができる」と定められた。自由裁量行為と解される裁量処分も司法審査の対象となったことにより，覊束裁量（法規裁量）と自由裁量とを区別する意義は失われていった。

裁量権の範囲をこえることを裁量権の踰越という。裁量権の踰越とは，法の許容する裁量権の範囲を逸脱することを意味する。裁量権の濫用とは，一見すると法の許容する裁量権の範囲内にあるものの，法の趣旨に反して裁量権を行使することを意味する。

裁量権に踰越・濫用があった場合，その処分は違法となり，取り消されるが，裁量権の範囲内の場合は，当・不当の問題を生ずるにすぎず，取り消されることはない。なにが裁量権の踰越・濫用に当たるかは，判例・学説の解

釈に委ねられている。

4　現在の裁量論

　おおよそ行政庁は，処分を行うまでに，次のような判断過程を経る。①事実の認定（いかなる事実があったのかの判断），②要件の認定（認定した事実が，法令上の要件を充足するかの判断），③手続の選択（どのような手続をとるかの判断），④行為の選択（処分をするか否か，どのような処分をするかの判断），⑤時の選択（いつ処分をするかの判断）。

　古典的学説においては，裁量の有無は，もっぱら要件の認定と行為の選択において問題とされてきた。要件の認定において認められる行政庁の裁量のことを「要件裁量」といい，行為の選択において，認められる行政庁の裁量を「効果裁量」という。

　現在では，上記①から⑤のすべての判断過程に裁量があり得ると考えられており，個別の行政処分について，判断過程のどこに裁量があるか，裁判所は，裁量権の踰越・濫用の有無をどのような方法で審査するべきか，という問題が裁量論の中心となっている。

第 2 節　裁量処分の司法審査

1　審査方法の概略

　行政庁の裁量処分に裁量権の踰越・濫用があった場合，裁判所はその処分を取り消すことができる。裁判所が裁量権の踰越・濫用の有無を審査する方法は，おおよそ実体的審査，手続的審査及び判断過程審査の 3 つに分類される。

　裁量処分の実体的審査では，①事実誤認，②目的違反・動機違反，③信義則違反，④平等原則違反，⑤比例原則違反などが審査される。手続的審査では，法が処分に事前手続を求めている場合に，手続違反が審査される。判断過程審査では，処分に至るまでの行政庁の判断過程が審査される。

2　実体的審査

(1)　事実誤認

　裁量処分の基礎となる重要な事実に誤認があった場合，当該処分は違法と判断される。最高裁は，公立大学学生の行為に対し，懲戒処分を発動するかどうか，懲戒処分のうちいずれの処分を選ぶかを決定することは，社会観念上著しく妥当を欠くものと認められる場合を除き，原則として，懲戒権者としての学長の裁量に任されるが，懲戒処分が全く事実の基礎を欠くものであるかどうかの点は，裁判所の判断に服するとした。その上で，原審が退学処分を全く事実の基礎を欠くものとして違法と判断したことは正当であるとした（最判昭和29年7月30日民集8巻7号1501頁）。

(2)　目的違反・動機の違反

　裁量処分が，法律の趣旨・目的とは異なる目的や動機で行われた場合，当該処分は違法と判断される。最高裁は，個室付浴場業の開業を阻止することを主たる目的として行われた知事の児童遊園設置認可処分は，たとえ児童遊園がその設置基準に適合しているものであるとしても，行政権の著しい濫用によるものとして，国家賠償法1条1項にいう公権力の違法な行使にあたるとした（最判昭和53年5月26日民集32巻3号689頁）。

(3)　信義則違反

　信義誠実の原則は，法の一般原則として行政上の法律関係にも適用される。最高裁は，信義則上，「短期滞在」の在留資格による在留期間の更新を許可すべきであったにもかかわらず，これを不許可とした処分は，法務大臣がその裁量権の範囲を逸脱し，又はこれを濫用したものであって，違法であるとした（最判平成8年7月2日判時1578号51頁）。

(4)　平等原則

　平等原則は，憲法14条1項を根拠とする原則であり，行政法学においては，行政機関は合理的理由なく国民を差別してはならないという原則である。平等原則が明文化されている例として，地方自治法244条3項（普通地方公共団体は，住民が公の施設を利用することについて，不当な差別的取扱いをしてはなら

ない。）がある。

　最高裁は，産米供出個人割当額決定の方法につき法令上具体的の定めがない場合でも，その決定に当る村長は，一部落内の特定の生産者を何らいわれがなく他の生産者と区別して取り扱う裁量権を有するものではないが，一部落内の特定の生産者を他の生産者と区別して取り扱ったとしても，これをもつて，違法の裁量権の行使ということはできないとした（最判昭和30年6月24日民集9巻7号930頁）。

　(5) 比例原則

　比例原則とは，目的を達成するために，効果が同じであれば制限の程度がより少ない手段を選ばなければならないという原則である。不必要な規制や過剰な規制を禁止するものであり，規制行政一般に妥当する法理であると考えられている。

　最高裁は，過去2年度の3回の卒業式等における不起立行為による懲戒処分を受けていることのみを理由にXに対する懲戒処分として停職処分を選択した都教委の判断は，停職期間の長短にかかわらず，処分の選択が重きに失するものとして社会観念上著しく妥当を欠き，停職処分は懲戒権者としての裁量権の範囲を超えるものとして違法の評価を免れないと解するのが相当であると判示した（最判平成24年1月16日判時2147号139頁）。

3　手続的審査

　一般的に，手続的審査は，法律が行政庁に事前手続を義務づけている場合に，手続に違反がないかを審査するものである。例えば，行政手続法13条は，行政庁が不利益処分をしようとする場合に執るべき意見陳述のための手続として，聴聞及び弁明の機会の付与を規定している。上記手続が執られなかったなどの違反を審査するのは，手続的審査の典型であるといえる。手続の違反（瑕疵）については，それを理由として，ただちに処分が違法と判断されるわけではないと考えられている。なお，手続的審査は，法律が事前手続を定めている場合に限られない。法律が事前手続を明文上規定していない

場合であっても，処分によっては公正な事前手続が要請されており，裁判所は，手続的審査を行うことができる。

　いわゆる個人タクシー事件について，最高裁は，道路運送法 3 条 2 項 3 号に定める一般乗用旅客自動車運送事業である 1 人 1 車制の個人タクシー事業の免許に当たり，多数の申請人のうちから少数特定の者を具体的個別的事実関係に基づき選択してその免許申請の許否を決しようとするときには，同法 6 条の規定の趣旨にそう具体的審査基準を設定してこれを公正かつ合理的に適用すべく，上記基準の内容が微妙，高度の認定を要するものである等の場合は，上記基準の適用上必要とされる事項について聴聞その他適切な方法により申請人に対しその主張と証拠提出の機会を与えるべきであり，これに反する審査手続により免許申請を却下したときは，公正な手続によって免許申請の許否につき判定を受けるべき申請人の法的利益を侵害したものとして，上記却下処分は違法となると判示した（最判昭和46年10月28日民集25巻 7 号1037頁）。

4　判断過程審査

（1）判断過程審査とは

　判断過程審査とは，裁量処分について，裁判所が，処分に至るまでの行政庁の判断過程を審査するものである。裁量処分に対する司法審査の密度を向上させる審査方法として，近年特に注目されている。

　判断過程審査は，判断過程の過誤，欠落を審査するもの（判断過程合理性審査）と判断過程の考慮要素を審査するもの（考慮要素審査）とに大別されている。判断過程合理性審査を行った例として，伊方原発事件判決（最判平成 4 年10月29日民集46巻 7 号1174頁），家永教科書検定事件第 1 次判決（最判平成 5 年 3 月16日民集47巻 5 号3483頁）がある。

　考慮要素審査では，判断過程において，考慮不尽（考慮すべき事項を考慮しなかったこと）や他事考慮（考慮すべきでないことを考慮したこと）などがなかったか，が審査される。以下に紹介する 3 つの判例は，いずれも考慮要素審査を

行った上，裁量権の踰越・濫用を認め，当該処分を違法と判断したものである。

(2) 考慮要素審査の例

①日光太郎杉事件

東京高裁は，建設大臣が，土地収用法20条3号の要件（土地の適正且つ合理的な利用に寄与するもの）を判断するにあたり，本来最も重視すべき諸要素，諸価値を不当，安易に軽視し，その結果当然尽すべき考慮を尽さず，または本来考慮に容れるべきでない事項を考慮に容れもしくは本来過大に評価すべきでない事項を過重に評価し，これらのことにより建設大臣の判断が左右されたものと認められる場合には，裁量判断の方法ないしその過程に誤りがあるものとして，違法となるものと解するのが相当であるとした。その上で，建設大臣が国立公園日光山内特別保護地区の一部に属する土地についてした事業認定は，土地収用法20条3号の要件を充たしていない違法があると判示した（東京高判昭和48年7月13日判時710号23頁）。

②エホバの証人退学事件

最高裁は，退学処分は学生の身分をはく奪する重大な措置であり，学校教育法施行規則13条3項も4個の退学事由を限定的に定めていることからすると，当該学生を学外に排除することが教育上やむを得ないと認められる場合に限って退学処分を選択すべきであり，その要件の認定につき他の処分の選択に比較して特に慎重な配慮を要するものであるとした。また，原級留置処分も，学生にその意に反して1年間にわたり既に履修した科目，種目を再履修することを余儀なくさせ，上級学年における授業を受ける時期を延期させ，卒業を遅らせる上，D高専においては，原級留置処分が2回連続してされることにより退学処分にもつながるものであるから，その学生に与える不利益の大きさに照らして，原級留置処分の決定に当たっても，同様に慎重な配慮が要求されるものというべきであるとした。その上で，本件各処分は，社会観念上著しく妥当を欠き，裁量権の範囲を超えた違法なものといわざるを得ないと判示した（最判平成8年3月8日民集50巻3号469頁）。

③呉市公立学校施設使用不許可事件

　最高裁は，公立学校の学校施設の目的外使用を許可するか否かの管理者の判断の適否に関する司法審査は，その判断が裁量権の行使としてされたことを前提とした上で，その判断要素の選択や判断過程に合理性を欠くところがないかを検討し，その判断が，重要な事実の基礎を欠くか，又は社会通念に照らし著しく妥当性を欠くものと認められる場合に限って，裁量権の逸脱又は濫用として違法となるとすべきものであるとした。その上で，本件中学校及びその周辺の学校や地域に混乱を招き，児童生徒に教育上悪影響を与え，学校教育に支障を来すことが予想されるとの理由で行われた本件不許可処分は，重視すべきでない考慮要素を重視するなど，考慮した事項に対する評価が明らかに合理性を欠いており，他方，当然考慮すべき事項を十分考慮しておらず，その結果，社会通念に照らし著しく妥当性を欠いたものということができ，本件不許可処分が裁量権を逸脱したものであるとした原審の判断は，結論において是認することができると判示した（最判平成18年2月7日民集60巻2号401頁）。

第3節　政治的裁量の司法審査
―マクリーン事件（最大判昭和53年10月4日民集32巻7号1223頁）―

1　事案の概要

　X（マクリーン氏）は，アメリカ合衆国国籍を有する外国人であり，出入国管理令に基づき，在留期間の更新を申請したところ，Y（法務大臣）は，Xに対し更新を適当と認めるに足りる相当な理由があるものとはいえないとして，更新を許可しないとの処分（本件処分）をした。Yが，在留期間の更新を適当と認めるに足りる相当な理由があるものとはいえないとした理由は，Xの在留期間中の無届転職と政治活動であった。Xは，本件処分の取り消しを求めて提訴した。

2　判旨　上告棄却

「出入国管理令が原則として一定の期間を限って外国人のわが国への上陸
及び在留を許しその期間の更新は法務大臣がこれを適当と認めるに足りる相
当の理由があると判断した場合に限り許可することとしているのは，法務大
臣に一定の期間ごとに当該外国人の在留中の状況，在留の必要性・相当性等
を審査して在留の許否を決定させようとする趣旨に出たものであり，そし
て，在留期間の更新事由が概括的に規定されその判断基準が特に定められて
いないのは，更新事由の有無の判断を法務大臣の裁量に任せ，その裁量権の
範囲を広汎なものとする趣旨からであると解される。すなわち，法務大臣
は，在留期間の更新の許否を決するにあたっては，外国人に対する出入国の
管理及び在留の規制の目的である国内の治安と善良の風俗の維持，保健・衛
生の確保，労働市場の安定などの国益の保持の見地に立って，申請者の申請
事由の当否のみならず，当該外国人の在留中の一切の行状，国内の政治・経
済・社会等の諸事情，国際情勢，外交関係，国際礼譲など諸般の事情をしん
しやくし，時宜に応じた的確な判断をしなければならないのであるが，この
ような判断は，事柄の性質上，出入国管理行政の責任を負う法務大臣の裁量
に任せるのでなければとうてい適切な結果を期待することができないものと
考えられる。このような点にかんがみると，出入国管理令21条 3 項所定の
『在留期間の更新を適当と認めるに足りる相当の理由』があるかどうかの判
断における法務大臣の裁量権の範囲が広汎なものとされているのは当然のこ
とであつて，所論のように上陸拒否事由又は退去強制事由に準ずる事由に該
当しない限り更新申請を不許可にすることは許されないと解すべきものでは
ない。」

「法務大臣の右判断について，それが違法となるかどうかを審査するにあ
たっては，右判断が法務大臣の裁量権の行使としてされたものであることを
前提として，その判断の基礎とされた重要な事実に誤認があること等により
右判断が全く事実の基礎を欠くかどうか，又は事実に対する評価が明白に合
理性を欠くこと等により右判断が社会通念に照らし著しく妥当性を欠くこと

が明らかであるかどうかについて審理し，それが認められる場合に限り，右判断が裁量権の範囲を超え又はその濫用があったものとして違法であるとすることができるものと解するのが，相当である。」

3　解　説

出入国管理令21条 3 項は，在留期間の更新の申請があつた場合に，法務大臣は，「在留期間の更新を適当と認めるに足りる相当の理由があるときに限り」，これを許可することができると定めている。

本判決は，「在留期間の更新を適当と認めるに足りる相当の理由」があるかどうかの判断における法務大臣の裁量権の範囲は広汎なものであるとし，その理由として，法務大臣は，在留期間の更新の許否を決するにあたっては，当該外国人の在留中の一切の行状，国内の政治・経済・社会等の諸事情，国際情勢，外交関係，国際礼譲など諸般の事情を斟酌し，時宜に応じた的確な判断をしなければならないことを挙げている。また，本判決は，法務大臣の判断についてそれが違法となるかどうか審理するにあたっては，その判断が全く事実の基礎を欠くかどうか，また，その判断が社会通念に照らし著しく妥当性を欠くことが明らかであるかどうかについて審理するとしている。

本判決は，行政庁の決定が高度に政治的な判断を要する場合，その判断に行政庁の広い裁量（政治的裁量）を認め，その審査については，社会観念審査と呼ばれる最小限の審査手法が用いられるとしたものと解される。

第 4 節　専門技術的裁量の司法審査
—伊方原発事件（最判平成 4 年10月29日民集46巻 7 号1174頁）—

1　事実の概要

愛媛県西宇和郡伊方町に原子力発電所の建設を計画した四国電力株式会社は，核原料物質，核燃料物質及び原子炉の規制に関する法律（以下，「規制法」

という。）23条に基づき Y（内閣総理大臣）に原子炉設置を申請し，Y は本件原子炉設置許可（本件処分）をした。これに対し，伊方町及びその周辺に居住する X らは，本件処分の取消しを求める訴訟を提起した。

2　判旨　上告棄却

「原子炉施設の安全性に関する被告行政庁の判断の適否が争われる原子炉設置許可処分の取消訴訟における裁判所の審理，判断は，原子力委員会若しくは原子炉安全専門審査会の専門技術的な調査審議及び判断を基にしてされた被告行政庁の判断に不合理な点があるか否かという観点から行われるべきであって，現在の科学技術水準に照らし，右調査審議において用いられた具体的審査基準に不合理な点があり，あるいは当該原子炉施設が右の具体的審査基準に適合するとした原子力委員会若しくは原子炉安全専門審査会の調査審議及び判断の過程に看過し難い過誤，欠落があり，被告行政庁の判断がこれに依拠してされたと認められる場合には，被告行政庁の右判断に不合理な点があるものとして，右判断に基づく原子炉設置許可処分は違法と解すべきである。」

「原子炉設置許可処分についての右取消訴訟においては，右処分が前記のような性質を有することにかんがみると，被告行政庁がした右判断に不合理な点があることの主張，立証責任は，本来，原告が負うべきものと解されるが，当該原子炉施設の安全審査に関する資料をすべて被告行政庁の側が保持していることなどの点を考慮すると，被告行政庁の側において，まず，その依拠した前記の具体的審査基準並びに調査審議及び判断の過程等，被告行政庁の判断に不合理な点のないことを相当の根拠，資料に基づき主張，立証する必要があり，被告行政庁が右主張，立証を尽くさない場合には，被告行政庁がした右判断に不合理な点があることが事実上推認されるものというべきである。」

3　解　説

　本判決は，原子炉施設の安全性に関する審査には，原子力工学はもとより，多方面にわたる極めて高度な最新の科学的，専門技術的知見に基づく総合的判断が必要とされることから，原子炉設置の許可は，各専門分野の学識経験者等を擁する原子力委員会の科学的，専門技術的知見に基づく意見を尊重して行う内閣総理大臣の合理的な判断にゆだねられているとした。すなわち，判決文は，「裁量」という言葉を用いていないが，原子炉設置許可処分の判断過程において，裁量（専門的・技術的裁量）を認めたものと解されている。

　また，本判決は，原子炉設置許可処分の取消訴訟における裁判所の審理，判断は，原子力委員会または原子炉安全専門審査会の専門技術的な調査審議及び判断を基にしてされた行政庁の判断に不合理な点があるか否かという観点から行われるべきであるとしており，いわゆる判断過程合理性審査を行うとしている。

　本判決は，原子炉設置の許可において，原子力委員会または原子炉安全専門審査会という専門的な第三者機関の関与が規定されていることに着目し，現在の科学技術水準に照らし，上記機関の調査審議において用いられた具体的審査基準に不合理な点があり，または，原子炉施設が具体的審査基準に適合するとした上記機関の調査審議及び判断の過程に看過し難い過誤，欠落があり，行政庁の判断がこれに依拠してされたと認められる場合には，行政庁の判断に不合理な点があるものとして，原子炉設置許可処分は違法と解すべきであるとした。

-----【設　問】------------------------------
(1) 古典的学説における法規裁量行為と自由裁量行為の区別について説明しなさい。
(2) 裁判所が裁量権の踰越・濫用の有無を審査する方法を分類し，それぞれについて説明しなさい。

（3）原子炉施設の安全性が争われる原子炉設置許可処分の取消訴訟における裁判所の審理・判断の方法について説明しなさい。

参考文献

三浦大輔「在留許可の更新と裁量審査」宇賀克也ほか編『行政判例百選 I （第 7 版）』（有斐閣，2017年）

山下義昭「科学技術的判断と裁判所の審査」宇賀克也ほか編『行政判例百選 I （第 7 版）』（有斐閣，2017年）

中川丈久「教科書検定と裁量審査」宇賀克也ほか編『行政判例百選 I （第 7 版）』（有斐閣，2017年）

榊原秀訓「学生に対する措置と裁量審査」宇賀克也ほか編『行政判例百選 I （第 7 版）』（有斐閣，2017年）

南博方原編著『条解行政事件訴訟法（第 4 版）』（弘文堂，2014年）

（西村淑子）

第 **8** 講　行政計画・行政契約

┌─**本講の内容のあらまし**─────────────────────┐

　伝統的な行政法学は，行政主体が国民（私人）に公権力を行使するプロセスを，①行政活動の基準設定行為→②行政法上の権利義務関係の形成→③行政上の義務の実現手段と三段階で把握してきた。この行政過程に沿う形で，行政基準（第5講）→行政行為（第6講）→行政上の義務の実効性確保（第11講）の各テーマについて説明が行われてきた。これに加え，行政活動が複雑・多様化した現代福祉国家においては，行政活動の基準設定行為としての「行政計画」，行政法上の権利義務関係の形成の手法としての「行政契約」という新たな行政の行為形式が注目されるに至った。本講では，この比較的新しい2つの行政作用法上のテーマについて概観していく。

└────────────────────────────────┘

第1節　行政計画

1　行政計画の意義

　行政計画とは，行政権が一定の公の目的のために目標を設定し（目標設定性），その目標を実現するための手段を総合的に提示するもの（手段総合性）をいう。行政計画は，行政機関が定立する計画であり，一定の行政目標を設定するとともに，その目標に到達するための諸々の手段・方策の総合的調整を図ることを目的としている。

　行政活動が複雑・多様化した現代福祉国家において，行政活動の合理性・整合性を確保するために，行政計画の策定は，あらゆる行政領域において不

可欠となっている。また，行政計画は，一定の行政目的および計画に基づく行政活動を予告することで，国民を行政目的の実現に向けて誘導する機能も果たしている。行政法学において，行政計画が注目されるようになったのは，1970年代になってからであり，近年においては，「計画（Plan）」→「実施（Do）」→「評価（See）」のマネジメント・サイクル（管理過程）の中で理解されるようになった。

2　行政計画の分類

行政計画は，様々な観点から分類することができる。

①　長期計画・中期計画・短期計画・単年度計画　　これらは，計画期間の長短による区別である。長期計画は10〜15年，中期計画は 3 〜 7 年，短期計画は 1 〜 2 年を目処としている。

②　全国計画・地方計画　　これらは，計画が定める地域的範囲による区別である。

③　基本計画・実施計画　　これらは，計画の段階による区別である。基本計画は，全般的基本的事項を定める計画であり，実施計画は，施策を具体的に実現するための計画である。

④　上位計画・下位計画　　これらは，計画間の優越関係による区別である。

⑤　法定計画・事実上の計画　　これらは，法律上の根拠の有無による区別である。

⑥　拘束的計画・非拘束的計画　　これらは，法的拘束力の有無による分類である。例えば，都市計画や土地区画整理事業計画は，策定・公告されると計画区域内の土地利用が一定範囲で制限されることになるので拘束的計画である。一方，関係行政機関に対し，判断指針を示すに過ぎないのが非拘束的計画である。なお，拘束的計画は，法定計画でなければならない。法定計画には，拘束的計画と非拘束的計画があり得る（図1）。

図 1　⑤・⑥の関係

法定計画　━━━━━━━━━━　拘束的計画
事実上の計画　━━━━━━━━━━　非拘束的計画

3　行政計画の法律上の根拠

　私人の行為を法的に規制するような拘束的計画には，法律の根拠が必要である（拘束的計画は，法定計画でなければならない，図 1 ）。逆にいえば，法律の根拠を有する計画であるが故に私人への規制力を有するともいえる。他方，内部に対しても外部に対しても指針的な意味しか持たず，計画が法的拘束力を有さない非拘束的計画については，法律の根拠の必要性については争いがある。通説は，非拘束的計画について，法律の根拠は不要であるとする。なお，国土開発計画のように将来の国のあり方を方向づける計画には法律の根拠が必要であるとする説も有力に展開されている。

4　行政計画の手続的統制

　行政計画に関する法律は，多くの場合は計画の目標を定め，あるいは計画策定の際に考慮すべき要素を規定するにとどまるため，計画策定権者に広範な裁量が認められ実体的統制は困難である。したがって，計画策定権者の恣意を防止し，計画内容の合理化を期すために，行政計画策定手続における民主的統制（手続的統制）が要請される。この点に関して，行政手続法の制定に際し，行政計画策定手続に関する規定を盛り込むことについて議論もあったが，結局見送られた。現在，行政計画策定手続に関する一般的な法律は存在せず，個別の法律によって手続が規定されるにとどまっている。現行法上，計画の策定にあたり，①議会の議決を必要とすることができるもの（地方自治法96条 2 項），②事前に審議会による審議を必要とするもの（国土利用計画法 5 条 3 項），③公聴会の開催，計画案の公告・縦覧，それに対する意見書の提出など住民参加手続を要求するもの（都市計画法16条，17条）などがある。

　しかし，個別法の内容にはばらつきがあり，また，手続が形式的に実行されている場合も多く，十分な統制が行われていないと指摘されている。特に，③については，行政手続法上，意見公募手続を経なければならない「命令等」（同法 2 条 8 号）に行政計画の策定が含まれないことから，公聴会を開催するか否かの判断は，行政庁の裁量に委ねられる場合が多く，住民参加の時期も計画案の策定以降であり，住民の意見が計画案に反映されにくい点が指摘されている。

　5 において述べるように，行政計画に対する事後的な司法的統制では実効的な救済が期待できない事態も起こり得るため，計画策定過程における手続的統制の必要性が強調される。

5　行政計画の司法的統制

（1）行政計画と行政事件訴訟（取消訴訟）

　従来，行政事件訴訟法における抗告訴訟の中心をなす取消訴訟（同法 3 条 2 項）を用い，行政計画について裁判上争うことができるのか，について議論されてきた。そこでは訴訟要件としての「処分性」が問題となってきた（詳細は第15講）。取消訴訟の対象となるのは，行政庁のすべての行為ではなく，その行為によって，「直接国民の権利義務を形成しまたはその範囲を確定することが法律上認められているもの」である（最判昭和39年10月29日民集18巻 8 号1809頁）。したがって，非拘束的計画には処分性は認められない。最高裁は，処分性の概念を拡大させながら，個別の事案によって判断してきた。以下，行政計画に関する主要判例を概観する。

　①「土地区画整理事業計画」は，（i）事業計画の認可・公告，（ii）仮換地の指定，（iii）建築物等の移転・除却，（iv）工事，（v）換地計画の認可，（vi）換地処分，（vii）清算金の徴収・交付という手続で進められる。従来の判例（最大判昭和41年 2 月23日民集20巻 2 号271頁）は，土地区画整理事業計画は公告の段階では事業の青写真に過ぎず，直接特定の個人に向けた具体的処分ではなく，この段階では紛争の成熟性を欠くとして処分性を否定してきた。

これによれば，具体的処分があった段階で事業計画について争うことになるが，その間も事業は進み，結果的に事情判決が出されるおそれがあり，それでは原告を救済することはできない。そこで最高裁は，判例変更を行い，本計画の処分性を肯定するに至った（最大判平成20年9月10日民集62巻8号2029頁）。

　②都市計画法上の「用途地域の指定」について判例は，これによる権利制限的効果は不特定多数の者に対する一般的抽象的なものに過ぎず，後続の具体的処分の段階において取消訴訟によって権利救済目的が達成できるため，その処分性を否定している（最判昭和57年4月22日民集36巻4号705頁）。

　③都市再開発法に基づく第二種市街地再開発事業は，地区内の土地などを買収・収用し，再開発ビルを建設し，工事完了後，残留希望者にビルの一部を譲渡・貸与するものであり，(i) 都市計画決定，(ii) 事業計画決定，(iii) 管理処分計画の認可，(iv) 用地の任意買収または収用，(v) 工事，(vi) 権利取得という手続きで進められる。判例は，「第二種市街地再開発事業計画における再開発事業計画の決定」は，公告の日から，土地収用法上の事業の認定と同一の法律効果を生じるものであるから，施行地区内の土地の所有者などの法的地位に直接的な影響を及ぼすものであるとして処分性を肯定した（最判平成4年11月26日民集46巻8号2658頁）。

　④土地区画整理法に基づく「土地区画整理組合の設立の認可」については，認可によってその事業施行地区内の宅地について，所有権または借地権を有する者をすべて強制的に組合員とする公法上の法人である土地区画整理組合を成立させ，この組合に土地区画整理事業を施行する権限が付与される。したがって，強制的に組合員とされた住民は，その意思に関係なく組合の運営に関する権利義務を有する地位に置かれるため，判例は，その性質上，処分性を肯定した（最判昭和60年12月17日民集39巻8号1821頁）。

　⑤市町村営の「土地改良事業の施行の認可」について判例は，土地改良法がこれに対する行政上の不服申立手続を定めていることなどを理由に処分性を肯定した（最判昭和61年2月13日民集40巻1号1頁）。

(2)　行政計画と国家賠償（計画担保責任）

　行政計画は，当然実施されることを予定しているが，社会情勢の変化に対応して計画が変更あるいは中止されることもあり得る。この場合に，計画の変更・中止によって損害を被った私人がその賠償を求めることができるかという問題があり，計画担保責任の問題として論じられる。行政計画は，一度作成されたら改廃が許されないというわけではなく，むしろ，社会情勢の変化に伴い，柔軟に見直すべきである。このように計画は変更の可能性を伴うものであるから，私人もそのことを計算の上で，事業活動などの意思決定を行うべきであり，計画変更によって生じた損害のすべてを計画主体が賠償しなければならないというわけではない。

　しかし，計画主体が特定の者に個別具体的な勧奨を行い，勧奨を受けた者が当該計画の相当長期にわたる存続を信頼した結果，積極的な損害を被った場合には，信義則上，当該積極的損害について，計画主体は損害賠償を負うと解すべきである。判例は，地方公共団体が，私人に対し，損害を補償するなどの代償措置を講ずることなく計画を変更することは，やむをえない客観的事情のない限り違法となるとし，損害賠償を認めた（最判昭和56年 1 月27日民集35巻 1 号35頁）。なお，計画の変更によって生じた損失の補償について，明文の規定が置かれる場合もある（都市計画法52条の 5 ，57条の 6 ）。

第 2 節　行政契約

1　行政契約の意義

　行政契約とは，行政主体が行政目的を達成するために締結する契約である。①行政主体相互間の契約（例：国と地方公共団体，地方公共団体相互，国と特殊法人），②行政主体と私人との契約，の双方を含む（図 2 参照）。確かに，行政権が，私人との間で具体的な権利義務関係を設定する場合の原則的な行為形式は行政行為（行政処分）である（図 2 参照）。しかし，授益的行政活動の増加に伴い，現代行政における行政契約の果たす役割は拡大している。

図2　行政行為（行政処分）と行政契約の比較

2　行政契約の分類

　行政契約は，行政活動の特質によって以下のように分類することができる。

　①　準備行政における契約　　準備行政とは，行政活動に必要な物的手段を調達あるいは整備するために行われる。例えば，国有財産の売渡しや官庁事務用物品の購入契約，公共事業における請負契約がある。

　②　給付行政における契約　　給付行政は，個人または国民一般に便益を提供するものである。例えば，水道事業における市町村と申込者間における給水契約がある。給付行政は，非権力的な行政活動であるから，原則として契約方式が採用されているが，例外的に補助金の交付や社会保障の給付等には行政行為（行政処分）の方式が採られている。

　③　規制行政における契約　　規制行政は，社会秩序の維持や安全確保を目的として行われる。規制行政は，法律による行政の原理から行政行為の方式が原則であり，当事者の合意を基礎とする契約方式はなじまない。しかし，例外的に契約方式が認められる場合がある。例えば，公害防止協定がある（詳細は本節5）。

　④　行政主体間の契約　　地方公共団体間における事務の委託や国有財産の地方公共団体への売渡しなどがある（図2，行政契約①）。

3 行政契約の基本原理

① 行政契約も法律による行政の原理（法律の優位）に服するため，法律に違反する契約を締結することはできない。

② 行政契約は，たとえ，その内容が国民に義務を課したり，権利を制限するものであっても，当事者の意思の合致によって成立することから，法律の根拠は必要ないと一般的に考えられている。すなわち，侵害留保の原則は，相手方の合意なしに，行政機関が一方的に権利を制限し，義務を課す場合に法律の根拠（留保）を要求するものであり，相手方の合意に基づく行政契約により，その権利を制限し，義務を課すことを否定する趣旨までも含むものではない。

③ 行政契約には，基本的には民法の契約法理が適用され，契約違反に対しては，民事手続により，契約の履行を強制することができる。ただし，契約自由の原則がそのまま貫徹されるのではなく，行政契約も行政作用の一形態である以上，他の行為形式の場合と同様に行政法の一般原則が適用される（第4講参照）。

④ 行政契約において，特に重要になるのが平等原則である。私人間であれば，契約自由の原則により，契約相手を任意に選択することができる。しかし，行政契約の場合には平等原則が適用されるため，契約相手を恣意的に選択することは許されない。

⑤ 行政契約においては，効率性の原則も重要である。国や地方公共団体が契約の対価として支払う金銭は，租税等によって国民・住民が納めたものであるから，公費は節約しなければならない。また，行政財産を売却する場合には，他の条件が同一ならば，最高の価格で販売し，歳入を増大させるべきである。

⑥ 契約担当者が自由に随意契約（本節，4，(3)，③）を締結できるとすると，違法・不当な契約が結ばれる危険が高くなる。したがって，契約締結過程の透明性を高め，説明責任を果たす必要がある。なお，行政機関情報公開法の不開示事由に該当しない事項については（第13講参照），開示請求を待

つまでもなく，公表すべきである。

　以上の理由から，行政主体が締結する契約については，民法における契約自由の原則が行政法によって修正されている。以下において，行政契約に対する法的規制について説明する。

4　行政契約の法的規制

　行政主体が私人との契約に基づいて行政活動を行うことは，私人の意思を尊重し，個別的な事情を考慮しつつ行動できるという利点があるが，他方，行政主体は巨大な発注者であり，その有利な立場を利用して契約相手方である私人を不利な状態に置くおそれもある。現行法上，行政契約に様々な規制が設けられているのは，このような状況から私人を守るためである。

　(1)　法律の留保の要否

　法律による行政の原理との関係については，①法律の優位の原則については，全面的な適用を受ける。例えば，租税法で認められた税の賦課徴収権を行政主体は放棄することはできない。②法律の留保の原則については，行政契約は非権力的作用であるから，原則として適用されない（全部留保説に立つ場合を除く，第 3 講参照）。したがって，法律の趣旨目的に照らし，特に行政契約を禁止する趣旨でない限り，法律の明文の根拠がなくとも締結することができると考えられている。

　ただし，地方公共団体間の事務委託契約（地方自治法252条の14）においては，民法の委託とは異なり，事務処理権限のすべてが受託者に移ってしまい委託者側は何ら権限を持たなくなってしまうという点において，権限配分の変動を意味するものであるから，法律の根拠が必要であると解される（地方自治法252条の16）。

　(2)　法律・条理上の制限

　行政契約は，行政主体が相手方（私人・相手方行政主体）と対等な立場による合意によるものであるが，契約の公共性や公正性などの見地から，一定の制約が認められる。したがって，行政契約には私人間における契約自由の原

則はそのままでは妥当しない。例えば，法律の明文において差別的取扱い禁止を規定している場合もある（郵便法 5 条等）。しかし，そのような規定がない場合であっても，行政契約は公正かつ平等に締結しなければならない（憲法14条 1 項）。

　また，国民の生存権の確保の見地から，「正当の理由」がない限り，行政主体が契約締結を強制される場合もある（水道法15条等）。この点につき判例は，市町村が建築物への給水契約の申込みに応じないことは，原則として違法となるとしつつ（最決平成元年11月 8 日判時1328号16頁），例外的に，市町村が正常な努力を尽くしても水需給が逼迫するような場合には，給水契約の拒否にも「正当の理由」が認められると判示した（最判平成11年 1 月21日民集53巻 1 号13頁）。

　(3)　手続的統制

　地方公共団体が締結する契約につき，議会の議決が必要とされる場合がある（地方自治法96条 1 項 5 号）。また，物品納入契約，土木建築契約などの公共調達については，公金の支出を伴うことから，公正性や経済性が要請される。そこで，①一般競争入札が原則とされ，例外的に②指名競争入札，③随意契約によることとされている（会計法29条の 3 ，地方自治法234条）。

　①　一般競争入札は，行政主体が公告によって不特定多数者を誘引し，入札により申込をさせる方法により競争を行わせ，その申込のうち，行政主体にとって最も有利な条件で申込をした者を選定・契約を締結する方法である。機会均等の原則に則り，透明性・競争性・公正性・経済性を確保できるという長所がある。その一方，契約担当者の事務・経費上の負担が大きくなり，あるいは不良・不適格業者の混入する可能性が大きくなるという短所も指摘される。

　②　指名競争入札とは，行政主体が資力，信用その他について適切と認める特定多数を通知によって指名し，その特定の参加者を入札によって競争させ，契約の相手方となる者を決定し，その者と契約を締結する方式である。一般競争入札に比べ，不良・不適格業者を排除することができ，契約担当者

の事務上の負担や経費の軽減を図ることができる長所がある。その一方，指名される者が固定化する傾向があり，談合が起こりやすくなるという短所も指摘される。

③　随意契約とは，行政主体が任意に特定の者を選定し，その者と契約を締結する方法である。契約担当者の事務上の負担を軽減し，効率化に寄与する。また，契約の相手方を任意に選定することから，特定の資産・信用・能力等のある業者を容易に選定することができる長所がある。しかし，地方公共団体と特定の業者との間に発生する特殊な関係から，単純に契約を当該業者と締結するのみではなく，適正な価格によって行われるべき契約がややもすれば不適正な価格によって行われがちになるという問題点が指摘される。

広く一般から入札に参加できる一般競争入札は，最も透明性が高いが，実際には極めて大規模な工事以外は，指名競争入札や随意契約によることが多い。すなわち，一般競争入札を原則とする会計法，地方自治法の建前とはかなり乖離した実態となっている。

判例は，地方自治法234条 2 項による政令（地方自治法施行令167条の 2 第 1 項 2 号）に基づき，随意契約にすることができる「その性質又は目的が競争入札に適しないものとするとき」に該当するか否かについては，普通地方公共団体の契約担当者が，契約の公正及び価格の有利性を図ることを目的として，普通地方公共団体の契約締結の方法に制限を加えている法令の趣旨を勘案し，個々具体的な契約ごとに，当該契約の種類・内容・性質・目的等諸般の事情を考慮し，合理的な裁量に基づいて判断すべきであると判示した（最判昭和62年 3 月20日民集41巻 2 号189頁）。すなわち，契約締結の多くの段階において，長などによる裁量が認められていることが明らかとなっている。

また，随意契約制限に違反して締結された行政契約の効力が争われた事案において判例は，地方自治法234条 2 項等違反の契約であっても，私法上当然に無効になるものではなく，契約の効力を無効としなければ随意契約の締結に制限を加える法令の趣旨を没却させる結果となる特段の事情が認められる場合に限り，私法上無効になると判示した（最判昭和62年 5 月19日民集41巻 4

号687頁）。すなわち，行政契約について，法的安定性の確保等の見地から，違法な場合であっても有効と扱う余地を認めた。

　行政契約の締結に際しては，基本原則として経済性・公正性などが求められるが，地域振興などの政策的な目的によって影響を受けることがある。判例は，村内業者では対応できない工事のみ村外業者を指名し，それ以外の場合は村内業者のみを指名するという指名競争入札の運用について争われた事案において，地元業者を優先して指名を行うことの合理性を認めつつ，そこには一定の限界があり，指名回避行為につき裁量統制が及ぶことを判示した（最判平成18年10月26日判時1953号122頁）。

（4）　調達行政における政策的配慮

　行政主体にとって最も有利な条件で契約を締結するという会計法・地方自治法の原則が，政策目的によって修正されることがある。例えば，「官公需についての中小企業者の受注の確保に関する法律」は，国などは，予算の適正な使用に留意しつつ，中小企業者の受注機会の増大を図るように努めなければならないと定める（同法3条）。また，「国等による環境物品等の調達の推進等に関する法律」（グリーン購入法）は，環境物品等への需要の転換を推進するために，国などは，予算の適正な使用に留意しつつ，環境物品等を選択するよう努めなければならず（同法3条1項），地方公共団体は，その区域の自然的社会的条件に応じて，環境物品等への需要の転換を図るための措置を講ずるよう努めると定めている（同法4条1項）。

5　規制行政と公害防止協定

　公害防止協定とは，地方公共団体が公害を発生させるおそれのある事業活動を営む事業者と公害防止に関する措置を協議し，事業者に公害防止措置を約束させる協定のことをいう（第2節，2，③）。これは，公害法規制が不備だった時代に，地方公共団体が企業と協定を締結し，公害規制の欠陥を補ったことに由来するが，公害法規制が整備されてくると，制定法では定められていない分野における義務，あるいは，制定法の定めよりも厳しい内容の義

務を企業側に課す手法として用いられるようになった。

　公害防止協定の法的性質については，学説上，①紳士協定説と②契約説が
対立してきた。①紳士協定説は，公害防止協定を法的拘束力のない紳士協定
と捉える見解である。この見解は，行政上の規制は，法律または条例に基づ
き一律平等に実施されるべきものであり，協定に基づく規制は許されず，こ
れを認めることで規制が恣意的なものになり，法律による行政の原理に反す
ると主張する。これに対し，②契約説は，公害防止協定を法的拘束力のある
契約と捉える見解である。この見解は，事業活動や経済的自由の制約は，相
手方の任意の同意があり，かつそれが合理的な目的達成のために必要であれ
ば，別段公序に反する人権侵害とは言えないと反論する（通説）。

　判例も，市町村と産業廃棄物処理業者との間で締結された公害防止協定に
おける最終処分場の使用期限に関し，契約としての法的拘束力を認めた（最
判平成21年7月10日判時2058号53頁）。最高裁は，公害防止協定が法に抵触しない
以上，契約として有効であるとし，協定内容につき相手方が履行しない場合
には，行政主体側から民事訴訟を提起し義務の履行を求めることができると
判示した。

　ただし，契約説に立ち，公害防止協定に拘束力を認めるとしても，契約に
よって公権力を創出することは許されず，その意味において，協定の実効性
は民事的方法によってのみ担保される。例えば，公害防止協定によって，行
政庁に実力行使による立入検査権を認めることはできないし，また契約違反
に対して刑罰を科すことも認められない。すなわち，行政上の義務履行確保
の手段については法律で定めなければならない（行政代執行法1条，第11講）た
め，行政契約に基づく行政上の強制執行は認められないし，行政契約違反に
対する罰則を当該契約中に定めることは，罪刑法定主義に反し許されない
（憲法31条）。

6　第三者効のある行政契約

　行政契約の効力は，民事上の契約と同様に原則として当事者間にのみ及

ぶ。したがって，その効力を当事者以外の第三者に及ぼすためには（第三者効を認めるためには），法律の根拠が必要である。私人間において協定を締結し，その上で行政庁から認可を受けることで，第三者に対して法的効果を及ぼすことができる。規制行政における行政契約について，第三者効を認める法規は多く存在する。例えば，建築基準法に定める建築協定（建築基準法69条以下）や景観法に定める景観協定（景観法81条以下）などがある。これらの協定を結ぶことで，締結後に区域内の土地所有者となった者に対しても協定の効力を及ぼすことができるため，行政契約を活用した公益実現のツールとして注目されている。

【設　問】

(1) 行政計画に対する手続的統制の内容や問題点について論じなさい。

(2) 行政計画について，取消訴訟を用い争うことについて，これまでの判例を踏まえながら論じなさい。

(3) 公害防止協定の法的性質について論じなさい。

参考文献

塩野宏『行政法 I（第 6 版）』（有斐閣，2015年）

宇賀克也『行政法概説 I（第 7 版）』（有斐閣，2020年）

櫻井敬子＝橋本博之『行政法（第 6 版）』（弘文堂，2019年）

西谷剛『実定行政計画法　プランニングと法』（有斐閣，2003年）

碓井光明『行政契約精義』（信山社，2011年）

（後藤浩士）

第 9 講　行政指導・事実行為

本講の内容のあらまし

　行政活動には行政行為のほか，国民の自発性・任意性を促す措置である行政指導という行為形式もある。実際の行政においては行政行為のように強制的手段を採ることができない場合，行政指導が用いられることになり，行政目的の達成を補完することがある。もっとも，このような行政指導は行政の権力性を背後に指導に従わざるを得ない状況を形成したり，不透明に行われることも否定できない。そのため，行政手続法においては，任意性の確保や明確性の原則といった規定が置かれることによって，行政指導が適切に運用されるよう促されている。また，行政指導は，裁判によって事後的に統制されることもある。

第1節　行政指導・事実行為の意義

1　行政指導の意義と種類

(1) 法律行為と事実行為

　行政行為や行政契約は，法律行為と呼ばれるものであった。ところで，法律行為とは，行政・私人が何らかの意思表示をし，その結果，一定の法的効果が発生するものを意味する。これに対して，以下で扱うことになる行政指導は，事実行為と呼ばれるものに含まれることになる。この事実行為とは，行政・私人が何らかの意思表示をしたとしても，相手方に対して何らかの法的効果が発生するものではないものを意味する。したがって，行政指導が行われたからといっても国民に対して何らかの法的義務が課せられたわけでは

なく，あくまでも国民の任意を前提として行政目的を達成していこうとする
行為形式となる。それゆえ，国民側は，行政指導に応じても良いし，あるい
は行政指導に応じなくても良いということになる。

　もっとも，現実の行政と国民の関係を見ると，行政側の方が圧倒的権力を
持つことになる。そのため，国民は行政指導に従わざるを得ないこともしば
しば生じる。したがって，本来であれば，行政指導は「法的には無」である
にもかかわらず，その適切な運用を確保するべく学問的関心を抱かれること
になる。

（2）行政指導の意義

　このような行政指導の定義については，行政手続法 2 条 6 号によると「行
政機関がその任務又は所掌事務の範囲内において一定の行政目的を実現する
ため特定の者に一定の作為又は不作為を求める指導，勧告，助言その他の行
為であって処分に該当しないものをいう」としている。

　この行政手続法における行政指導の定義のポイントは次の通りとなる。ま
ず「①所掌事務の範囲内」である必要があるということを挙げることができ
る。つまり，例えば水道事業を所管する厚生労働省が渇水対策として大口使
用者に対して節水指導を行うことは，ここでいう所掌事務の範疇に属すが，
これを外務省といった水道事業を所管していない別の官庁が行うことは，こ
こでいう所掌事務の範疇には入らないことになる。

　次に「②一定の行政目的の実現」を目指すものである必要があるというこ
とを挙げることができる。つまり，行政指導も行政活動である以上，一定の
行政目的達成するために行わなければならないことになる。

　また「③特定の者」に対して向けられる必要があるということを挙げるこ
とができる。つまり，特定の者に対して何らかの行動を行うよう求めること
が必要であり，一般国民に対して何らかの啓発を行う単なる広報活動などと
は異なることになる。

　最後に「④処分に該当しないもの」であるということを挙げることができ
る。つまり，行政指導は行政行為（行政処分）ではない。そのため，ここで

取り上げた行政手続法の文言からは必ずしも明らかではないものの，相手方の任意のもとで行われる必要がある。

　ところで，以上の行政指導を行う際，各法律においては「〜行政指導を行うことができる」という文言が規定されているわけではない。そのため，行政機関を設置し，所掌事務を定める一般的な規範があれば，以上のような文言がなかったとしても，その都度行政指導を行うことができるとされている。なぜなら，行政行為（行政処分）とは異なり，私人の権利に影響を及ぼすものではないため，組織規範で十分と理解されているわけである。

(3) 行政指導の種類

　行政指導の種類はさまざまなものが存在しているが，学説は，行政指導が果たす事実上の機能に着目して区別を試みるのが一般的である。そして，そこでは，①規制的行政指導，②助成的行政指導，③調整的行政指導の3つの区分が挙げられることになる。

　まず，規制的行政指導とは，相手方に対して規制をすることを目的として行われる行政指導である。つまり，相手方にとって不利益をもたらすことになることから，その運用次第によっては相手方とトラブルになる可能性のある行政指導と言える。

　次に，助成的行政指導とは，相手方に対して情報を提供し，それによって私人の活動を援助することを目的として行われる行政指導である。これには例えば職業指導や経営助言などを挙げることができる。つまり，相手方にとって有益となる情報などを提供することになるが，その反面，相手方に対して無理にこの指導を押しつけると，その相手方にとっては規制を受けているのと同じようになる。

　最後に，調整的行政指導とは，私人間の紛争に行政が介入することによって，私人間の紛争を解決するべく行われる行政指導である。これには例えば建築主とその付近住民の紛争が生じた場合を挙げることができる。なお，この場合，一方当事者に妥協を促すことによって，他方当事者との間の紛争に折り合いをつけさせようとすることになる。それゆえ，一方当事者からする

と，規制的行政指導が行われていると理解することもできることになる。

　以上の学説上の分類以外にも，行政手続法は，行政指導の分類として①申請に関連する行政指導（同33条）と②許認可などの権限に関連する行政指導（同34条）を挙げており，これらの規定は従来，問題の多かった行政指導の場面について類型化したもので，後述の任意性の確保にも深く関係するものとなる。

　(4) 行政指導のメリット・デメリット

　行政指導は，正式な法律の根拠が無くても，相手方に義務を課したり，権利を制約したりする場合がある。つまり，本来であれば，法律に基づいて行政行為を行い，これによって行政目的を実現すべきところ，相手方の任意があるという名目で行政指導によって行政目的を実現できる可能性があるということになる。そのため，このような行政指導を多用することによって，行政が行政目的を達成することが一般化してしまうと，法律による行政の原理を空洞化させる恐れも生じることになる。加えて，行政指導は口頭で行われる場合もあることから，後に紛争になったとしても行政指導が行われたのかどうか，そしてどのような行政指導が行われたのかということを不透明に出来てしまう可能性も否定できない。

　けれども，行政指導は，必ずしもデメリットばかりではない。なぜなら，例えば緊急に対処すべき問題が生じた場合，行政行為については法律の根拠が無いと行うことができないのに対して，行政指導については当該行政指導を行うための個別的な法律の根拠が無くても行うことができるからである。そのため，機敏かつ柔軟に対応すべき課題が生じた場合，行政指導によって暫定的対応を採ることができるといったメリットもある。また，行政行為の権限が行政に付与されている場合であっても，実際に行政が権限を行使する前に，行政指導によって相手方の任意の履行を促す場合もある。つまり，許可などを受ける際に窓口において，申請書類の内容の不備あるいは訂正といったことについて行政指導を受けることによって，申請書類の訂正ができ，あるいは，同じ書類であれば拒否されるということを予測することが可

能となる。

　以上のように，行政指導については，メリット・デメリットがあり，必ず
しもデメリットのみを強調すべきものとは言えず，行政指導を適法・適正に
行使することによって，むしろ行政目的を円滑に達成する手段ともなる場合
もある。それゆえ，このような行政指導の有用性を高めるべく，行政手続法
などの法律においては行政指導が正しい方向へ進むよう舵取りがなされよう
としている。

第2節　行政指導の統制

1　行政指導の実体法的統制

（1）法律の根拠

　行政指導は，行政手続法2条6号および同32条1項において「行政機関が
その任務又は所掌事務の範囲」内において行われることが繰り返し示されて
いる。そのため，行政指導を行う際には，少なくとも所掌事務の範囲内でな
ければならず，差しあたりは権限分配を一般的に行う組織法上の根拠は必要
である。

　他方で，問題になるのは，各個別法上の根拠である。もちろん，各個別法
で行政指導について規定をしている場合は，このような規定に反する行政指
導を行うと，違法な行政指導に該当することになる。けれども，このような
個別法上の規定が置かれている場合は多くはなく，むしろ行政指導は相手方
の任意を前提とする事実行為であり，行政行為とは異なる「ソフト」な手法
であることから，各個別法上の根拠を置く不要はないと理解されるのが一般
的である。このように法定外の行政指導を許容することによって，行政の迅
速な対応を可能にする点も考慮する必要がある。もっとも，行政指導は，相
手方の権利・義務を侵害する可能性を持っている。したがって，学説の一部
では，とりわけ規制的行政指導に対しては，法律や条例の根拠を必要とする
説も存在する。

（2）裁判例

　このように，行政指導に対する法律上の根拠の要否について石油カルテル事件の最高裁判決がある。同判決は「石油業法に直接の根拠を持たない価格に関する行政指導であっても，これを必要とする事情がある場合に，これに対処するため社会通念上相当と認められる方法によって行われ，『一般消費者の利益を確保するとともに国民経済の民主的で健全な発達を促進する』という独禁法の究極の目的に実質的に抵触しないものである限り，これを違法とすべき理由はない」とする（最判昭和59年2月24日刑集38巻4号1287頁）。したがって，この事例において通産省（現経済産業省）の行政指導は組織法上の根拠のみに基づいて行われていたものの，当該行政指導を適法としている。また，後述する品川マンション事件および武蔵野マンション事件の最高裁判決は，結論的には行政指導に任意性がなかった点を違法としているものの，行政指導を行ったことそれ自体は違法とされていない。それゆえ，その後の最高裁は，石油カルテル事件を踏襲している。

　以上，裁判例によれば，個別法上の根拠は必要としていない。なお，他の判例においては，臨機応変に事態に対処できるその性質に鑑みて，行政指導を行う個別法上の根拠が無くても，行政指導を行うべきとしており，その上で行政指導が行われなかったことを違法とした判例もある（京都地判平成5年11月26日判時1476号3頁）。

（3）法の一般原則

　行政指導についても，その統制法理として比例原則や信頼保護といった法の一般原則が適用されることがある。行政指導が，比例原則に違反するとされた事例として退職勧奨を執拗に行った事件がある（最判昭和55年7月10日労判345号20頁）。このほか，行政指導を信頼して行動した結果，国民の側が大きな不利益を負った場合，その信頼が保護に値する限り，当該国民には信義則に基づく損害賠償が認められる余地もある（最判昭和56年1月27日民集35巻1号35頁）。

2　行政手続法による統制

(1)　任意性の確保

行政指導の適法性が問題となった場合，もっとも問題となることが多いのは，相手方である国民の任意性が確保されていたかどうかである。

まず行政手続法32条1項によると，行政指導はその「内容があくまでも相手方の任意の協力によってのみ実現されるものであることに留意しなければならな」いとしており，行政指導に強制力や拘束力を持たせるようなことをしてはならないとされている。このような行政手続法32条の規定に大きな影響を与えた判例として武蔵野マンション事件の最高裁判決がある。同判決によると，「行政指導として教育施設の充実に充てるために事業主に対して寄付金の納付を求めること自体は，強制にわたるなど事業主の任意性を損なうことがないかぎり，違法ということはできな」いとした上で，「右のような指導要綱の文言及び運用の実態からすると，本件当時，Yは事業主に対し，法が認めておらず，しかもそれが実施された場合には，マンション建築の目的の達成が事実上不可能となる水道の給水契約の締結の拒否などの制裁措置を背景として指導要綱を遵守させようとしていたというべきであ」るとし，当該行政指導を違法と判断をした（最判平成5年2月18日民集47巻2号574頁）。したがって，最高裁は国民に対して負担となるような行政指導を行う際，相手方の任意のもとで行われなければならないということを示したことになる。そして，この判決が基になって上記の行政手続法32条1項が創設されている。

他方で，行政手続法33条によると，「申請の取下げ又は内容の変更を求める行政指導にあっては，行政指導に携わる者は，申請者が当該行政指導に従う意思がない旨を表明したにもかかわらず当該行政指導を継続すること等により当該申請者の権利の行使を妨げるようなことをしてはならない」としており，許認可などの申請者が行政指導に従う意思がない旨を表明した場合には，指導を継続するといったことで申請者の権利の行使を妨げてはならないとされている。このような行政手続法33条の規定に大きな影響を与えた判例

として品川マンション事件の最高裁判決がある。同判決によると，「右のような確認処分の留保は，建築主の任意の協力・服従のもとに行政指導が行われていることに基づく事実上の措置にとどまるものであるから，建築主において自己の申請に対する確認処分を留保されたままでの行政指導には応じられないとの意思を明確にしている場合には，かかる建築主の明示の意思に反してその受忍を強いることは許されない筋合のものであるといわなければならならず，建築主が右のような行政指導に不協力・不服従の意思を表明している場合には，当該建築主が受ける不利益と右行政指導の目的とする公益上の必要性とを比較衡量して，右行政指導に対する建築主の不協力が社会通念上正義の観念に反するものといえるような特段の事情が存在しない限り，行政指導が行われているとの理由だけで確認処分を留保することは，違法であると解するのが相当であ」るとし，当該行政指導の継続を違法とした（最判昭和60年 7 月16日民集39巻 5 号989頁）。したがって，申請に関連して行われた行政指導に対して，申請者が「行政指導にはもはや協力できないとの意思を真摯かつ明確に表明」した場合には，行政指導を継続してはならないことになる。

　この他，行政手続法32条 2 項は「行政指導に従わなかったことを理由として，不利益な取扱いをしてはならない」と規定しており，行政手続法34条は許認可等の権限に関連する行政指導に際して「権限を行使し得る旨を殊更に示すことにより相手方に行政指導に従うことを余儀なくさせるようなことをしてはならない」と規定している。これらの規定も国民の任意性を確保するための規定である。

　(2)　明確性の原則

　行政手続法35条 1 項は，「行政指導に携わる者は，その相手方に対して，当該行政指導の趣旨及び内容並びに責任者を明確に示さなければならない」と規定しており，行政指導を行う際の明確性を求めている。つまり，このような規定を置くこと自体，行政指導がその趣旨・内容・責任者が不明確なまま行われてきたという実態を踏まえていると言える。

　なお，これと関連して同35条 3 項は，「行政指導が口頭でされた場合において，その相手方から……書面の交付を求められたときは，当該行政指導に携わる者は，行政上特別の支障がない限り，これを交付しなければならない」と規定している。したがって，相手方が行政指導の趣旨・内容・責任者に関して書面を要求してきた場合，行政側にこれに応じる義務があるとする。それゆえ，行政指導に従わないことを決意した者にとって，この規定は非常に威力を発揮するものである。

　(3)　行政指導の中止および実施の求め

　最後に，2014年の行政手続法の改正によって，行政指導の中止および行政指導の実施を求める規定が新たに追加されている。

　まず，行政指導の中止の求めについては，行政手続法36条の 2 で規定されており，そこでは「法令に違反する行為の是正を求める行政指導の相手方は，当該行政指導が当該法律に規定する要件に適合しないと思料するときは，当該行政指導をした行政機関に対し，その旨を申し出て，当該行政指導の中止その他必要な措置をとることを求めることができる」と規定している。

　他方で，行政指導の実施の求めについては，行政手続法36条の 3 で規定されており，そこでは「何人も，法令に違反する事実がある場合において，その是正のためにされるべき処分又は行政指導がされていないと思料するときは，当該処分をする権限を有する行政庁又は当該行政指導をする権限を有する行政機関に対し，その旨を申し出て，当該処分又は行政指導をすることを求めることができる」と規定している。

　これらの求めに応じて，申出を受けた行政機関は，必要な調査を行い，当該行政指導の中止あるいは実施を決定することになる（同法36条の 2 第 3 項および同法36条の 3 第 3 項参照）。

3　行政指導の裁判的統制

　まず，行政指導の取消しを求める取消訴訟については，行政指導が法的効果のない事実行為であることから，原則として，処分性は認められない。そ

のため，取消訴訟の提起は認められていない。けれども，一部の判例におい
ては，問題となっている行政指導の実際の効果に着目をし，例外的に処分性
を拡大し，当該行政指導の取消訴訟を適法とする事例も存在している（最判
平成17年7月15日民集15巻6号1661頁）。また，2004年行政事件訴訟法改正によっ
て提唱されている当事者訴訟活用論に伴い，行政指導も当事者訴訟によって
争うべきであるといった主張もなされることがある。

　これに対して，違法な行政指導によって損害が生じていれば，国家賠償法
に基づいて損害賠償訴訟を提起することができる。

　これらの点については，取消訴訟の講および国家賠償法1条の講も参照さ
れたい。

【設　問】

(1) 行政指導は，行政行為とどのような点で異なることになるか，論じ
なさい。

(2) 行政指導の種類として，その機能に着目した分類と，行政手続法で
規定されている分類とに分けて整理を行いなさい。

(3) 行政手続法32条から36条までで，行政指導に関して，どのような規
定が置かれているか，各条文ごとに纏めなさい。

参考文献

芝池義一『行政法総論講義（第4版補訂版）』（有斐閣，2006年）

塩野宏『行政法Ⅰ（第6版）』（有斐閣，2015年）

畠山武道・下井康史編『はじめての行政法（第3版）』（三省堂，2016年）

稲葉馨ほか『行政法（第4版）』（有斐閣，2018年）

北村和生ほか『行政法の基本（第7版）』（法律文化社，2019年）

櫻井敬子・橋本博之『行政法（第6版）』（弘文堂，2019年）

（小澤久仁男）

第**10**講　行政調査

┌───**本講の内容のあらまし**───────────────────────
　行政調査は，行政機関が行政行為などの個別の行政決定を行うための前提行為としての位置づけであり，しかも行政実務において重要である。本講では，まずは，行政調査の意義と種別について，そのあと，行政調査の問題点，特に任意調査の限界について，最後に，行政調査手続について説明する。通常の行政調査の場合，これを一般的に規律する法律が存在しない。行政調査における適正な手続のあり方は，税務調査手続を巡る争訟のなかで示されてきたともいえる。そのため，国税通則法と判例を参照しながら，憲法上および法律上の論点を詳しく説明する。
└──

第 1 節　行政調査とは

1　行政調査の意義

　行政調査とは，行政機関が行政目的を達成するために必要な情報を収集する活動をいう。行政機関が行う活動としては，行政行為，行政指導，行政計画など様々なものがあるが，その目的を達成するためには行政調査が必要である。行政調査は，行政上の義務の賦課を前提とすることなく，国民に対して直接に働きかけを行う作用である。行政調査のなかでも，行政機関が行政行為などの個別の行政決定を行うにあたって実施されるものが重要である。例えば，課税処分を行う場合には，その対象者の所得を正確に把握しなければならないし，営業停止処分を行う場合には，その対象者の違反事実を正確に把握しなければならないので，行政機関による調査が必要である。また，

行政調査には，立入検査，質問・検査，文書提出命令など多様なものがある。行政調査自体は事実行為に属するものなので，行政調査が違法であった場合に，それに対する取消訴訟などの事後的救済手段は役に立たない。そのため，事前に行政調査を手続面で縛る必要がある。だが，現行の行政手続法には行政調査に関する一般的規定が置かれていないので，個別法の解釈問題として考える必要がある。

　行政調査は，従来，即時強制の枠内で論じられていた。即時強制と行政調査は，行政上の義務不履行を前提としないで行われる事実行為であるという点で共通している。しかし，両者の違いは，即時強制は，それ自体が行政目的を実現するための活動であり，また直接に国民の身体や財産に実力を加えること，すなわち有形力の行使を要素としているのに対して，行政調査は，行政目的を実現するための準備活動であり，また有形力の行使を必ずしも要素としているわけではないという点にある。そのため，近時，行政調査は，即時強制とは別のカテゴリーに属するものとして論じられることが多い。

2　行政調査の種別

　行政調査には，立入検査，質問・検査，文書提出命令など多様なものがあるが，それを強制の有無・態様の面から次の3つに分けることができる。

(1)　直接強制調査

　直接強制調査とは，相手方の抵抗を排して行われる調査をいう。例えば，国税通則法「第11章 犯則事件の調査及び処分」や独占禁止法「第12章 犯則事件の調査等」に規定されている調査としての臨検・捜索・差押えがあげられる。犯則事件の調査において犯罪事実が確認されると，告発ないし通告処分が予定されているので，この調査は刑事手続に密接に関連している。そのため，犯則事件の調査は，捜査機関による捜索，差押えと同様に，憲法35条の令状主義の趣旨に照らして，裁判所の裁判官があらかじめ発する許可状（令状）を得て実施されることと定められている。

(2)　間接強制調査

　間接強制調査とは，罰則の適用によって調査に応じる義務の履行が担保されている調査をいう。例えば，国税通則法「第 7 章の 2　国税の調査」に規定されている課税庁による所得税等に関する調査があげられる。この調査は，質問検査に応ずるか否かを相手方の自由に委ねている点のみを見れば，任意調査であるといえる。だが一方において，この調査は，納税義務者等が，課税庁の職員の質問に対して答弁しなかったり，物件の提示又は提出の要求に対し，正当な理由がなくこれに応じなかったりした場合に，懲役又は罰金を課すものである（国税通則法128条）。したがって，この調査は，間接強制調査である。この調査について，最高裁は，「質問検査に応ずるか否かを相手方の自由に委ねる一方においてその拒否を処罰することとしているのは……質問検査に対しては相手方はこれを受忍すべき義務を一般的に負い，その履行を間接的心理的に強制されているものであつて，ただ，相手方においてあえて質問検査を受忍しない場合にはそれ以上直接的物理的に右義務の履行を強制しえないという関係を称して一般に『任意調査』と表現されているだけのこと」である（最決昭和48年 7 月10日刑集27巻 7 号1205頁）と判示している。

　国税通則法以外に実定法で認められている行政調査規定の多くには罰則の定めがあり，行政調査の大部分は間接強制調査であるといえる。また，調査の拒否に対して罰則以外に給付提供の停止などを予定して行われる調査がある。例えば，厚生年金保険法は，受給権者が，正当な理由がなく，実施機関の命令に従わず，または当該職員の質問に応じなかった場合に，年金たる保険給付の額の全部又は一部の支給を停止することができると定めている（77条 1 号，96条 1 項）。これも間接強制調査の一類型である。

(3)　任意調査

　任意調査とは，相手方の任意の協力を得て行われる調査をいう。法令に行政調査の根拠規定が置かれているが，調査に応じることを相手方に強制する法的しくみを欠く類型のものも，任意調査に準じて扱うことができる。直接強制調査や間接強制調査が可能な場合でも，まずもって任意に協力を求める

形で調査が行われることが多い。例えば，自動車の一斉検問については，警察法２条１項の規定を根拠として相手方に任意の協力を求める形であれば許されるものと解されている（最決昭和55年９月22日刑集34巻５号272頁）。このように解すれば，自動車の一斉検問は，任意調査であるということになるが，真に「任意性」が保たれているか否かが問題である。こうした任意調査に関わる問題については後述する。

第２節　行政調査と法律の授権

1　法律の根拠の要否

　相手方の抵抗を排して行われる直接強制調査と罰則の適用を担保として行われる間接強制調査については，当然法律の根拠を必要とするが，相手方の任意の協力を得て行われる任意調査については，必ずしも法律の根拠を必要としないとするのが通説である。ただ，すべての行政機関は，組織法によって配分された権限の範囲内でのみその事務をなし得るのであって，組織法上の根拠のない事務について行政調査をすることができないのは当然である。

　任意調査については，必ずしも法律の根拠を必要としないうえに，直接強制調査や間接強制調査が可能な場合でも，まずもって任意に協力を求める形で調査が行われることが多い。そのため，任意の名のもとで行われる調査としては，どの程度まで許容されるかという問題がある。

2　任意調査の限界

　任意調査は，相手方の任意の協力を得ることを前提としている。そのため，任意調査において，どの程度のこと，またどの程度の有形力の行使が許容されるのかという調査の限界をめぐる問題がある。また，任意調査には必ずしも法律の根拠を必要としないので，法律の根拠のない任意調査については，法律の留保の点から違法性が問題となることもある。

(1)　職務質問に附随する所持品検査

　警察官職務執行法2条1項は，「警察官は，異常な挙動その他周囲の事情から合理的に判断して何らかの犯罪を犯し，若しくは犯そうとしていると疑うに足りる相当な理由のある者又は既に行われた犯罪について，若しくは犯罪が行われようとしていることについて知つていると認められる者を停止させて質問することができる」と定めている。この規定に基づいて，警察官は，職務質問の一環として所持品につき質問することができるが，これを超えて所持品検査ができるか，できるとしてどの程度のこと，またどの程度の有形力の行使が許容されるのかという論点がある。

　最高裁は，「職務質問に附随して行う所持品検査は，任意手段として許容されるものであるから，所持人の承諾を得てその限度でこれを行うのが原則であるが，……捜索に至らない程度の行為は，強制にわたらない限り，たとえ所持人の承諾がなくても，所持品検査の必要性，緊急性，これによつて侵害される個人の法益と保護されるべき公共の利益との権衡などを考慮し，具体的状況のもとで相当と認められる限度において許容される場合がある」（最判昭和53年9月7日刑集32巻6号1672頁）と判示している。この判決は，具体的状況の下で「必要性」，「緊急性」，「相当性」という一定の要件を満たす場合には本人の承諾がない所持品検査であっても適法となる余地を認め，現実的な判断基準を示すものである。この判断基準に基づいて，巡査が本人の承諾がないのに，その上衣の内ポケットに手を差し入れて所持品を取り出したうえ検査した行為は一般にプライバシー侵害の程度の高い行為であり，かつ，その態様において捜査に類するものであるから，職務質問に附随する所持品検査の許容限度を逸脱したものと解するのが相当であると判示している。だが一方で，所持品検査の緊急性，必要性が強かった状況において，本人の承諾がないのに，携行中の所持品であるボーリングバッグの施錠されていないチャックを開披し内部を一べつしたにすぎない警察官の行為は，これを職務質問に附随する行為として許容されると判示している（最判昭和53年6月20日刑集32巻4号670頁）。前者の事件では，本人の承諾がなく"上衣の内ポ

ケットに手を差し入れて所持品を取り出した"という行為が有形力の行使に当たるので，そのような調査の態様は任意調査の許容限度を超えているという理解ができる。その理解をもって後者の事件を考えれば，本人の承諾なく"携行中の所持品であるボーリングバッグの施錠されていないチャックを開披した"という行為は，有形力の行使に当たるので，任意調査の許容限度を超えているという結論になるであろう。だが，両者の事件で，裁判所の結論は異なっている。それゆえ，この二つの判決からは，職務質問に附随する所持品検査の許容限度を逸脱しない所持品検査の「必要性」，「緊急性」，「相当性」の線引きはどこにあるのかという難問が生じる。また，質問には有形力の行使が事柄の性格上，許されないので，相手方の任意の承諾を得られる場合を除いて，何らかの有形力の行使を伴う所持品検査を行うのであれば，法律の根拠が必要ではないのかという疑問が生じる。

（2）　自動車の一斉検問

　警察官職務執行法2条1項によれば，警察官は，異常な挙動その他周囲の事情から合理的に判断したうえで，挙動不審な者に対して職務質問をする権限を有している。人が公道や公園を歩いているなどの場合，人の挙動が不審か否かは，外見から見て合理的に判断することができる。一方，走行している自動車の場合，自動車の運転者や同乗者の挙動が不審か否かは，外見から見て合理的に判断することが難しいため，一律に自動車を停車させてから運転者や同乗者に対して職務質問をせざるを得ない。このような形で実務上行われている自動車の一斉検問については，これを直接に認める法律の根拠が存在しない。そのため，警察官による自動車の一斉検問の適法性をめぐって，警察法2条1項の規定をもって根拠規範とすることができるのか，それとも警察官職務執行法上の根拠が必要なのかという問題がある。

　最高裁は，「警察法2条1項が『交通の取締』を警察の責務として定めていることに照らすと，交通の安全及び交通秩序の維持などに必要な警察の諸活動は，強制力を伴わない任意手段による限り，一般的に許容されるべきものであるが，それが国民の権利，自由の干渉にわたるおそれのある事項にか

かわる場合には，任意手段によるからといつて無制限に許されるべきもので
ないことも同条 2 項及び警察官職務執行法 1 条などの趣旨にかんがみ明らか
である。しかしながら，自動車の運転者は，公道において自動車を利用する
ことを許されていることに伴う当然の負担として，合理的に必要な限度で行
われる交通の取締に協力すべきものであること，その他現時における交通違
反，交通事故の状況などをも考慮すると，警察官が，交通取締の一環として
交通違反の多発する地域等の適当な場所において，交通違反の予防，検挙の
ための自動車検問を実施し，同所を通過する自動車に対して走行の外観上の
不審な点の有無にかかわりなく短時分の停止を求めて，運転者などに対し必
要な事項についての質問などをすることは，それが相手方の任意の協力を求
める形で行われ，自動車の利用者の自由を不当に制約することにならない方
法，態様で行われる限り，適法なものと解すべきである」（最決昭和55年 9 月
22日刑集34巻 5 号272頁）として，警察法 2 条 1 項を援用したうえで任意の協力
を求める形で行われる自動車の一斉検問を適法であると判示している。しか
しながら，現実に強制の契機を伴う以上，立法的な解決が図られてしかるべ
き問題であろう。

第 3 節　行政調査手続

1　行政調査の事前の通知・理由開示

　個別の法律レベルでは，立入調査を行うにあたり，相手方に対し，事前に
立入の旨を通知することを定めるもの（都市計画法25条 2 項，土地収用法12条 3
項）や意見書提出の機会を付与するもの（自然環境保全法31条 2 項，自然公園法62
条 2 項）などがある。それでは，個別の法律に事前通知や調査理由の開示な
ど事前手続に関する規定がない場合，行政調査を行うにあたり，相手方に対
し，事前に調査の日時や場所を通知したり，調査の理由を開示したりするこ
とが必要か否かという問題がある。

　この問題について，かつて最高裁は，所得税法上の質問検査に関し，「実

定法上特段の定めのない実施の細目については，右にいう質問検査の必要が
あり，かつ，これと相手方の私的利益との衡量において社会通念上相当な限
度にとどまるかぎり，権限ある税務職員の合理的な選択に委ねられているも
のと解すべく，……実施の日時場所の事前通知，調査の理由および必要性の
個別的，具体的な告知のごときも，質問検査を行なううえの法律上一律の要
件とされているものではない」（最決昭和48年7月10日刑集27巻7号1205頁）と判
示している。この判決によれば，行政調査において，個別の法律が定めてい
ない事前手続については，行政機関の職員の合理的な選択に委ねられてい
る。また，最高裁の行政調査手続に対するスタンスは，法令の文言通りに行
政権力を従わせる規定の有無を重視する制定法準拠主義であるといえる。

　2012年に，調査手続の透明性と納税者の予見可能性を高めるなどの観点か
ら，国税通則法が改正された。この改正によって，税務調査手続について従
来の運用上の取扱いが法令上明確化されることとなり，納税義務者に対する
調査の事前通知の制度が導入された。国税通則法によれば，税務調査に際し
ては，原則として，納税者に対し，その旨および調査の開始の日時・場所，
調査の目的，調査の対象税目，調査の対象期間，調査の対象となる帳簿書類
その他の物件などを事前に通知しなければならないとされている（74条の
9）。ただし，国税庁長官，国税局長もしくは税務署長が調査の相手方であ
る納税義務者の申告などの情報に鑑み，事前通知をすることにより正確な事
実の把握を困難にしたり，調査の適正な遂行に支障を及ぼしたりするおそれ
があると認める場合には，事前通知を要しないとされている（74条の10）。

2　行政調査と令状主義・供述拒否権

　国税通則法に基づき，課税庁の職員は，国税に関する犯則事件を調査する
ために必要がある場合には，裁判官の許可を受けて，臨検，捜索又は差押え
の強制調査をすることができ（132条1項），また，質問，検査，領置及び照
会の任意調査を行うことができる（131条）。国税に関する犯則事件の調査
は，この調査において犯罪事実が確認されると，告発ないし通告処分が予定

されているので，刑事手続に密接に関連している。それゆえ，国税に関する
犯則事件の強制調査は，捜査機関による捜索，差押えと同様に，憲法35条の
令状主義の趣旨に照らして，裁判所の裁判官があらかじめ発する許可状（令
状）を得て実施されることと定められている。また，課税庁の職員は，国税
に関する犯則事件の調査のために必要である限り，犯則嫌疑者や参考人に対
し，自己の刑事上の責任を問われるおそれのある事項についても質問できる
ので，質問を受けた犯則嫌疑者や参考人が答弁するか否かは全く自由で，ど
のような場合でも答弁を強制することはできず，この調査には憲法38条 1
項の供述拒否権の保障が及ぶと解されている（最判昭和59年 3 月27日刑集38巻 5
号2037頁）。それでは，罰則の適用によって調査に応じる義務の履行が担保さ
れている間接強制調査の場合，その目的や手段については，通常，調査を授
権する法律に規定があるが，それに加えて，令状主義を定める憲法35条や供
述拒否権を保障する憲法38条が適用されるか否かが問題となる。

　まず，行政調査と令状主義について，最高裁は，「憲法35条 1 項の規定
は，本来，主として刑事責任追及の手続における強制について，それが司法
権による事前の抑制の下におかれるべきことを保障した趣旨であるが，当該
手続が刑事責任追及を目的とするものでないとの理由のみで，その手続にお
ける一切の強制が当然に右規定による保障の枠外にあると判断することは相
当ではない」と判示し，令状主義を定める憲法35条が行政手続にも適用され
る場合がありうることを明確にした。だが続けて，所得税法上の質問検査
は，もっぱら所得税の公平確実な賦課徴収を目的とする手続であって，刑事
責任の追及を目的とする手続ではなく，しかも，実質上，刑事責任追及のた
めの資料の取得収集に直接結びつく作用を一般的に有するものではないこと
を総合して判断すれば，所得税法上の質問検査が令状主義を一般的要件とし
なくても憲法35条の法意に反するものではないと判示している（最大判昭和47
年11月22日刑集26巻 9 号554頁）。

　次に，行政調査と供述拒否権について，最高裁は，供述拒否権を保障する
憲法38条が行政手続にも適用される場合がありうることを肯定したものの，

所得税法上の質問検査は、「もつぱら所得税の公平確実な賦課徴収を目的と
する手続であつて、刑事責任の追及を目的とする手続ではなく、また、その
ための資料の取得収集に直接結びつく作用を一般的に有するものでもないこ
と、および、このような検査制度に公益上の必要性と合理性の存すること」
から、供述拒否権を保障する憲法38条が所得税法上の質問検査に適用されな
いと判示している（最大判昭和47年11月22日刑集26巻 9 号554頁）。

3　行政調査と犯罪捜査

　行政調査は、所定の行政目的を達成するために必要な情報を収集する活動
である以上、法律に定められた目的以外、とりわけ行政調査の名の下に犯罪
捜査のために行うことは許されない。犯罪捜査の場合、強力な捜査権が認め
られている一方で、刑事手続に関する憲法上の規定、具体的に言えば、適正
手続の保障（憲法31条）・令状主義（同35条）・供述拒否権（同38条）に基づき、
人権侵害とならないように慎重かつ厳格な手続である刑事訴訟法が存在して
いる。これに対して、通常の行政調査の場合、これを一般的に規律する法律
が存在しない。また、最高裁判例によれば、刑事手続に関する憲法上の規定
は行政調査に関する手続に及ぶ可能性があることを示唆するのみである（最
大判平成 4 年 7 月 1 日民集46巻 5 号437頁）。行政調査の場合、法律上も憲法上も
手続的統制が十分であるとはいえない。それゆえ、手続的統制の弱い通常の
行政調査を用いて実質的な犯罪捜査を行うことは、刑事訴訟法の趣旨を潜脱
するものであり許されず、仮に行政調査と称して犯罪捜査を行い、そこで得
られた証拠を刑事責任追及のために利用しようとしても、刑事訴訟における
証拠能力は否定される。

　行政調査が犯罪捜査のために認められていないことを明文で規定する法律
もある。例えば、国税通則法は、「（当該職員の質問検査権等）の規定による当
該職員又は国税局長の権限は、犯罪捜査のために認められたものと解しては
ならない」（74条の 8 ）と定めている。それでは、まず、当初行った税務調査
で取得した資料を後に国税に関する犯則事件の証拠として利用することがで

きるか否かが問題である。最高裁は，法人税法上の「質問又は検査の権限は，犯罪の証拠資料を取得収集し，保全するためなど，犯則事件の調査あるいは捜査のための手段として行使することは許されないと解するのが相当である。しかしながら，上記質問又は検査の権限の行使に当たって，取得収集される証拠資料が後に犯則事件の証拠として利用されることが想定できたとしても，そのことによって直ちに，上記質問又は検査の権限が犯則事件の調査あるいは捜査のための手段として行使されたことにはならないというべきである」（最決平成16年1月20日刑集58巻1号26頁）と判示している。この判決によれば，行政調査で取得した資料が刑事手続で利用されることは，必ずしも排除されないことになる。次に，国税に関する犯則事件の調査で取得した資料を課税処分に利用することができるか否かが問題である。最高裁は，「収税官吏が犯則嫌疑者に対し国税犯則取締法に基づく調査を行つた場合に，課税庁が右調査により収集された資料を右の者に対する課税処分及び青色申告承認の取消処分を行うために利用することは許されるものと解するのが相当で」あると判示している（最判昭和63年3月31日集民153号643頁）。この判決は，その理由を示していないが，国税に関する犯則事件の調査は刑事手続に準ずる慎重かつ厳格な手続の下で行われているので，その調査で取得した資料を課税処分に利用することは認められるといった理由づけであろう。

4　行政調査の違法と行政決定

行政調査が違法であった場合に，その調査に基づいてなされた行政行為などの個別の行政決定に対してどのような影響が及ぶのかという問題がある。この点については，次のような見解がある。

①行政調査と行政行為などの個別の行政決定は別個の行為であるので，行政調査の違法は個別の行政決定に影響を及ぼさないとする見解がある。裁判例として，「税務調査の手続……は，課税庁が課税要件の内容をなす具体的事実の存否を調査するための手続に過ぎないのであつて，この調査手続自体が課税処分の要件となることは，如何なる意味においてもあり得ないという

べきである。したがつて，右調査手続が仮に違法であつても，それに基づく
課税処分は，それが客観的な所得に合致する限りにおいては適法であつて
……，取消の対象とはならないというべきである」（大阪地判昭和59年11月30日
行集35巻11号1906頁）と判示するものがある。

　②行政調査と行政行為などの個別の行政決定は別個の行為であるが，重大
な瑕疵のある行政調査によって収集された資料は個別の行政決定の資料とし
て用いることができないとする見解がある。裁判例として，「一般の税務調
査にあっては，調査手続の違法は，それによって収集された資料が課税処分
の資料として用いられた場合であっても（用いられなければ，課税処分と因果関
係のない違法を言うことになり，主張自体失当である。），当然にはこれに基づく課
税処分を取り消す事由とはならず，その手続の違法性の程度が甚だしい場合
に，これによって収集された資料を当該課税処分の資料として用いることが
排斥されることがある（その結果として，当該処分を維持できなくなる場合が起こり
うる。）に止まるものと解するのが相当である」（東京地判昭和61年3月31日判時
1190号15頁）と判示するものがある。

　③行政調査と行政行為などの個別の行政決定は一つの過程を構成するの
で，行政調査の違法は個別の行政決定に影響を及ぼすとする見解がある。裁
判例として，「一般に，更正処分の適否は客観的な課税要件の存否によって
決まるのであり，仮に違法な調査手続が行なわれ，それによって収集した資
料によって更正処分がなされた場合でも更正処分の取消事由にはならないと
解されている。しかしながら，調査手続の違法性の程度がたとえば刑罰法令
に触れたりあるいは社会正義に反するなど公序良俗に反する程度にまで至つ
た場合にも，右一般的見解に従いその違法は更正処分の取消事由にあたらな
いといいきれるかどうかは，憲法における適法手続保障の精神との関係で問
題がある」（東京地判昭和48年8月8日行集24巻8＝9号763頁）と判示するものが
ある。

　行政調査は行政行為などの個別の行政決定を行うための前提行為として普
遍的な性格を有していると捉えるので，行政調査と行政決定とは一つの過程

を構成するものであると考えられる。それゆえ、行政調査の違法は個別の行政決定に影響を及ぼすと解するのが相当であろう。また、憲法における適正手続の保障の観点から見れば、行政調査手続に重大な違法性があるのであれば、これに基づく個別の行政決定も取り消される余地があると解するのが相当であろう。

【設　問】

(1) 行政調査の意義を示したうえで、行政調査を強制の有無・態様の面からどのように分けることができるのかについて論じなさい。

(2) 令状主義を定める憲法35条および供述拒否権を保障する憲法38条は、罰則の適用によって調査に応じる義務の履行が担保されている間接強制調査に適用されるか否かについて論じなさい。

(3) 行政調査が違法であった場合に、その調査に基づいてなされた行政行為などの個別の行政決定に対してどのような影響が及ぶのかについて論じなさい。

参考文献

稲葉馨ほか『行政法（第4版）』（有斐閣，2018年）

宇賀克也『行政法（第2版)』（有斐閣，2018年）

櫻井敬子・橋本博之『行政法（第6版）』（弘文堂，2019年）

芝池義一『行政法読本（第4版）』（有斐閣，2016年）

橋本博之『現代行政法』（岩波書店，2017年）

（片上孝洋）

第11講　行政上の義務の実効性確保

本講の内容のあらまし

　本講では，行政上の義務が履行されない場合に，当該義務の履行を確保するために行政が用いるさまざまな手段について説明する。行政上の義務の履行を確保するための手段は，大別して，行政上の強制執行（行政上の義務の履行を強制するもの）と行政上の制裁（制裁を科すことにより行政上の義務の履行を促すもの）がある。この他，本講では「即時強制」について説明する。即時強制とは，目前急迫の障害を除く必要上義務を命ずる暇のない場合またはその性質上義務を命ずることによっては目的を達し難い場合に直接に身体または財産に実力を加えて，行政上必要な状態を実現するものである。即時強制は，行政上の義務の履行確保の手段には当たらないが，行政上の強制執行の1つである「直接強制」との相違点を理解する必要があるため，ここで取り上げる。

第1節　行政上の義務履行確保の沿革

　私人の自力救済は禁止されていることから，私人間において，私人の義務の強制的履行は，裁判所の手続によらなければならない。これに対し，行政上の義務については，一定の要件の下に，行政が実力で履行させ，または履行があったと同一の状態を実現することが認められている場合がある。行政上の義務が履行されない場合に，行政が当該義務の履行を強制することを行政上の強制執行という。

　戦前のわが国においては，強力な行政上の強制執行システムが構築されて

いた。1900（明治33）年に制定された行政執行法は，あらゆる行政上の義務に対する強制執行手段を包括的に定める一般法であり，義務の性質に応じて代執行，執行罰（過料），直接強制を定めていた。また，行政執行法は，相手方に義務を命ずることなく行政上望ましい状態を実現するために実力を行使する即時強制の一般法でもあった。公法上の金銭債権については，国税徴収法が行政上の強制徴収を定めていた。

　戦後，行政代執行法が，1948（昭和23）年に制定されたことに伴い，行政執行法は廃止された。行政代執行法は，行政上の義務の履行確保に関する一般法であるが，行政上の強制執行のうち代執行のみを定め，執行罰，直接強制については規定していない。したがって，執行罰（過料）および直接強制は，個別法に根拠規定がある場合にのみ認められるものとなった。国税徴収法は，1959（昭和34）年に全面的に改正され，新たに制定された。国税徴収法は，国税債権の強制徴収について定めるものであるが，公法上の金銭債権の強制徴収に関する一般法として機能している。なお行政執行法が定めていた即時強制は，警察官職務執行法における職務質問（同法2条），保護（3条），避難等の措置（4条），犯罪の予防及び制止（5条），立入（6条），武器の使用（7条）に改められた。

　現在，行政上の代執行および強制徴収は，強権発動的で印象が悪いことに加え，これらを実施する行政機関に必要な専門知識や人員が不足しているなどの理由から，極めてまれにしか実施されていない。行政上の強制執行の機能不全を補完するものとして，しばしば，行政上の義務の履行を促す効果を持つ行政上の制裁が行われる。行政上の制裁は，行政罰（行政刑罰と秩序罰）が中心であるが，近年は，この他に，課徴金，氏名の公表，行政サービスの拒否などの手法も多用されている。

行政上の義務履行確保の手段の概観

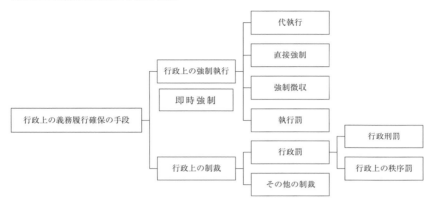

第2節　行政上の強制執行

1　代執行

（1）意　義

　代執行とは，法律または行政処分によって命じられた行為を，義務者が履行しない場合，行政庁が自らこれを行い，または第三者に行わせ，その費用を義務者から徴収するものである。

　行政代執行法2条は，「法律（法律の委任に基く命令，規則及び条例を含む。以下同じ。）により直接に命ぜられ，又は法律に基き行政庁により命ぜられた行為（他人が代つてなすことのできる行為に限る。）について義務者がこれを履行しない場合，他の手段によつてその履行を確保することが困難であり，且つその不履行を放置することが著しく公益に反すると認められるときは，当該行政庁は，自ら義務者のなすべき行為をなし，又は第三者をしてこれをなさしめ，その費用を義務者から徴収することができる。」と定めている。

（2）要　件

　行政代執行法2条が定める代執行の要件は，法令により直接に命ぜられ，

または法令に基づく行政処分により命ぜられた，他人が代わってすることのできる行為義務（代替的作為義務）について不履行があること，「他の手段」によってその履行が困難であること，その不履行を放置することが著しく公益に反すると認められることである。

　ここでいう「他の手段」に何が含まれるのかは定かではないが，間接的に義務履行を確保する手段にすぎない行政罰は含まれないと解されている。「他の手段によってその履行が困難であることであること」や「その不履行を放置することが著しく公益に反すると認められること」といった要件の趣旨は，いずれも行政代執行の濫用を防止することにあるが，実際のところ行政代執行の濫用よりも，その機能不全が深刻な問題となっているといえる。

　代執行の促進を意図して，「他の手段によってその履行が困難であること」や「その不履行を放置することが著しく公益に反すると認められること」といった要件を規定していない立法例もある（建築基準法9条12項，土地収用法102条の2第2項，都市再開発法98条2項，廃棄物の処理及び清掃に関する法律19条の8第1項1号，空家等対策の推進に関する特別措置法14条9項）。

　(3)　手　続

　行政代執行法に基づく代執行を行うには，相当の履行期限を定め，その期限までに履行がなされないときは代執行をなすべき旨を，あらかじめ文書で戒告しなければならない（3条1項）。義務者が，この戒告を受けて，指定の期限までにその義務を履行しないときは，代執行令書をもって，代執行をなすべき時期，代執行のために派遣する執行責任者の氏名及び代執行に要する費用の概算による見積額を義務者に通知する（3条2項）。非常の場合または危険切迫の場合において，当該行為の急速な実施について緊急の必要があり，戒告，代執行令書による通知の手続をとる暇がないときは，その手続を経ないで代執行をすることができる（3条3項）。

　代執行のために現場に派遣される執行責任者は，その者が執行責任者たる本人であることを示すべき証票を携帯し，要求があるときは，何時でもこれを呈示しなければならない（4条）。代執行に要した費用の徴収については，

実際に要した費用の額およびその納期日を定め，義務者に対し，文書をもつてその納付を命じなければならない（5条）。代執行に要した費用は，国税滞納処分の例により，これを徴収することができる（6条1項）。

　戒告および代執行令書の通知はいずれも事実行為であるが，これらにより代執行が適法に開始され進行するという法的効果を有しており，また，違法な代執行が行われる場合に，義務者にはこれを止める手段がないなどの理由から，多くの裁判例が戒告および代執行令書の通知の処分性を肯定し，これらに対する取消訴訟の提起を認めている。

　もっとも，行政手続法2条4号イにより，「事実上の行為及び事実上の行為をするに当たりその範囲，時期等を明らかにするために法令上必要とされている手続としての処分」は，不利益処分から除かれているため，同法3章の規定は適用されない。

(4)　行政上の強制執行と民事上の強制執行

　特別の規定により行政上の強制執行が認められている場合，民事上の強制執行の方法によることは許されるだろうか。判例は，行政上の強制徴収が認められている場合には，もっぱらその方法によるべきであるとしている（最大判昭和41年2月23日民集20巻2号320頁）。では，行政上の強制執行が認められていない場合，民事上の強制執行は認められるだろうか。これについて，従来の裁判例は，行政上の強制執行が認められていない場合，民事上の強制執行の方法によることを認めてきた。ところが，宝塚市パチンコ条例事件最判平成14年7月9日民集56巻6号1134頁は，「国又は地方公共団体が専ら行政権の主体として国民に対して行政上の義務の履行を求める訴訟は，裁判所法3条1項にいう法律上の争訟に当たらず，これを認める特別の規定もないから，不適法というべきである」として，行政上の義務の民事執行を否定した。この最高裁判決に対しては，法律上の争訟の範囲を不当に狭く解しているといった批判がなされている。

2　直接強制

　行政上の直接強制とは，行政法上の義務が履行されない場合に，直接に義務者の身体または財産に実力を加えて，義務の履行があったのと同一の状態を実現するものである。

　明治憲法下において行政上の強制執行に関する一般法であった行政執行法は深刻な人権侵害を引き起こした反省から，戦後の1948（昭和23）に廃止された。直接強制は，法律で根拠を定めなければならず，条例で根拠を定めることはできないと解されている（行政代執行法１条）。現在，直接強制を認める法律は，学校施設の確保に関する政令21条と成田国際空港の安全確保に関する緊急措置法（いわゆる成田新法）のみである。

　1978（昭和53）年に制定された成田新法は，成田国際空港の設置管理を阻害し，または成田国際空港における航空機の航行を妨害する暴力主義的破壊活動を防止するため，その活動の用に供される工作物の使用の禁止等の措置を定めたものである。同法は，暴力主義的破壊活動者に使用されている工作物の使用禁止命令（３条１項）を定め，当該命令に違反した場合における当該工作物の封鎖などの措置（３条６項），当該工作物の除去（３条８項）等の実力行使を定めている。

3　強制徴収

　強制徴収とは，租税その他の公法上の金銭債権について不履行がある場合に，国または地方公共団体が，義務者から当該金銭債権に相当する財産的価値を強制的に徴収することによって義務を実現するものである。

　国税の徴収手続は，国税通則法および国税徴収法に定められており，おおよそ次の通りである。①納税の告知（国税通則法36条），②督促（同法37条），③財産の差押え（国税徴収法47条），④公売等による差押財産の換価（同法89条，94条），⑤換価代金の配当（同法128条）。滞納処分とは，上記③から⑤を指し，いずれも取消訴訟の対象となる。

　国税の徴収手続は，国税以外の各種の公法上の金銭債権の徴収に準用され

ている。例えば，地方税法48条1項は，「国税徴収法に規定する国税滞納処分の例により滞納処分をすることができる」と規定している。この他，行政代執行に要した費用（行政代執行法6条1項），国民年金の保険料（国民年金法95条）の徴収にも準用されており，国税徴収法が強制徴収の一般法として機能しているといえる。

　なお，強制徴収も，法律上の根拠がなければ行うことはできない。条例で行政上の強制徴収の根拠を定めることは認められない。

4　執行罰

　執行罰は，行政上の義務が履行されないときに，一定額の過料を課すことを通告して間接的に義務の履行を促し，なお義務を履行しない場合に，過料を強制的に徴収するものである。執行罰は，「罰」という言葉が用いられているが，行政罰とは異なり，義務が履行されるまで繰り返し課すことが可能である。執行罰は，行政執行法の廃止とともに原則的に廃止されたが，法整備の漏れからか，砂防法36条に規定が残っている。しかし，実際のところ，戦後は全く活用されていない。なお，執行罰も，条例で根拠を定めることはできないと解されている（行政代執行法1条）。

第3節　即時強制

1　意　義

　即時強制とは，目前急迫の障害を除く必要上義務を命ずる暇のない場合またはその性質上義務を命ずることによっては目的を達し難い場合に，直接に身体または財産に実力を加えて，行政上必要な状態を実現するものである。

　行政上の強制執行は，行政上の義務が課され，それが履行されない場合に行われるのに対し，即時強制は，あらかじめ義務を課すことなく行われるという点で，両者は区別される。即時強制は行政上の義務の履行確保のために行われるものではないため，行政代執行法1条は適用されない。したがっ

て，条例で規定することも可能であると解されている。

　直接に身体または財産に実力を加える即時強制は，典型的な公権力の行使であるから，侵害留保の原則から当然法律の根拠を必要とする。

2　行政上の即時強制の具体例

　現在，警察官職務執行法の他，精神保健及び精神障害者福祉に関する法律（精神保健福祉法），感染症法，消防法等が即時強制について定めを置いている。

　精神保健福祉法に基づき，都道府県知事は，入院させなければ精神障害のために自身を傷つけまたは他人に害を及ぼすおそれがあることが明らかである者については，診察をさせることができ（27条2項），その診察の結果，その者が精神障害者であり，かつ，医療および保護のために入院させなければその精神障害のために自身を傷つけまたは他人に害を及ぼすおそれがあると認めたときは，その者を国等の設置した精神科病院又は指定病院に入院させることができる（29条1項）。診察をさせること，入院させること，これらはいずれも即時強制に当たる。

　感染症法に基づき，都道府県知事は，一類感染症，二類感染症，三類感染症または新型インフルエンザ等感染症のまん延を防止するため必要があると認めるときは，当該感染症にかかっていると疑うに足りる正当な理由のある者に対し当該感染症にかかっているかどうかに関する医師の健康診断を受けることを勧告することができ（17条1項），勧告を受けた者が当該勧告に従わないときは，当該勧告に係る感染症にかかっていると疑うに足りる正当な理由のある者について，当該職員に健康診断を行わせることができる（17条2項）。また，一類感染症のまん延を防止するため必要があると認めるときは，当該感染症の患者に対し入院を勧告することができ（感染症法19条1項），勧告を受けた者が当該勧告に従わないときは，当該勧告に係る患者を入院させることができる（同法19条3項）。ここにいう健康診断と入院は，いずれも勧告を前置した即時強制に当たる。

　消防法29条1項に定めるいわゆる破壊消防は即時強制である。出入国管理

及び難民認定法39条に定める収容および同法52条に定める退去強制令書の執
行も，即時強制であると解されている。

第 4 節　　行政上の制裁

1　行政罰

（1）行政罰の意義

　行政罰は，過去の行政上の義務違反に対して，一般統治権に基づいて科される制裁である。行政罰は，刑法に刑名のある刑罰を科す行政刑罰と，軽微な違反行為に対して過料を科す秩序罰とに大別される。

（2）行政刑罰

　行政上の義務違反に対する制裁として科される刑罰（懲役，禁固，罰金，拘留，科料，没収）を行政刑罰という。条例上の義務違反に対しても，法令に特別の定めがある場合を除き，刑罰を科すことが認められている（地方自治法14条 3 項）。刑法 8 条は，「この編の規定は，他の法令の罪についても，適用する。ただし，その法令に特別の規定があるときは，この限りでない」と定めているため，行政刑罰には，原則として刑法総則が適用される。ここにいう「特別の規定」の例として，現実の行為者のほか，その者を使用する事業者も罰する両罰規定がある（鉱業法194条，道路交通法123条等）。行政刑罰は，刑法以外の法律に規定された行政罰であるが，刑法に刑名のある罰を科すものであるから，原則として刑事訴訟法の規定が適用される。

　大量かつ反復的に発生する犯罪について，刑罰の手続の簡素化などを目的として，刑罰以外の措置をとることを非刑罰的処理（ダイバージョン）という。行政犯に対する非刑罰的処理を制度化した例として，国税通則法上の通告処分制度や道路交通法上の反則金制度がある。国税通則法上の通告処分制度は，間接国税に対する犯則行為について，犯則者が税務署長等の通告処分に応じて任意で一定額を納めると刑事訴追を免れるものである。

　道路交通法における反則金制度は，道路交通法違反行為のなかで比較的軽

微な定型的違反行為を反則行為とし，警察本部長が反則行為者に対して反則金の納付を通告し，犯則行為者が任意に反則金を納付した場合には刑事訴追を免れるものである。

　反則金を納付した者が，後に犯則行為をしていないとして反則金の納付通告の取消しを求めた事件で，最判昭和57年7月15日民集36巻6号1169頁は，「道路交通法は，通告を受けた者が，その自由意思により，通告に係る反則金を納付し，これによる事案の終結の途を選んだときは，もはや当該通告の理由となった反則行為の不成立等を主張して通告自体の適否を争い，これに対する抗告訴訟によつてその効果の覆滅を図ることはこれを許さず，右のような主張をしようとするのであれば，反則金を納付せず，後に公訴が提起されたときにこれによつて開始された刑事手続の中でこれを争い，これについて裁判所の審判を求める途を選ぶべきである」と判示して，反則金の納付通告の処分性を否定した。

　(3)　行政上の秩序罰

　行政上の秩序罰は，秩序維持のために行政上の義務違反に対して科される金銭的制裁であり，過料と称される。秩序罰は，刑罰ではないため刑法総則および刑事訴訟法の適用はない。

　正当な理由がなく，転入届，転居届，転出届等の届出をしない者には，5万円以下の過料が科される（住民基本台帳法52条2項）。法律違反に対する過料は，地方裁判所の決定により科される（非訟事件手続法119条，54条）。過料の決定は裁判所による行政処分であるとされる。

　条例または地方自治体の規則においても，5万円以下の過料を科す旨の規定を設けることができる（地方自治法14条3項，同法15条2項）。条例または規則違反に対する過料は，地方公共団体の長の行政処分によって納付を命ぜられ（地方自治法255条の3），納付されない場合には地方税滞納処分の例により強制徴収される（地方自治法231条の3第3項）。

　(4)　行政刑罰と行政上の秩序罰の併科

　行政刑罰と行政上の秩序罰は，いずれも行政上の義務違反に対する制裁で

あるが，行政刑罰には刑法の適用があるのに対し，秩序罰には刑法の適用はなく，両者の法的性質は異なる。行政刑罰と行政上の秩序罰の併科が憲法31条，39条後段に違反するかについて，最判昭和39年6月5日刑集18巻5号189頁は，「両者は目的，要件及び実現の手続を異にし，必ずしも二者択一の関係にあるものではなく併科を妨げないと」と判示した。これに対しては，近年，制度の趣旨目的よりも制裁の効果に着目して，刑事制裁に限らず行政制裁も含めて比例原則の観点から併科の是非を検討すべきであるとする説が有力である。

2　その他の制裁

(1)　課徴金

財政法3条にいう「課徴金」とは，国が行政権・司法権に基づいて国民から賦課徴収する金銭的負担であり，手数料，使用料，納付金，罰金，科料，裁判費用などが該当する。一方，国民生活安定緊急措置法11条の「課徴金」は，特定品目の物資について特定標準価格を超える価格での販売行為をした場合に課されるものである。ただし，特定標準価格を超える価格での販売自体は違法行為ではない。

現在，独占禁止法，金融商品取引法，公認会計士法，景品表示法に課徴金制度が導入されている。課徴金制度の導入当初は，違法に得た利益を行政的に剝奪することを意図したものだったが，現在は，違反者において違反行為の摘発に伴う不利益を増大させてその経済的誘因を減少し，違反行為の予防効果を強化することを目的としている。

(2)　加算税

加算税とは，所得税，法人税，相続税等の申告納税方式または源泉徴収によって納税される国税について，過少申告，無申告，不納付など申告義務または徴収義務が適正に履行されない場合に，本来の税額に加算して課せられる税である。申告納税制度や源泉徴収などの国税徴収納付制度の定着と発展のために設けられた制度であり，行政制裁的な性格を有している。加算税は

附帯税の一つであり（国税通則法2条4号），加算税と同様の主旨を持つ地方税については「加算金」という。

加算税の前身である追徴税と刑罰の併科について，最大判昭和33年4月30日民集12巻6号938頁は，追徴税は過少申告・不申告による納税義務違反の発生を防止し，納税の実を挙げるための行政上の措置であり，納税義務違反者の行為を犯罪として刑罰を課す趣旨でないことは明らかであるとし，憲法39条の二重処罰の禁止規定に違反しないと判示した。

(3) 公　表

食品衛生法63条は，食品衛生上の危害の発生を防止するため，同法及び同法に基づく処分に違反した者の名称等を公表することを定めている。行政上の義務を履行しない者の個人名や事業者名等の公表は，国民に対する情報提供であると同時に，義務違反者に対しては制裁的効果を有し，行政上の義務の実効性を確保するための手段と位置づけられている。公表される個人や事業者に社会的・経済的不利益を生じさせる可能性がある制裁的公表は，法律の根拠が必要であるとされる。また，行政により誤った情報が公表されてしまうと原状回復が困難であることから，公表前の意見聴取手続等を整備するべきであろう。

なお，行政指導は，あくまでも相手方の任意の協力によってのみ実現されるものであるから，行政指導に従わなかったことを理由として制裁的公表を行うことは許されない。また，制裁的公表は，比例原則に従い，目的達成のために必要な情報に限って適切な方法により行われなければならない。

(4) 行政サービス等の拒否

税金の滞納者等，行政上の義務を履行しない者に対し，行政サービス等を拒否することがある。例えば，小田原市「市税の滞納に対する特別措置に関する条例」は，納税を促進するため，滞納者に対し行政サービスの停止，許認可の拒否等の措置を執ることができると定めている。また，道路運送車両法は，自動車重量税，自動車税種別割，軽自動車税種別割を納付していない者に対しては，自動車検査証を交付しないと定めている（同法97条の4，97条

の2）。

　行政サービス等の拒否は，行政上の義務の履行を促す有効な手段となり得る一方で，相手方の不利益も大きい。例えば，水道等，生活に不可欠なサービスの拒否は，相手方の生存権を侵害するおそれがある。行政上の義務違反に対する行政サービス等の拒否が認められるのかについては，個別の検討が必要である。

　ここでは，税金の滞納を理由として水道供給を拒否することが許されるかを検討する。水道事業は，原則として，市町村が経営するものとされ（水道法6条2項）。水道事業者は，給水契約の申込みを受けたときは，「正当の理由」がなければ，これを拒んではならないとされている（同法15条1項）。水道事業者が，給水を停止することができるのは，給水を受ける者が料金を支払わないとき，正当な理由なしに給水装置の検査を拒んだとき，その他正当な理由があるときである（同法15条3項）。水道法15条にいう「正当の理由」とは，もっぱら水道法固有の問題に限定されるべきであり，税金の滞納といった水道法とは関係のない事項を理由として水道の供給を拒否することは許されないと解される。なお，最決平成元年11月8日判時1328号16頁は，宅地開発指導要綱に基づく教育施設負担金の寄付を求める行政指導に従わないことを理由として給水契約の締結を拒否したことについて，水道法15条1項にいう「正当な理由」に当たらず，違法と判示した。

【設　問】

(1) 即時強制と直接強制の異同について説明しなさい。

(2) 行政上の強制徴収が認められている場合，民事上の強制執行の方法をとることは許されるか。

(3) 反則金を納付したうえで，反則金通告に対して抗告訴訟を提起することができるか。

参考文献

太田照美「条例上の義務と民事手続による執行」宇賀克也ほか編『行政判例百選Ⅰ
（第 7 版)』（有斐閣，2017年）

春日修「行政訴訟と刑事手続」宇賀克也ほか編『行政判例百選Ⅱ（第 7 版)』（有斐
閣，2017年）

岩橋健定「独占禁止法上の課徴金」宇賀克也ほか編『行政判例百選Ⅰ（第 7 版)』
（有斐閣，2017年）

川出敏裕「追徴税と罰金との併科」宇賀克也ほか編『行政判例百選Ⅰ（第 7 版)』
（有斐閣，2017年）

（西村淑子）

第**12**講　行政手続法

```
┌─ 本講の内容のあらまし ──────────────────────────┐
│　　違法な行政活動による人権侵害を防ぐためには，「法律による行政の
│　原理」だけでなく「適正手続の原則」も必要である。そのような文脈か
│　ら我が国においても1993（平成5）年に行政手続法が制定された。目的
│　は行政運営における「公正の確保」と「透明性」である。同法の規制対
│　象は①処分，②行政指導，③届出，④命令等制定の4種類の行為形式の
│　みである（同法1条1項）。その①に該当する「申請に対する処分」及
│　び「不利益処分」の各手続が重要である。
│　　また，行政手続法において特徴的なことは，行政指導と意見公募手続
│　を規定したことである。本講では後半において，特に後者に焦点を当て
│　て，その意義を明らかにしたい。
└──────────────────────────────────────┘
```

第1節　行政手続法の概要

　ヨーロッパ大陸法系の（とくにドイツ法的な）「法律の留保の原則」（「法律に
よる行政の原理」）によって，違法な行政活動からの人権侵害を防ぐことはで
きる。しかし，手続段階で適正な手続がなされれば，より国民の権利侵害を
予防できる可能性が高い。そこで英米法系の（特にアメリカ法的な）「適正手続
の原則」（「適正な法手続」，due process of law）も必要になる。「適正手続の原
則」は元来，憲法31条の解釈の議論の中で刑事作用における被疑者・被告人
への手続を想定していたものとされてきたが，行政活動へ適正手続の適用を
肯定する見解が現れた（刑事作用を主たる対象とする憲法31条よりも同13条の規定が

引き出されるようにもなってきた）。ただ，行政手続上の法原理が憲法上の根拠を有するか否かについては学説・判例ともに一致するところがあるとはいえない。

　我が国においてはかなり以前から行政手続について学説上及び判例上，議論されてきており，行政の事前手続の拡充の必要性が言われてきた。他の先進国では概ね，行政手続に関する一般法は制定されてきたが，我が国にはなかった。そこで，行政手続に関する一般法の必要性が言われてきたが，我が国において行政手続法が制定されたのは1993（平成5）年とかなり遅い（施行は翌年）。行政手続法とは，適正手続の保障に基づいて，行政の意思決定過程に関する手続的規律を定めた一般法である。

　行政手続法の目的は，行政運営における「公正の確保」と「透明性（行政上の意思決定について，その内容及び過程が国民にとって明らかであること）の向上」を図り，それによって国民の権利利益の保護に資することにあると定められている（同法1条1項）。

　また，同法の規律対象は，①処分，②行政指導，③届出，④命令等制定，の4種類の行為形式である（同法1条1項）。それ以外の行為形式（たとえば，行政計画，行政調査，義務履行確保など）については直接規律していない。従来の学説・判例等に照らして比較的異論の出難いものに対象を絞りその実現を容易にしたといえる。ただし，「他の法律に特別の定めがある場合」にはその定めによる（同2項）。

　行政手続法は2条で，「処分」について「行政庁の処分その他公権力の行使に当たる行為をいう」（同2号）とし，「不利益処分」について「行政庁が，法令に基づき，特定の者を名あて人として，直接に，これに義務を課し，又はその権利を制限する処分をいう」（同4号）として区分する。

　ただ，行政手続は多種多様である。それゆえ，他の法律で行政手続について特別な規定がある場合には，それが優先される。たとえば，国会の議決等によってなされる処分，裁判等によってなされる処分，検察官会議で決すべきものとされている処分など，この法律の適用除外とされる処分及び行政指

導も少なからずある（同法 3 条 1 項）。ただし，たとえば学校等の教育などの
目的を達成するためになされる処分および行政指導のように事柄の本質上，
適用除外にしてよいか疑問が残るものもある。行政手続法の規定が適用され
るのは，国の行政機関による処分等のみであり，地方公共団体による処分等
は条例による（同法 3 条 3 項）など限定的である。条例・規則に基づく処分・
届出については，地方自治の尊重の立場から手続の具体的なあり方は当該地
方公共団体において考慮すべきものとされたと解される（この場合，事務の種
類は問われない）。

　行政手続法は，行政処分をした後での国民（日本国籍者保持者に限定されず，
「住民」の意味に近い。以下同じ。）の権利利益の保護（事後的救済）が目的である
行政不服審査法（行政機関に訴える手続）と行政事件訴訟法（司法機関に訴える手
続）とは，事後手続ではない，という点で異なる。

　さらに，情報公開法・条例との違いについて，情報公開法・条例は国民一
般に対して情報を公開するものであり，その情報の公開それ自体のもつ意義
のほかにそれによって国政あるいは地方政治への国民・住民の参加の充実を
図ろうという意義を持っている。他方，行政手続法・条例は，主として利害
関係のある当事者に対して情報を公開し，またその言い分を聞くことによっ
て個別の行政過程の公正さ等を確保するという意義をもつ。行政手続法は民
主主義よりも個人の権利利益の保護を目的としている。ただ，この両者は，
行政手続法の目的を考えるうえでは，車の両輪として不可欠のものであると
いう共通点があるといわれる。

　何より行政手続法において特徴的なことは，それまであいまいで法律に
よって規制されてこなかった行政指導を規制対象の類型に含めたことと，既
に1999（平成11）年より開始されてきた意見提出手続（パブリック・コメント手
続）が，2005（平成17）年に行政手続法が改正されて，意見公募手続（パブ
リック・コメント手続）として法制化されたことである。なお，2014（平成26）
年の行政不服審査法の全部改正に合わせて行政手続法も一部改正され，救済
手続が拡充されている（行政手続法35条 2 項，36条の 2 ，36条の 3 ）。

第2節 申請に対する処分の手続

1 審査基準

申請とは，法令に基づき，行政庁の許可，認可，免許その他の自己に対し何らかの利益を付与する処分を求める行為であって，当該行為に対して行政庁が諾否の応答をすべきこととされているものである（行政手続法2条3号）。そして，申請に対する処分の手続とは，許可や認可などの申請の手続である。行政手続法の理念から考えると，国民が行政に対して許認可等の申請をした場合に，申請から決定に至る行政側の意思決定過程をできるだけ公正・透明にし，法に従った迅速な手続により，申請者の権利利益を保護することを制度趣旨とする。「申請→申請の審査→処分の決定（許可や許認可等の処分，あるいは拒否処分（理由の提示））」という流れとなる。行政手続法においては，手続の進行は基本的には決定機関が主導権を持って行うことになる（職権主義）。

行政手続法は，申請に対する処分について，行政機関の行為義務として①審査基準の設定・公表（同法5条），②申請に対する審査・応答（同法7条），③申請拒否処分における理由の提示（同法8条）の3つを行為義務とし，④標準処理期間（同法6条），⑤情報の提供（同法9条），⑥公聴会の開催（同法10条），⑦共管事務の迅速処理（同法11条）の4つを努力義務としている。

審査基準とは，「申請により求められた許認可等をするかどうかをその法令の定めに従って判断するために必要とされる基準」である（同法2条8号ロ）。行政庁は審査基準を定める（同法5条1項）。それは許認可等の性質に照らしてできる限り具体的なものにしなければならない（同条2項）。それは広義において，法律・命令等の定める基準を含む。そして，行政上特別の支障があるときを除いて，申請の窓口に備付ける等の方法で公にしなければならない（同条3項）。審査基準を定め，これを具体的なものにし，これを公にすることにする。その結果，行政機関による恣意的・独断的な判断を防ぐこと

ができ，国民は行政決定につき予測可能性を得ることができる。

　ちなみに，行政手続法では「公に」「公表」「公示」の言葉を使いわけている。「公に」とは知りたい者に対して秘密にしないという意味である。すなわち国民から求めがあれば閲覧できる状態にあることを意味している（同法5条，6条，12条）。また，「公表」とはインターネットや掲示板等を使って，行政側が積極的に周知を図ることを意味する（同法36条）。さらに「公示」とは国民一般が知り得る状態にすることを意味するとともに，公示の方法についても法が規律している（同法45条）。

　審査基準は，行政規則に分類され，行政外部の国民との関係では法的効力をもたない。しかし，裁判所が行政処分の違法性を審査するにあたって，審査基準の合理性を手がかりとするケース（最判平成4年10月29日民集46巻7号1174頁）が見られる。すなわち，不合理な点がある場合には違法となる。公にされた審査基準と異なる判断をする場合，行政機関の側はその合理的理由を提示しなければならないとする学説も有力である。審査基準は，それが合理的と解釈される限りで，行政機関の判断を拘束する効果を持ち，その限りで，国民に対しても外部効果を持つというべきである。

2　標準処理期間

　行政庁は，申請処理に通常要すべき標準的な期間を定めるよう努めるとともに，これを定めたときは，審査基準の場合と同様に公にしなければならないとする（行政手続法6条）。これは努力義務である。また，行政庁は，申請がその事務所に到達した場合，遅延なく，審査を開始しなければならない。かつ，申請が形式的要件を満たしていない場合，速やかに，申請者に補正を求めるか，申請を拒否する処分をするか，どちらかの対応をしなければならない（同法7条）。行政手続法は，申請に対する審査・応答義務を定めることにより，申請者の受付拒否・返戻や，申請に対する応答の留保が違法であることを明確にしている。

3　拒否処分の理由の提示

　行政庁は，申請により求められた許認可等を拒否する処分をする場合は，申請者に対し，同時に，当該処分の理由を示さなければならない（行政手続法8条1項）。ただし，一定の場合には，求めがあったときに示せば足りるとされる（同1項ただし書）。処分を書面でするときは，理由の提示（告知）も書面による（同条2項）。口頭で理由を示すことも含むため「理由の提示（告知）」という。処分の理由とは，その処分が正しいことの事実・法令・裁量に照らした根拠を意味する。理由の提示には，①行政機関の判断の慎重と公正・妥当を担保して恣意を抑制する（公正妥当担保・恣意抑制機能），②処分の相手方が行政不服申立て等により争う場合の便宜となる（争訟便宜機能），という2つの機能があると考えられている。そのことは判例でも確認されている（東京地判平成10年2月27日判時1660号44頁，東京高裁平成13年6月14日判時1757号51頁）。なお，申請を認容する処分について，理由の提示は要求されない。また，第三者に不利益な効果を及ぼす場合において当該第三者に対して理由の提示までは求めていない（個別の法律で例外あり）。

　理由の提示について，①提示される理由の内容・程度，②提示した理由の追完・差替えの可否，という論点がある。①について，判例は「いかなる事実関係に基づきいかなる法規を適用して申請拒否処分がされたかを，申請者においてその記載自体から了知しうるものでなければならない」とする（最判昭和60年1月22日民集39巻1号1頁）。単に根拠規定を示すだけでは不十分であり，違法である。②については，理由の提示の機能に照らして，行政過程の中で，一度提示した理由を事後的に変更することは許されない。

第3節　不利益処分の手続

1　処分基準

　行政庁は，不利益処分を行う場合に，当該処分をするかどうか，また，どのような処分とするかを法令の定めに従って判断するに際してさらに必要な

基準，すなわち処分基準を定め，かつ，これを公にしておくよう努めなければならない（行政手続法 2 条 8 号ハ及び12条 1 項）。これも申請に対する処分の手続と同様，当該不利益処分の性質に照らしてできる限り具体的なものでなければならない（同条 2 項）。公表については，不利益処分の場合，努力義務である。

　不利益処分とは，行政庁が，法令に基づき，特定の者を名あて人として，直接に，これに義務を課し，又はその権利を制限する処分をいう（同法 2 条 4 号本文）。したがって，相手方が不特定の場合には手続法上の不利益処分に該当しない。また，手続は「（処分すべき事実の発生）→名あて人の通知→名あて人からの反論→処分の決定（聴聞手続，あるいは弁明手続）」という流れで進行する。不利益処分では，名あて人（相手方）の権利・利益が侵害されるため，名あて人が反論を行い，自身の権利利益の手続的防衛を尽くす必要がある。

　行政手続法は，不利益処分に共通する手続原則として，①処分の通知（同法15条・30条），②処分基準（同法12条），③理由の提示（同法14条）の 3 つを定めている。

　処分の通知は，不利益処分の名あて人となるべき者に対して，事前に予定される不利益処分の内容・根拠となる法令の条項，不利益処分の原因となる事実を書面で通知する。聴聞手続の場合は聴聞の期日・場所等，弁明手続の場合は弁明書の提出先・提出期限等を書面で通知することをいう。すなわち，処分の通知は，不利益処分の名あて人が手続的防衛をするために不可欠の前提となるものであり，行政機関の行為義務として規定されているといえる。

　処分基準は，「不利益処分をするかどうか又はどのような不利益処分とするかについてその法令の定めに従って判断するために必要とされる基準をいう」と定義されている（同法 2 条 8 号ハ）。不利益処分の場合，発動の実績が乏しいものも珍しくなく，事前に基準を作成するのも難しい場合もあるため，合理的な理由により処分基準を策定していなくても違法ではない。

　処分基準は，審査基準と同様，行政の内部基準（行政規則）であり，本来，行政外部への法的効果を持たない。しかしながら，行政手続法が，不利益処分の名あて人の手続的保障を趣旨として処分基準を位置付け，設定されれば公にすべき旨も定めていることに照らすと，処分基準には一定の外部効果があるととらえるべきであるとされる。

2　処分理由の提示（告知）

　「行政庁は，不利益処分をする場合には，その名あて人に対し，同時に，当該不利益処分の理由を示さなければならない」（行政手続法14条1項）。すなわち，理由の提示は，行政庁の行為義務として定められている。しかし，「差し迫った必要がある場合」には免除される（同法14条1項ただし書）。免除の場合には一定の場合を除き，処分後相当の期間内に，理由を示さなければならない（同条2項）。不利益処分を書面でするときは，理由の提示も書面によらなければならない（同条3項）。この規定の趣旨は申請に対する拒否処分の理由の提示と同じである。そして，不利益処分の名あて人が，どのような事実関係に基づきいかなる法令が適用されて不利益処分を受けるか，具体的に理解できるだけの理由が提示される必要がある。

3　聴聞手続と弁明手続

　行政庁が不利益処分をしようとする場合には，当該不利益処分の名あて人となるべき者に対して，意見陳述のための手続が保障される（行政手続法13条1項本文）。その具体的な手続として，聴聞手続と弁明手続（弁明の機会の付与）がある。前者が，より正式の手続であり，後者が，より略式の手続である。次のように振り分けられる。

　聴聞手続は次の時に行われる。①許認可等を取り消す不利益処分，②名あて人の資格・地位を直接に剥奪する不利益処分，③法人に対しその役員・従業員・会員の解任・除名を命ずる不利益処分である（同法13条1項1号イ〜ハ）。名あて人に対する不利益の程度が大きな不利益処分をしようとする場

合に，聴聞手続が要求される。上記以外の場合であっても，行政庁が相当と認める場合（重い処分の場合）には，聴聞手続による（同号ニ）。

　聴聞手続の基本的な流れは，「予定される処分の通知→主宰者の下での聴聞（審理）→行政庁による決定」ということになる。聴聞手続は，行政庁から処分の名あて人となるべき者への通知により始まる（同法15条1項）。通知において，行政庁は，相手方の手続上の権利として，聴聞期日における口頭意見陳述権，証拠書類等提出権，文書閲覧請求権があることを教示しなければならない（同条2項）。主宰者とは，聴聞手続を主宰する行政庁の指名する職員であり（同法19条1項），行政庁と処分の名あて人（当事者）のあいだに立って，口頭審理を中心とする手続を進める役割を担う。主宰者について，一定の除斥事由があるものの（同条2項）第三者たる特別の職ではなく，職能分離の仕組みはない。先述のとおり聴聞は名あて人への手続的保障が厚く，口頭で行われる（同法20条）

　上記に該当しない不利益処分（すなわち聴聞をすべき場合に該当しない不利益処分）については，弁明手続となる（同法13条1項2号）。たとえば，営業停止命令は，営業することのできる地位を剥奪するものではないため，弁明手続ということになる。弁明の機会の付与は，行政庁が口頭ですることを認めたとき以外は，書面（弁明書）の提出によって行われる（同法29～31条）。

　弁明手続の基本的な流れは，「名あて人となるべき者への通知→名あて人となるべき者からの弁明書・証拠書類等の提出→行政庁による決定」ということになる。弁明手続は，不利益処分に関する略式の手続であり，行政庁が口頭で行うことを認めたとき以外は書面の提出による。すなわち，書面審理を原則としている（書面審理主義）が，行政庁が認めれば，口頭で弁明をできるということである（同法29条1項）。

　聴聞手続と弁明手続の大きな違いは，聴聞手続には主宰者の制度（同法26条），相手方の文書閲覧権（同法18条1項），口頭意見陳述権（同法20条2項），参加人に関する規定（同法17条1項）（関係人の中で参加する人が「参加人」）の規定があることである。

第4節　行政手続の瑕疵と行政処分の効力

　行政処分が行われるためには，行政処分の主体，内容，手続，形式等々の
点につき法定要件があるが，そのいずれかが欠けていた（あるいは，裁量を
誤った不当な処分であった）とき，一般に「瑕疵ある行政処分」（あるいは「瑕疵
ある行政行為」）と呼ぶ。そして，行政処分に手続上の瑕疵がある場合，当該
行政処分を裁判所で争った場合に取消判決を得ることができるかという問題
がある。これについては①行政手続それ自体が行政処分の法的統制の道具と
しての意義を持つという考え方（適正な手続を経てはじめて実体的に正しい行政作
用がなされるべきとするもの），②行政手続は実体的に正しい行政処分を担保す
る手段に過ぎないという考え方（行政手続は適正な行政作用を行うための手段にす
ぎないとするもの），のどちらを重視するかによって結論が変わる。すなわ
ち，①の考え方を重視すれば，行政手続が正しく履践されて初めて適法な行
政処分が成り立つと考えるのに対して，②の考え方を重視すれば，行政処分
が実体的に正しい以上，事前手続の瑕疵を理由に行政処分を取り消す必要は
ないという結論になる。

　行政手続法制定前の判例は，瑕疵のある事前手続をやり直すことにより，
行政庁の実体的判断に影響を与える可能性が認定できる場合のみ，事前手続
の瑕疵が行政処分の取消事由になるとする。逆に，仮に手続的不備を正しく
手続を尽くしたとしても影響を与えないと判断される場合には，行政処分の
取消事由にはならないとしている（最判昭和46年10月28日民集25巻7号1037頁，最
判昭和50年5月29日民集29巻5号662頁）。手続が結果に影響を及ぼす可能性にお
いて手続の瑕疵を問題にしているとも考えられる。しかし，最高裁は理由の
提示に瑕疵ある行政処分については，直ちにこれを違法として取り消すとい
う法理を確立していた（最判昭和38年5月31日民集17巻4号617頁，最判昭和60年1
月22日民集39巻1号1頁）。そこで手続のやり直しに関係なく，行政処分に理由
の提示が求められる趣旨について，①公正妥当担保・恣意抑制機能，②争訟

便宜機能という 2 つの制度趣旨に照らして，理由の提示に瑕疵があれば直ち
に取り消す必要があるとしたのである（事前手続の制度的・目的に沿った考え方を
判断した）。

　憲法13条及び31条が法定手続を規定していることを考えれば，行政手続法
の定める手続に瑕疵があった場合，当該行政処分の実体判断としての適否を
問題とすることなく，取消事由として扱うべきと考えられる。

第 5 節　意見公募手続

1　意見公募手続の概要

　現代は行政国家化・福祉国家化が進み，行政機関の役割は専門的・技術的
なものになってきている。そのため，「行政規則の外部化現象」のように，
知らずに国民の権利侵害をしてしまう可能性がある。行政規則等に対しても
民主的コントロールをする必要がある。そこで，内閣ないし行政機関が命令
等を定立するにあたっては広く国民の意見を求める必要がでてくる。

　1999（平成11）年からすべての省庁で行われていた意見提出手続（パブリッ
ク・コメント手続）が，2005（平成17）年 6 月に行政手続法が改正され意見公募
手続（パブリック・コメント手続）として法制化された。したがって，手続法に
定められた手続は従来からの意見提出手続と基本的には同じである。

　命令等を定める機関（命令等制定機関）は，命令等を定めようとする場合に
は，当該命令等の案およびこれに関連する資料をあらかじめ公示し，意見の
提出先および意見提出期間を定めて広く一般の意見を求めなければならない
（行政手続法39条 1 項）。すなわち，意見公募手続とは，行政機関が行動基準を
制定しようとする場合に，広く国民等に対し案を公表し，それに対して提出
された意見等を考慮して意思決定を行う手続である（国会で制定する法律には意
見公募手続はない）。意見公募手続は，利害関係人との関係では，行政運営に
おける公正の確保および透明性の向上という目的に資する。また，命令等制
定機関による情報収集を容易にし，その判断の適正を確保することにも寄与

する。さらに，意思形成過程への国民の参加を確保することにもつながる。

この手続は，命令等の制定過程の公正の確保と透明性の向上を図ることを目的にしている。命令等とは，①政令，府省令，規則，②審査基準，③処分基準，④行政指導指針である（同法2条8項）。「審査基準」とは申請により求められた許認可等をするかどうかについて，その法令の定めに従って判断するために必要とされる基準である。また，「処分基準」とは不利益をするかどうか，またはどのような不利益処分とするかについて，その法令の定めに従って判断するために必要とされる基準である。さらに，「行政指導指針」とは同一の行政目的を実施するため一定の条件に該当する複数の者に対して行政指導をしようとするときに，これらの行政指導に共通してその内容となるべき事項である。命令等の内容・性質に照らして意見公募手続の規定の適用になじまないもの（同法3条2項），広義の行政主体の組織内部または行政主体相互間の関係にかかわる命令等（同法4条4項）は，同法6章（意見公募手続等）の規定の適用除外とされている。

2　意見公募手続の仕組み

意見公募手続で公示される「命令等の案」とは，命令等で定めようとする内容を示すものをいう（行政手続法39条1項括弧書き）。ただし，具体的かつ明確な内容のものであって，かつ，当該命令等の題名及び当該命令等を定める根拠となる法令の条項が明示されたものでなければならない（同条2項）。したがって，意見公募手続が実施されるのは，かなり議論が進み具体的な内容になった段階であるといえる。命令等の案の公示に当たっては，関連する資料も公示しなければならない。

意見提出者に制限はない。行政手続法においては，命令等制定機関は「広く一般の意見を求めなければならない」（同法39条1項）とされている。日本国籍保持者以外，法人，外国政府等も意見を提出することができる。

意見提出期間について，行政手続法は公示の日から起算して30日以上でなければならないとしている（同条3項）。

　意見公募手続には適用除外もある。行政の事務事業の種類を問わず，意見公募手続を実施することが困難であると判断される場合や，かかる手続をとる意義に乏しいと考えられる場合には適用されない。具体的には，公益上，緊急に命令等を定める必要があるため，意見公募手続を実施することが困難であるときなどである（同条 4 項 1 号から 8 号まで）。

　意見公募手続には特例がある。原則公示の日から 30 日以上（同条 3 項）であり，30 日以上の意見提出期間を設けることが困難な場合には 30 日を下回る意見提出期間を定めることができるが，案の公示の際その理由を明らかにしなければならない（同法 40 条 1 項）。また，委員会等の議を経た命令等を定めようとする場合において，当該委員会等が意見公募手続に準じた手続を実施したときは，命令等制定機関は，自ら意見公募手続を実施することを要しない（同 2 項）。

　命令等制定機関は，必要に応じて，当該意見公募手続の実施について周知・関連情報の提供に努めるものとされる（同法 41 条）。

　意見公募手続は，提出された意見の採用の義務を命令等制定機関に課すものではない。また，賛否の多寡では決まらない（東京地裁平成 22 年 3 月 30 日判時 2096 号 9 頁，判タ 1366 号 112 頁）。すなわち，国民投票に代わるものではない。しかし，命令等制定機関は提出された当該命令等の案についての意見を十分に考慮しなければならないし（同法 42 条），提出意見やこれを考慮した結果を公示しなければならない（同法 43 条 1 項）。

3　意見公募手続の導入意義

　従来からの請願に加えて，近年，統治機構に民意を取り入れる動きが見受けられる。立法過程において国レベルでは憲法改正のための国民投票法が成立し，地方レベルでは住民投票が数多く実施されている。また，司法過程では裁判員制度が実施され，検察審査会における強制起訴の制度が実施されている。意見公募手続も以上のような時勢の中の 1 つの制度であるといえる。これらの制度に共通しているのは，民意を重要視しながらも，民意を絶対視

していないことである。すなわち，民意による結果を吸収し考慮はしつつ
も，ただちにそのままとして反映しないことである。

　憲法改正のための国民投票法は憲法改正の手続における3段階の1つにす
ぎず，また地方レベルでの住民投票において憲法95条に基づき地方自治特別
法の制定の可否を問う住民投票，地方議会の解散要求や議員・首長の解職要
求などの直接請求を受けて賛否を問う住民投票は法的拘束力はあるものの
（拘束型），一般的な条例に基づく住民投票に法的拘束力はない（諮問型）。ま
た，裁判員制度は刑事裁判一審における重大事件に限定されており，検察審
査会における強制起訴もそこから裁判が始まる。意見公募手続も意見が出さ
れたことは，「命令等の案」に盛り込まれることを必ずしも意味しない。

　行政手続法における意見公募手続は，「命令等の案」に民意が直接に反映
される可能性の手続を示したこと自体に意義があるのである。

【設　問】
(1) 1993（平成5）年に行政手続法が制定されたことにより，どのよう
　なメリットが生まれたか。
(2) 聴聞手続と弁明手続の各々の法律上の位置づけと相互の関係につい
　て説明しなさい。
(3) 意見公募手続は誰が，何に対して，どのようなことを求めるもので
　あるのかについて説明しなさい。

参考文献
藤田宙靖『行政法Ⅰ（総論）（第4版改訂版）』（青林書院，2005年）
藤井俊夫『行政法総論（第5版）』（成文堂，2010年）
塩野宏『行政法Ⅰ（第6版）』（有斐閣，2015年）
橋本博之『現代行政法』（岩波書店，2017年）
高木光・常岡孝好・須田守『条解行政手続法（第2版）』（弘文堂，2017年）
宇賀克也『行政法（第2版）』（有斐閣，2018年）
櫻井敬子・橋本博之『行政法（第6版）』（弘文堂，2019年）

宇賀克也『行政法概説 I （第 7 版)』（有斐閣，2020年）
橋本博之『行政判例ノート（第 4 版)』（弘文堂，2020年）

（岡田大助）

第13講　情報公開・個人情報保護法

本講の内容のあらまし

　現代の高度情報社会においては，情報が様ざまな場面で人びとの間に軋轢を生じさせ，多くの社会問題を発生させている。それゆえ，情報のあり方や取り扱い方法，保護の程度などが厳しく問われているのである。それゆえ，以前には存在しなかった情報学部，情報科学部，総合情報学部，社会情報学部などの名称を冠する学部が，国公立たると私立たるとを問わず，全国各地に盛んに設置されるようになった。これは高度情報社会の進展という社会現象にかんがみれば，当然なことと言えよう。本講では，情報公開法（同条例を含む）と個人情報保護法（同左）を取り上げ，多角的に検討していく。そして，そのことにより，高度情報社会というものの本質を理解し，日本の将来にとって意義のある，あるべき高度情報社会の姿というものを考えていきたい。

第1節　高度情報社会における情報の重要性

　以前は，情報が重要になりつつある社会という意味で"情報化社会"という用語が使われていたが，その後，現に情報が重要になった社会という意味で"情報社会"というキーワードが使用されるようになった。さらに，情報社会が極度に進展し，情報が非常に高い価値を有し，きわめて重要な役割を果す社会になったことから，現代は"高度情報社会"と言われるようになった。すなわち，我われは毎日，テレビやパソコン，スマホ等のマスメディアから大量の情報を入手し，私生活や社会生活を営んでおり，もはや情報は日常生活に必要不可欠なものとなっている。例えば，選挙時には，候補者につ

いての情報が十分に与えられなければ，私たちは正しい政治的選択ができない。また，学問をする時にも，学術についての情報が十分に与えられなければ，真理の探究活動は不可能となる。さらに，旅行に出る時にも，娯楽についての情報が十分に与えられなければ，楽しい旅も困難であろう。そして，時には一つの情報が驚くほど高い値段でやり取りされることすらある。かかる状況は，今後ますます加速するであろうことが予想される。まさに高度情報社会は，少子高齢社会，貧困格差社会，グローバル社会等と並んで，現代社会を象徴するキーワードである。そして，その高度情報社会が要請し，それを支えるとも言える法律が情報公開法と個人情報保護法なのである。

第2節　情報公開法

1　情報公開制度が必要とされる理由

　そもそもなぜ情報公開制度が必要とされるのか，その理由について，国家の根本法で最高法規でもある憲法の観点から考えてみたい。この点，まず第一にあげられるのは，国民主権（憲法前文・1条）を実現するためである。すなわち，国民主権とは，通常，「国の政治のあり方を最終的に決定する力ないし権威は国民に存するという原理」，あるいは，「政治のあり方は最終的には一人ひとりの国民が主権者として決定するという原理」と定義されるが，要するに，国民こそが国政における主役であり，政治的決定権はすべて国民にあるという意味である。このような国民主権を実現するためには，国民には行政を監視して自由に意見を言える立場が保障されなければならない。そして，そのような立場を国民に保障する前提として，今どのような政治が行われているのかを知りうる情報が国民に十分に提供されなければならず，そのために，国家にはアカウンタビリティ（説明責任）や情報提供義務が課される必要がある。そこで，法律や条例によって情報公開制度が法定されることになったのである。

　つぎにあげられるのは，知る権利（憲法21条1項）を保障するためである。

すなわち，表現の自由（憲法21条１項）は，個人の人格の発展や向上を根底から支えていることから（いわゆる個人の自己実現の価値），人権体系上，優越的地位を占める人権とされている（いわば，人権のチャンピオン）。そして，情報が行政機関や巨大なマスメディアに集中しがちな現代情報社会においては，表現の自由の社会権的側面（請求権的権利）として，新しい人権たる "知る権利" が承認されている。この点，国民に知る権利を十分に保障して，個人の人格の発展や向上を実現するためには，国民が膨大な行政保有情報に自由にアクセス（接近）できなければならない。そこで，法律や条例によって情報公開制度が法定されることになったのである。

2　法律の概要

行政情報の公開に関する法としては，①行政機関の保有する情報の公開に関する法律（2001［平成13］年施行）と，②独立行政法人等の保有する情報の公開に関する法律（2002［平成14］年施行）とがあげられる（独立行政法人の例としては，大学入試センターや造幣局）。両者は，基本的に同様な構造・内容を持った，いわば兄弟法律であり，いずれも，私人に対し行政情報にアクセスする権利（情報の公開を求める権利）を保障するしくみについて規定している。ただし，①では，自主的な情報提供施策に努めることが規定されているだけだが（情報提供施策努力義務［同法24条・25条］），②では，さらに組織・業務・財務に関する基礎的情報や評価・監査情報等について積極的に記録を作成して適時・適切に国民の利用に供することが義務づけられている（積極的情報提供義務［同法22条］）。これは，独立行政法人等が国とは法人格を異にしており，より私企業に近いことから，私企業における企業内容・経営情報の開示制度（ディスクロージャー）を参考にしたからであろう。すなわち，完全な国立の機関であれば，その活動は逐一，法律にもとづかなければならず，法の規制は十分に及びうるが，独立行政法人の場合には，自由な活動が認められる部分も多く，国民からその活動が隠されやすいことから，情報公開をより強く求めたのである。実際，独立行政法人を隠れ蓑に税金が不正に使用された事例

は決して少なくなく，情報公開の徹底は必要不可欠であろう。これらの法律とは別に各地方公共団体が情報公開条例を制定しているが（例えば，群馬県情報公開条例や前橋市情報公開条例），その内容は行政機関情報公開法とほぼ同様である。具体的な内容としては，①請求者，②その相手方，③開示の対象，④不開示情報，⑤存否応答拒否，⑥第三者に関する情報，⑦救済制度（イン・カメラ審理）等が規定されるのが通例である。以下，項を改めて，行政機関情報公開法を例にして，これらの点につき検討していくことにする。

3　法律の具体的な内容

　まず，行政機関情報公開法はその１条において，情報開示請求権は「国民主権の理念」にもとづくものであり，その目的が「行政機関の保有する情報の一層の公開を図り，もって政府の有するその諸活動を国民に説明する責務が全うされるようにする」ことと，「国民の的確な理解と批判の下にある公正で民主的な行政の推進に資する」ことにある点を明示している。各種の情報公開法を考えるにあたっては，この「国民主権の理念」（地方自治では住民主権の理念）を十分に踏まえるべきことはつねに念頭に置かなければならない。

　また，法律の条文には明示されていないが，情報開示請求権が「知る権利」という人権の理念をも根拠にしていることは前述した通りである。立法過程では様ざまな議論があったようであるが，本来ならばこの点も条文に明記されることが望ましいであろう。実際，地方自治体の情報公開条例のなかには，この「知る権利」を明記しているものも存在している。例えば，群馬県情報公開条例では，その前文において「県は，県民の知る権利を尊重し，県の保有する情報を公開するとともに説明する責務を果たす」と明記されている。

（1）請求者とその相手方

　行政機関情報公開法では，「何人も」情報開示請求ができるとされている。よって，法人や外国人でも請求は可能である。そして，請求の相手方

は，開示を希望する当該行政文書を保有する「行政機関の長」である（3条）。例えば，財務省であれば財務大臣となる。「行政機関」には，国に属するすべての行政機関が含まれる。

(2) 開示の対象

行政機関情報公開法において「行政文書」とは，「行政機関の職員が職務上作成し，又は取得した文書，図画及び電磁的記録（電子的方式，磁気的方式その他人の知覚によっては認識することができない方式で作られた記録をいう）であって，当該行政機関の職員が組織的に用いるものとして，当該行政機関が保有しているもの」をいう（2条2項）。この点，必ずしも正式な決裁を経ている必要はなく，行政機関の内部で組織的に共用されている文書であれば足りる（いわゆる組織共用文書）。よって，職員が個人的に作成したメモ書きであっても，その取り扱われ方の次第では「行政文書」にあたることになる。

(3) 不開示情報

前述した国民主権と知る権利からして，行政が保有している情報はあくまで開示することが原則であり，安易な不開示は決して許されるべきではない。そこで，行政機関情報公開法は，以下の通り，不開示とできる例外的な場合を類型化して前もって法律に明示した（いわゆる不開示情報。5条）。この点，不開示情報は，具体的には，5条の1号から6号までに規定されているが，大別するとつぎの四類型に分けることができる。

まず，①個人識別情報（1号）である。これは，個人のプライバシー権を保護するためである。例えば，国立の学校に保管されている個人の成績原簿がこれにあたる。つぎに，②法人情報（2号）である。これは法人たる企業の利益を保護するためである。例えば，特定企業の特許やノウハウ，営業秘密等に関する情報がこれにあたる。そして，③国の安全や信頼，公共の安全や秩序に関する情報（3号，4号）である。例えば，通貨の安定のために国際協調により為替相場に介入する際，非公開とする取り決めをしている相互の合意事項についての情報や，特定の容疑者宅にいつ家宅捜索するのかについての情報等がこれにあたる。さらに，④行政の意思決定過程や運営・執行に

関する情報（5号，6号）である。例えば，多数の反対派による妨害が予想される審議会の開催についての情報や，未実施の試験問題に関する情報，あるいは入札の予定価格に関する情報等がこれにあたる。

（4）存否応答拒否

　情報公開請求では，通常，当該情報が記載された文書の存在を前提にして，内容を開示するかしないかが問題になる。この点，行政情報は原則として公開なのだから，行政は当該文書の存否自体については必ず明らかにしなければならないはずである。しかし，文書によっては，その存否を明らかにするだけで内容を開示したのと同様な結果が生じてしまうものがある。このような場合には，行政は当該文書の存否についての応答それ自体を拒否できることになっている（8条，いわゆる存否応答拒否）。例えば，ある人が特定日時にある国立病院で特定の病気について診察を受けた事実の有無が争点になっている場合を考えてみる。その際，それらの事実が記載されたカルテの開示請求がなされたとすると，病院側がそのカルテの存在さえ認めれば，文書内容を開示したのとまったく同様な結果が生じてしまう。このような場合には，病院はカルテの存否についての応答それ自体を拒否できるのである。また，国家試験の前に，「○○をテーマとした試験問題」の開示請求がなされた場合も，同様な事態が生じよう（ただし，そもそも試験問題は不開示情報であるが，その点はとりあえず置いておく）。

（5）第三者に関する情報

　例えば，Aがある行政文書の情報公開請求をしたとき，その文書に第三者であるBやCの個人情報が記載されていることも決して少なくはない。そのような場合には，開示決定をする際に，第三者であるBやCの利益にも最大限に配慮しなければならない。そうでなければ，不意打ちの不利益決定になってしまう。そこで，行政機関の長は，開示請求に係る行政文書に「第三者」に関する情報が記録されているときは，開示決定をするにあたって，第三者に対し，開示請求に係る行政文書の表示等を通知して，意見書を提出する機会を与えることができる（意見書の制度）。また，一定の場合に

は，開示決定に先立ち，第三者に対し，書面により通知して，意見書を提出する機会を与えることが義務となっている。さらに，意見書の提出の機会を与えられた第三者が行政文書の開示に反対の意思を表示した意見書を提出したにもかかわらず開示決定をするときは，開示決定の日と開示を実施する日との間に少なくとも2週間を置かなければならず，開示決定後直ちに，第三者に対し，開示決定をした旨やその理由，開示実施日を書面により通知しなければならないとされている（13条）。

(6) 救済制度（イン・カメラ審理）

それでは，情報開示請求に対して不開示決定がなされた場合の請求者本人や，開示決定に不満な第三者など，行政機関の長の決定に納得しない者はどうしたらよいのであろうか？ この点，法は①行政不服審査法にもとづく行政不服申立てと，②行政事件訴訟法にもとづく抗告訴訟（典型は取消訴訟）を用意している。原則として，どちらを行使するかは自由であり（自由選択主義），行政不服申立てを先に行ってもいいし，行政不服申立てをせずにいきなり取消訴訟を提起することもできる（行政事件訴訟法8条）。

　行政不服申立てがなされた場合，行政機関の長は原則として「情報公開・個人情報保護審査会」（情報公開・個人情報保護審査会設置法は2005［平成17］年4月1日施行）に諮問して，その意見（答申という）を聴かなければならない（19条）。この審査会は，国の場合には内閣府におかれ，15人の委員で構成される。委員には弁護士等の法律家や法学の研究者がなることが多い（筆者は以前，東京23区内のある区で審査会の委員をやった経験があるが，委員は5人で弁護士が4名，法学研究者が1名であった）。審査会は，あくまで諮問機関であるから，その答申に法的拘束力はないが，行政機関の長は答申を尊重し，それを踏まえて，もう一度，不服申立てに対する裁決を行うことになる。審査会は，専門家によって構成される第三者機関であり，公平性も期待しうることから，その答申には実際上，強い事実的な拘束力がある。

　また，情報公開・個人情報保護審査会には，イン・カメラ審理を行う権限が与えられていることは特筆に値する（同審査会設置法9条1項）。この場合の

カメラとは，"裁判官室"という意味であり，よって，イン・カメラとは，本来，"裁判官室の中で"ということになる。要するに，行政文書の不開示決定が正当かどうかを判断するには，その内容を見て審査しなければならないが，その審査を公開の場所でやったのでは文書の内容が開示されてしまい，審査の意味がなくなってしまう。そこで，その審査を裁判官室のような非公開の部屋で行おうというものである。審査会の委員は，非公開で直接に開示請求の対象となっている行政文書を見ることができるから，開示・不開示の判断を的確に行うことができ，審査会の判断はより説得力を増すのである。

　ただし，このようなイン・カメラ審理は，残念ながら行政事件訴訟法にもとづく抗告訴訟では認められていない。これは，不利益を受けうる当事者の一方に文書の内容を見せずに審理・判断するのは，裁判の公開の原則（憲法82条）や適正手続の原則（憲法31条）に反しかねないからである。しかし，民事訴訟法は，文書提出命令の申立てに係る文書について，イン・カメラ審理を導入している（民訴法223条6項）。よって，法律に特別の規定を設ければ，この場合にもイン・カメラ審理を導入することは十分に可能であろう。

第3節　個人情報保護法

1　個人情報保護制度が必要とされる理由

　ここでも，そもそもなぜ個人情報保護制度が必要とされるのか，その理由について，憲法の観点から考えてみたい。これまで繰り返し述べているように，現代は高度情報社会であり，行政には国民の個人情報が膨大に蓄積されている。例えば，市役所へ行って戸籍や住民票をみれば，その人がいつ誰から生まれ，これまでどこに住んでいたかがすぐにわかる。また，税務署へ行けば，その人の年収もわかるし，市の健康診断を定期的に受けている人であれば，市の健康管理センターに身体や健康状態に関するデータが蓄積されているであろう。そのなかには，きわめて個人的な情報も多く，絶対に人に知

られたくない情報も少なくない。そのような情報がたやすく外部に流出する
ならば，健全な市民生活はもはや送りえないであろう。行政の保有する情報
については，その収集・管理・使用を適正化する必要があるのである。そこ
で，それを実現すべく，憲法13条後段の幸福追求権を根拠に，いわゆる"自
己情報コントロール権"を新しい人権として認める考え方が有力となってい
る。この点，自己情報コントロール権とは，①自己の管理下にある自己情報
の収集・利用・伝達をコントロールする権利と，②他者（特に行政）の管理
下にある自己情報について，自己への開示・訂正・削除・秘匿を求める権利
を含む概念と考えられている。行政機関において個人情報保護制度が法定さ
れたのは，まさにこの自己情報コントロール権を実現するためなのである。

　例えば，佐藤幸治が「個人が道徳的自律の存在として，自ら善であると判
断する目的を追求して，他者とコミュニケートし，自己の存在にかかわる情
報を開示する範囲を選択できる権利」を内容とする自己情報コントロール権
を提唱していることは特に注目に値する。この点，自己情報コントロール権
を憲法上の人権であると明言した最高裁判決はまだないが，個人が自己に関
する情報をコントロールできることの重要性は最高裁判決でもその前提に
なっている。また，大阪府個人情報保護条例は，その前文で「情報・通信技
術の飛躍的発展がもたらす高度情報化社会においては，個人が自己に関する
情報を自ら実効的にコントロールできるようにすることが必要である。この
ような理解のもとに，広く個人情報の保護を図り，個人の尊厳を基調とする
高度情報化社会の実現を目指し，この条例を制定する」として，自己情報コ
ントロール権の必要性を明示している。現代の高度情報社会の下では，やは
り憲法13条後段の幸福追求権を根拠に，自己情報コントロール権を新しい人
権として明確に認めるべきであろう。

2　法律の概要

　個人情報の保護についての法としては，プライバシー権（憲法13条の幸福追
求権で保障）の権利意識の高まりから，すでに1988（昭和63）年に行政機関が

個人情報を適正に管理する必要性が主張され，「行政機関の保有する電子計算機処理に係る個人情報の保護に関する法律」が制定されるとともに，それにあわせて各地の地方公共団体でも個人情報保護条例がつくられていた。さらに，高度情報社会の進展により，個人情報保護の問題を単なるプライバシー権としてではなくより広く自己情報コントロール権ととらえてその保護を徹底していくことが志向された。この点，現在では法整備が進み，①個人情報の保護に関する法律（2003［平成15］年施行），②行政機関の保有する個人情報の保護に関する法律，③独立行政法人等の保有する個人情報の保護に関する法律（いずれも2005［平成17］年施行）が制定されている。②は1988年法を全面改正したものである。そして，救済機関を定めた④情報公開・個人情報保護審査会設置法が存在していることは前述した通りである。各地方公共団体が制定している個人情報保護条例（例えば，群馬県個人情報保護条例や前橋市個人情報保護条例）は，行政機関個人情報保護法とほぼ同内容である。具体的な内容としては，①保護される情報，②不開示情報，③第三者に関する情報，④救済制度（イン・カメラ審理）等が規定されるのが通例である。以下，項をあらためて，行政機関個人情報保護法を例にして，これらの点につき検討していくことにする。

3　法律の具体的な内容

　行政機関個人情報保護法はその1条において，その目的が「行政機関において個人情報の利用が拡大していることに鑑み，行政機関における個人情報の取扱いに関する基本的事項及び行政機関非識別加工情報（行政機関非識別加工情報ファイルを構成するものに限る。）の提供に関する事項を定めることにより，行政の適正かつ円滑な運営を図り，並びに個人情報の適正かつ効果的な活用が新たな産業の創出並びに活力ある経済社会及び豊かな国民生活の実現に資するものであることその他の個人情報の有用性に配慮しつつ，個人の権利利益を保護すること」にある点を明示している。ここにいう「個人の権利利益」のなかに「個人が自己の情報をコントロールする利益」を読み取るこ

とができよう。また，「行政機関非識別加工情報」とは，個人情報の保護を図りつつ，パーソナルデータの適正かつ効果的な利活用を積極的に推進することを目的に，2016（平成28）年の行政機関個人情報保護法の改正により設けられた制度であるが，詳細はのちに項をあらためて論じる。

(1) 保護される情報

本法において，「行政機関」とは，内閣の下で行政権を行使するすべての国の行政機関，および会計検査院をいう（2条1項）。また，「個人情報」とは，生存する個人に関する情報であって，①当該情報に含まれる氏名，生年月日その他の記述等により特定の個人を識別することができるもの，および，②個人識別符号が含まれるものをいう（2条2項）。この点，「生存する個人」が要件になっているので，生きている自然人の情報が対象となる。

(2) 保護の態様

①個人情報を扱う行政機関に一定の義務を課すことと，②当該個人情報の本人に自己の情報をコントロールする権利を保障することにより，情報の保護を図っている。まず，①については，行政機関に，㋐利用目的を特定する義務（3条），㋑利用目的を明示する義務（4条），㋒個人情報を過去や現在の事実と合致させる努力義務（5条），㋓個人情報の適切な管理のために必要な措置を講じる義務（6条），㋔個人情報を利用目的外に自ら利用や提供をしてはならない義務（8条）等を課している。そして，②については，「第4章　開示，訂正及び利用停止」に規定されている。具体的には，本人に㋐情報開示請求権（12条以下），㋑情報訂正請求権（追加請求や削除請求を含む。27条以下），㋒情報利用停止請求権（消去請求や提供停止請求を含む。36条以下）等を保障している。

(3) 不開示情報

行政機関情報公開法と同様に，不開示情報の規定がある（14条）。すなわち，自己の個人情報であっても開示されない場合である。まず，①個人情報（1号，2号）である。開示請求者の生命や健康，生活または財産を害するおそれがある情報は不開示とされる。また，開示請求者以外の個人に関する情

報であって，開示請求者以外の特定の個人を識別することができる情報や，開示することにより開示請求者以外の個人の権利利益を害するおそれがある情報は不開示とされる。つぎに，②法人情報（3号）である。法人や開示請求者以外の事業者の事業に関する情報であって，開示することにより，法人や事業者個人の権利，競争上の地位その他，正当な利益を害するおそれがある情報は不開示とされる。さらに，③国の安全や信頼，公共の安全や秩序に関する情報（4号，5号）と，④行政の意思決定過程や運営・執行に関する情報（6号，7号）がある。ただし，行政機関の長は，不開示情報が含まれている場合であっても，個人の権利利益を保護するため特に必要があると認めるときは，開示請求者に対し，個人情報を開示することができる（16条，裁量的開示の制度）。

　(4)　第三者に関する情報

　情報開示請求の対象となった個人情報に第三者に関する情報が含まれている場合，第三者を保護するために意見書の制度が採用されていること（23条），また，救済機関として「情報公開・個人情報保護審査会」が設置され，救済制度としてイン・カメラ審理が導入されていることは，行政機関情報公開法と同様である（同審査会設置法9条1項）。

　(5)　「行政機関非識別加工情報」の制度

　この制度は，個人情報の適正かつ効果的な活用が新たな産業の創出，活力ある経済社会や豊かな国民生活の実現に資するものであることを踏まえ，行政の事務や事業の適正かつ円滑な運営，個人の権利利益の保護に支障がない範囲内において，行政機関の保有する個人情報を加工して作成する非識別加工情報を事業の用に供しようとする者に提供する仕組みをいう。前述したように，2016（平成28）年の行政機関個人情報保護法の改正で設けられた。また，2015（平成27）年の個人情報保護法の改正においても，「匿名加工情報」という同様の制度が設けられている。これらの制度は，要するに個人が識別できず匿名性が保たれるように加工した情報を社会の中で経済の発展や国民生活の向上に積極的に活かしていこうとするものである。この点，個人情報

の保護を図りつつ，適正かつ効果的な情報の利活用を実現することは，高度情報社会における一つの大きなテーマであろう。

【設　問】

(1) 現代の高度情報社会がもたらす人権問題を2,3あげて，その原因と対策を考えてみなさい。

(2) 日本の情報公開制度と諸外国の情報公開制度の異同を論じなさい。

(3) 個人情報の保護を徹底するために，もっとも必要なものは何か。

参考文献

石川敏行ほか『はじめての行政法』(有斐閣，2018年)

磯部力『新訂行政法』(NHK出版，2012年)

稲葉馨『行政法と市民』(NHK出版，2006年)

宇賀克也『新・情報公開法の逐条解説（第5版)』(有斐閣，2010年)

村上英明・小原清信編『新・なるほど公法入門』(法律文化社，2012年)

（藤井正希）

第**14**講　行政不服審査法

本講の内容のあらまし

　行政庁による行政行為（行政処分）を争う場合に行政訴訟と行政上の不服申立てがあり，前者は司法機関に訴えるものであり，後者は行政機関に訴えるものである。行政不服審査法は後者を規律している。行政上の不服申立ては当・不当の問題まで扱うことができ，安価に，また時間も短く解決しやすい点で利用しやすい。

　行政不服審査法は2014（平成26）年に全部改正された。最も重要であることは異議申立てが廃止され審査請求に原則一元化されたことである。

　行政訴訟と行政上の不服申立てと選択肢が用意され，2014（平成26）年の行政不服審査法の全部改正により，行政不服申立て制度は公正性と利便性が高まったといえる。

第1節　はじめに

1　行政不服申立てと行政訴訟

　私人が行政行為（「行政行為」は学問上の用語であり，法令上は事実行為を含めた「行政処分」が使用される）を含む行政作用に対し不満がある場合に，行政救済を求める方法として大きく二とおりある。行政行為そのものを争う行政争訟と，行政作用によって生じた被害を金銭で償ってもらう国家補償である。さらに前者の中に，私人が行政の処分に対して訂正等を求める場合の方法として二とおりある。ひとつは処分を行った行政庁あるいはその上級官庁に不服申立てを行う行政上の不服申立てであり，今ひとつは裁判所に行政庁を被告

として訴訟を起こす場合である行政訴訟（行政事件訴訟）である。行政上の不服申立ては行政不服審査法に規定され，行政訴訟は行政事件訴訟法に規定されている。本講は前者に焦点を当てたものである。

　本節において，行政上の不服申立てを概観し，第2節以下で手続についてみていく。

2　行政不服審査法の沿革

　行政不服審査法（1962（昭和37）年）とは，行政活動について国民から行政機関に対して不服を申し立てる手続である行政不服審査の一般法である。その前身は1890（明治23）年の訴願法であったが，訴願法は制定後すぐの段階からその不備が指摘されていた。理由としては第一に，概括主義を採用せずに限定しすぎた列記主義を採用していたこと。第二に，他の法律で特則を定めることが多かったこと。第三に，書面審査主義が採られ，口頭審問をするかどうかは行政庁の裁量に委ねられていたこと（同法13条），等々である。

　1962（昭和37）年に訴願法の廃止により，行政不服審査法が制定された。行政不服審査法もさまざまな問題をもっており，2004（平成16）年の行政事件訴訟法の改正に伴い初めて実質的意味における改正を経験することになった（執行停止の要件の緩和および職権による教示を書面で行うことの義務付けの2点）。2014（平成26）年に行政不服審査法が全部改正され（施行日は，公布から2年以内に政令で定める日とされ），2016（平成28）年4月1日に全面施行された（改正点については下記で取り扱う）。

3　行政不服申立ての長所と短所

　行政不服審査法は「国民の権利利益の救済を図るとともに，行政の適正な運営を確保する」と目的を規定する（同法1条1項）。すなわち，行政救済と行政統制が目的である。長所はその目的と深く結びつくものである。行政上の不服申立ての長所としては，以下の4点である。

　第一に，行政訴訟と比較して簡易迅速な救済が得られることである。裁判

であると，比較的長期化しやすい傾向があるのに対して，行政府への不服申立てはそうではない。

　第二に，行政上の不服申立ては当該行政行為の適法・違法のみならず，行政裁量の行使の当・不当について審理ができる。申立てがしやすいといえる。

　第三に，行政機関にとっても行政不服申立ては簡易迅速に行政の改善と統一性の確保を図る契機となる。当該処分について自らチェックし，自己統制の機会となる。

　最後に第四として，司法機関にとっても，量的面において，行政上の不服申立てが司法過程に移行する紛争を減少させているのみならず，たとえ，行政上の不服申立ての結果示された判断に私人が納得せずに訴訟を提起する場合においても，行政上の不服申立ての審理を通じて行政過程において論点が集約され明確化されることは，司法審査にとり有益である。

　このように，行政上の不服申立ては，私人，行政機関，そして司法機関といずれにとっても利益になるといえる。

　一方，行政上の不服申立ての短所は，行政訴訟と比較すると，中立性の希薄さが問題である。また，迅速でない場合もあり，反対に，迅速であるということは慎重さが欠如していることになる可能性がある。さらに，裁判における偽証罪のようなものはないため，調査能力に限界がある。

4　行政不服申立制度の主なポイント

(1)　概括主義

　行政不服審査法は，原則として，概括主義を採用している（かつての訴願法は列記主義を採用していた）。

　しかし，かなり広範な適用除外を認めている（同法 7 条）。また，個別の法律で適用除外もある（たとえば，行政手続法27条，破壊活動防止法36条の 3 ）。同条 1 項12号に掲げられている行政不服審査法に基づく処分とは，たとえば，鑑定要求（同法34条），物件提出要求（同法33条），物件閲覧請求拒否処分（同法38

条1項），裁決（同法44条），決定（同法58条，59条）を意味する。これらについ
ては，同法による審査請求を認めることが適当でないと考えられたにとどま
り，およそ行政上の不服申立てを認めるべきではないという趣旨ではないか
ら，別に法令で当該処分の性質に応じた不服申立ての制度を設けることを妨
げないとされる（同法8条）。

(2) 自由選択主義

　行政不服審査法は，原則として，行政上の不服申立てに対する裁決等を経
ることなく，直ちに訴訟（すなわち裁判所に訴える）を提起することも認める自
由選択主義が採用されている（行政事件訴訟法8条1項前段による。かつての訴願
法は前置主義を採用していた）。訴訟の場合は違法な行政行為に限定されるが，
行政上の不服申立ては不当なものも対象となる。

　しかし，個別法において，不服申立前置主義を採用することは可能であり
（行政事件訴訟法8条1項ただし書），その例は少なくない（国家公務員法92条の2
等）。2014（平成26）年6月6日に成立した行政不服審査法整備法により，個
別の法律により定められていた不服申立前置の見直しが行われ，不服申立前
置を定めていた96の法律のうち68の法律において不服申立前置が廃止または
縮小された（21の法律では一部廃止）。また，訴訟提起前に不服申立てに対する
裁決等を2回経なければならないとする二重前置は全廃された。さらに，再
審査請求に対する裁決を経なければ取消訴訟を提起することができないとす
る再審査請求前置規定も全廃された。これは憲法32条の裁判を受ける権利を
侵害するとの批判を受けての対応である。

(3) 行政救済重視

　行政不服審査法は，1条1項において，目的等につき「国民の権利利益の
救済を図るとともに，行政の適正な運営を確保する」と規定しており，行政
救済（国民の権利利益の救済）と行政統制（行政の適正な運営の確保）をともに目
的として明記している。しかし，不利益変更の禁止を明記する等（同法48
条），行政救済を重視しているといえるが，議論もある。

（4）条例との関係

　行政不服審査法は，法律に基づく処分のみならず，条例に基づく処分にも適用される。この点は，行政事件訴訟法も同様である（一律適用型）。確かに行政不服審査法には明文規定はないが，法律に基づくものであれ条例に基づくものであれ，処分に対して一律に最低限度の救済を保障しようとする趣旨であると解されるため，法律で保護された手続を条例で制限することはできない。他方，条例において，行政不服審査法が定める手続的保障に上乗せすることを同法が禁じているとは解されない（上乗せ条例は可能）。

第2節　不服申立ての類型

1　審査請求への原則一元化

　行政不服審査法は審査請求（同法2条，3条），再調査の請求（同法5条），再審査請求（同法6条）を定める。審査請求が原則で，再調査の請求と再審査請求は個別法に特に定めがある場合に限定されており例外である。従前は処分庁に対する異議申立てと処分庁以外の審査庁に対する審査請求が基本的な不服申立類型であり，再審査請求が例外的に認められていたが，2014（平成26）年改正法は異議申立ての類型を廃止し，処分庁に対する不服申立ても基本的に審査請求とすることとされ，不服申立類型の原則一元化を図った。審査請求は処分庁または不作為庁の最上級行政庁である審査庁に対して不服を申し立てる。処分庁または不作為庁に上級行政庁がない場合には当該処分庁または当該不作為庁になる（同法4条）。同条の規定は上級行政庁がない場合，処分庁等に対してとなっている。

2　再調査の請求

　再調査の請求とは，処分庁以外の行政庁に対して審査請求をすることができる場合において，法律で特に定める場合に例外的に処分庁に対して簡易な手続で処分の見直しを求める再調査の請求というものである（行政不服審査法

5条）。これは新設されたものであり，審査請求より簡易迅速な対応が可能である。たとえば，国税などのように処分が大量に行われたり，単に処分要件の事実認定のみが争われる場合，行政側の負担の軽減だけでなく，国民の側にとっても簡易迅速な救済が可能である。再調査の請求を認める法律は，国税通則法，関税法，とん税法，特別とん税法，公害健康被害の補償等に関する法律に基づく一部の処分に限られている。

3　審査請求と再調査の請求との関係

　2014（平成26）年改正前の行政不服審査法20条においては，審査請求は，異議申立てをすることができるときは，異議申立てについての決定を経た後でなければできないのが原則であった（異議申立前置主義といった）。しかし，2014（平成26）年改正行政不服審査法においては，審査請求をすることができる場合において，さらに法律（個別法）に再調査の請求をすることができる旨の定めがあるときは，当該処分に不服がある者は，審査請求と再調査の請求を選択することができる。しかし，当該処分について審査請求をしたときは，再調査の請求をすることはできず（同法5条1項ただし書），当該処分についての再調査の請求を行ったときは，当該再調査の請求に対する決定を経た後でなければ，審査請求をすることができないのが原則である（同条2項）。再調査の請求は，当該処分の処分庁が行うため，審査員による審理はない。したがってそこにおける弁明書の提出等もないということになる。

4　不作為についての審査請求

　不作為とは，行政庁が法令に基づく申請に対し，何らの処分もしないことをいう（行政不服審査法3条）。「法令に基づく申請」に対してのみ，不作為についての審査請求が認められるということである。不作為には条例に基づくものも含まれる。「法令に基づく申請」とは，当該私人に申請権が付与されており，申請を受けた行政庁が，許諾の応答をすることを義務づけられているものを意味する。すなわち，ここでいう「申請」とは行政手続法2条3号

に定義されているように，「法令に基づき，行政庁の許可，認可，免許その他の自己に対し何らかの利益を付与する処分（以下「許認可等」という。）を求める行為であって，当該行為に対して行政庁が諾否の応答をすべきこととされているものをいう」。不作為についての審査請求をすることができるのは，実際に法令に基づき行政庁に対して当該不作為にかかる処分についての申請した者である（行政不服審査法 3 条）。

　行政不服審査法が全部改正されたことにより，不作為についての審査請求制度は，単に早期の処分を促すのみならず，紛争の一回的解決を図る観点から，法令に基づく申請を認容するか否かを判断する制度として再構成された。すなわち，不作為についての審査請求が不適法である場合には却下裁決となる（同法49条 1 項）。審査請求が適法であり，不作為が違法または不当でない場合には棄却裁決である（同条 2 項）。不作為が違法または不当である場合には，審査庁は，当該不作為が違法または不当である旨を宣言するが，この場合において，当該申請に対して一定の処分をすべきものと認めるときは，①不作為庁の上級行政庁である審査庁は，当該不作為庁に対して，当該処分をすべき旨を命じ，②不作為庁である審査庁は，当該処分をするという措置をとることとされた（同条 3 項）。すなわち，不作為についての審査請求は，行政事件訴訟法における申請型義務付け訴訟に対応するものに性格が変化したといわれる。

5　再審査請求

　再審査請求をすることができるのは，法律に再審査請求をすることができる旨の定めがあるときのみである（行政不服審査法 6 条 1 項）。もし審査請求の裁決になお不服があれば，重ねて行政上の不服申立てをするよりも裁判所に救済を求めるほうが適切である。そこで，行政不服審査法において行政上の不服申立ては原則として一審制で足りるという考えが基本とされ，再審査請求を認めて二審制を採用するのは，法律に特別の定めがあるときに限られる。この場合には，当該法律に定める行政庁に再審査請求をすることにな

る。不作為については再審査請求の対象にならない。手続は審査請求と同じになる。そのため審査員による審理をもう1回行うことになる。なお，「原裁決（再審査請求をすることができる処分についての審査請求の裁決をいう。以下同じ。）又は当該処分（以下『原裁決等』という。）を対象として」とあり，二審制とはいっても，審査請求の裁決を争うか，原処分を争うかを選択できる（同法6条2項）。

第3節　不服申立ての要件

1　不服申立ての対象

　行政不服審査法は概括主義を採用している。しかし，広範な適用除外を認めている（同法7条）。適用除外は本法律での不服申立の適用除外というだけで他の法律では可能である。概括主義を採用しているため，対象はやや不明瞭である。行政不服審査法は行政作用全般について行政過程における不服申立てを認めたものではなく，「処分その他公権力の行使」（同法1条）に対する不服申立てのみを対象としている。そのため，行政立法は一般的には「処分その他公権力の行使」に該当せず，また国有財産貸付契約の解除も，「処分その他公権力の行使」に該当せず，本法に基づく不服申立ての対象にはならないと見なされる。「公権力の行使」の中には，不作為についての審査請求も含まれる。本条でいうところの「処分」には，公権力の行使に当たる事実上の行為が含まれる。

2　不服申立てを行いうる者

　不服申立てを行うことができる一般的資格（訴訟の当事者能力に対応するもの）を不服申立資格という。行政不服審査法は，「国民が……行政庁に対する不服申立てをすることができるための制度を定める」（同法1条1項）ものである。とくに要件を定めていない。本条において「国民」という言葉が使用されているが，これは外国人を排除する趣旨ではない（日本国籍保持者に限定され

ず，「住民」の意味に近い。以下同じ。）。この点，行政手続法 1 条 1 項の「国民」と同様である。また，自然人に限定されず，法人も含み，法人でない社団または財団であっても，代表者または管理人の定めがあるものは，その名で不服申立てをすることができる（同法10条）。

　行政不服審査法において，この法律の対象とされている処分に対して，誰でも認められるというわけではなく，一定の資格が必要である。行政不服審査法は，「行政庁の処分に不服がある者」は審査請求をすることができる（同法 2 条）とする。これは，具体的事件ごとに不服申立てを行う資格のこと，すなわち不服申立適格を有する者のみにて不服申立てを認める趣旨と解される。それは，行政不服審査法が主観訴訟，すなわち私人の権利利益にかかわる紛争を解決するためのものであるからである。不服申立適格については，行政事件訴訟法 9 条が定める取消訴訟の原告適格と同一であるとする説と，行政事件訴訟法 9 条との文言の相違，行政不服審査法が「行政の適正な運営を確保すること」をも目的としていることに照らして原告適格よりも広い説が対立している。主婦連ジュース事件の判例は「法律上の利益がある者」と解し，取消訴訟の原告適格と同一であるとする説すなわち「法律上保護された利益」説を採用している（最判昭和53年 3 月14日民集32巻 2 号211頁）。

3　不服申立期間

　不服申立期間は，長期でも短期でもない必要がある。審査請求期間は，処分があったことを知った日の翌日から起算して 3 か月以内（当該処分について再調査の請求をしたときは，当該再調査の請求についての決定があったことを知った日の翌日から起算して 1 か月以内）にしなければならない（同法18条 1 項本文）。これが主観的審査請求期間である。2014（平成26）年改正前の行政不服審査法においては，主観的審査請求期間は，処分があったことを知った日の翌日から起算して60日であった。

　処分の名あて人以外の第三者の場合，諸般の事情から，当該第三者の処分があったことを了知したものと推知できるときは，その日を「処分があった

ことを知った日」とし，その翌日を当該第三者の審査請求期間の起算日とすることができる（最判平成5年12月17日民集47巻10号5530頁）。また，都市計画事業の認可のように，処分が個別の通知ではなく告示をもって多数の関係権利者等に画一的に告知される場合には，そのような告知方法がとられている趣旨にかんがみて，「処分があったことを知った日」というのは，告示があった日であるとするのが最高裁の立場である（最判平成14年10月24日民集56巻8号1903頁）。

　審査請求は，処分（当該処分について再調査の請求をしたときは，当該再調査の請求についての決定）があった日の翌日から起算して1年を経過したときはすることができない。この1年の期間は処分があったことを知ったか否かに関わりなく進行する客観的審査請求期間である。いずれも正当な理由があれば，例外として認められる（同法18条2項）。

　なお，不作為の審査請求については，審査請求期間がない。不作為が続く限り審査請求が可能である。また，再調査の請求について主観的請求期間は3ヶ月以内，客観的請求期間は1年以内である（同法54条）。再審査請求は主観的請求期間は1ヶ月以内，客観的請求期間は1年以内である（同法62条）。いずれも起算は審査請求と同じ考え方である。

4　（狭義の）不服申立ての利益

　行政不服審査法に基づく不服申立ては主観争訟である。不服申立人の権利利益の救済に資する限りにおいて認められるため，処分の効果が消滅する等，事情の変化により不服申立ての利益が失われた場合には，実体審理は不要となり却下されることになる。

第4節　不服申立ての審理手続き

1　手続の開始

　行政不服審査は，行政庁の処分その他公権力の行使に不服を有する者によ

る不服申立てにより開始される（同法19条）。書面によることが原則となっている。不服申立てなしに職権で審理が開始されることはない。行政不服審査による紛争解決を選択するか否かを当事者の自由な意思に委ねる処分権主義を採用している。審査庁と処分庁・不作為庁が異なる場合には，処分庁等を経由する審査請求とすることができる（同法21条）。

　不服申立ては，代理人によってすることができ（同法12条，61条，66条1項），多数人が共同して不服申立てをしようとするときには3人を超えない総代を互選できる旨の規定が置かれている（同法11条1項）。総代，代理人の資格は書面で証明しなければならない（同法施行令3条1項）。利害関係者である参加人（同法13条），補佐人（専門知識を有する者）（同法31条3項）も認められている。

　審査請求書が提出されると，まず当該請求が適法か否かの審理（要件審理または本案前審理）が行われ，法定された事項が記載されていない場合には，不適法な審理請求になる。要件を充たさない場合，すぐに却下するべきかどうかは立法政策の考慮を要するが，この点に関して補正という制度がある（同法23条）。この場合，審査庁は記載漏れ，必要な書類の添付漏れ等，補正が可能は場合には補正を命じなければならない。補正を命じるのは審査庁の義務であるため，命じない場合は違法である。補正がされれば，不服申立ての提出時点から適法な不服申立てがあった扱いになる。

2　本案審理

　審査請求の審理は，かつての訴願法（同法13条本文）と同様，書面によることを原則としている。審理員は審査庁の職員であり，審査庁から指名されたときは，直ちに，審理請求書または審査請求録取書の写しを処分庁等に送付し，相当の期間を定めて，審査庁に対し，弁明書の提出を求めるものとされている（行政不服審査法29条1項，同条2項）。その後，提出された弁明書を審理員は審査請求人と参加人に送付しなければならない（同条5項）。審査請求人は，弁明書の副本の送付を受けたときは，これに対する反論書を提出するこ

とができる（同法30条1項前段）。

　審査請求人または参加人の申立てがあったときは，審理員は申立人に口頭で意見を述べる機会を与えなければならない（同法31条1項）。

　審査請求人は証拠書類又は証拠物を提出することができ，処分庁等は，当該処分の理由となった事実を証する書類その他の物件を審理員に提出することができる（同法32条2項）。

　審査請求人または参加人は，審理員に対し，提出書類等の閲覧または写しの交付を求めることができる（同法38条1項。謄写・閲覧請求権）。

　行政不服審査法は，執行不停止原則を選択している（同法25条1項。再調査の請求の場合も同法61条で準用）。行政事件訴訟法25条1項における取消訴訟の場合と同様である。いずれも原則，執行不停止，例外的に執行停止ということである。あくまで例外的に執行停止が認められる。これは審査請求人による執行停止の申立てに基づいて行われるという義務的執行停止もあるし，処分庁の上級行政庁または処分庁である審査庁は，職権により執行停止をするという裁量的執行停止もできる（同条2項。再調査の請求の場合も61条で準用。）

3　手続きの終了

　審査請求は裁決により終了する。審査請求の場合，審査庁により示される最終的な裁断を裁決という（行政不服審査法44条）。同様に再審査請求に対する最終的判断も裁決と呼ばれる（同法64条）。これに対して，再調査の請求の場合，処分庁により示される最終的な裁断を決定という（同法58条，59条）

　また，裁決において審査請求，再調査の請求，再審査請求が不適法な場合になされるのが却下裁決（同法45条1項，49条1項，64条1項）または却下決定（同法58条1項）である。

　適法な審査請求，再調査の請求，再審査請求ではあるが，本案審理の結果，請求に理由がないとされた場合になされるのが棄却裁決（同法45条2項，49条2項，64条2項）または棄却決定（同法58条2項）である。処分が違法または不当であるが，公の利益に著しい障害が生じる場合において，当該処分を

するのがこれが事情裁決である（同法45条3項，64条4項）。しかし，再調査の請求の場合には事情決定は認められない。

　本案審理の結果，請求に理由があるとされた場合になされるのが認容裁決または認容決定である。

4　教　示

　教示とは処分される対象である国民などに対して行政不服審査による救済があることを知らせる制度である。行政不服審査法の規定が適用される場合に限らず，他の法律に基づく不服申立てにも適用されるため，一般的教示制度と呼ばれている。

　処分庁は処分の相手方に対して①当該処分について不服申立てができる旨，②不服申立てをすべき行政庁，③不服申立てができる期間を書面で教示しなければならない（同法82条1項）。

　利害関係人から，当該処分が不服申立てをすることができる処分であるかどうかならびに当該処分が不服申立てをすることができる期間につき教示を求められたときは，行政庁は，当該事項を教示する義務を負う（同条2項）。

5　情報の提供

　2014（平成26）年改正行政不服審査法では，不服申立てにつき裁決等をする権限を有する行政庁に情報提供の努力義務を課している（同法84条）。

6　裁決等の内容の公表

　2014（平成26）年改正行政不服審査法では不服申立てにつき裁決等をする権限を有する行政庁に，当該行政庁がした裁決等の内容を公表する努力義務を課している（同法85条）。

第5節　行政不服審査法の意義

　通常，紛争は裁判で解決される。しかし，行政行為については裁判によることなく，行政行為を行った行政庁に対して再考を求める行政不服申立ての制度があり，行政不服審査法の規定による。

　裁判である行政訴訟であると，中立的な第三者機関である裁判官が判断することになり公正性が担保できる。反面，莫大な費用と時間を費やさなければならない。また，適法・違法しか争えない。一方，行政不服申立てであると，行政主体内部の審査庁に請求するため，裁判所に訴えるより，中立性が担保できないという疑念が拭えない反面，ほぼ無料で比較的短い時間で行政行為の見直しができる。また，適法・違法のみならず当・不当の問題まで扱うことが可能である。一長一短である。

　しかし，2014（平成26）年の行政不服審査法の全部改正により，行政不服申立て制度は公正性と利便性が高まったといえる。

【設　問】

(1) 行政上の不服申立てのメリットとデメリットは何か。

(2) 行政不服審査法における3類型は相互にどのような関係にあるか。

(3) 2014（平成26）年の行政不服審査法の改正ポイントは何か。

参考文献

藤田宙靖『行政法 I （総論）（第4版改訂版）』（青林書院，2005年）

藤井俊夫『行政法総論（第5版）』（成文堂，2010年）

高木光ほか『行政救済法（第2版）』（弘文堂，2015年）

神橋一彦『行政救済法（第2版）』（信山社，2016年）

橋本博之『現代行政法』（岩波書店，2017年）

宇賀克也『行政法（第2版）』（有斐閣，2018年）

塩野宏『行政法 II （第6版）』（有斐閣，2019年）

櫻井敬子・橋本博之『行政法（第 6 版)』（弘文堂，2019年）
宇賀克也『行政法概説Ⅱ（第 7 版)』（有斐閣，2020年）
橋本博之『行政判例ノート（第 4 版)』（弘文堂，2020年）
宇賀克也『行政法概説Ⅰ（第 7 版)』（有斐閣，2021年）

（岡田大助）

第**15**講　抗告訴訟(1)——取消訴訟

┌─**本講の内容のあらまし**─
　行訴法 3 条は，抗告訴訟について，①処分の取消しの訴え，②裁決の取消しの訴え，③無効等確認の訴え，④不作為の違法確認の訴え，⑤義務付けの訴え，⑥差止めの訴えの 6 類型を定めている。このうち，①と②をあわせて取消訴訟という。本講では，特に重要であるとされる①処分の取消訴訟を中心に概観する。第 1 節の取消訴訟の提起では，取消訴訟の訴訟要件について説明する。ここでとりあげる 7 つの訴訟要件のなかでも処分性と原告適格は，特に重要なテーマである。第 2 節の取消訴訟の本案審理では，審理の範囲，違法性判断の基準時，訴訟参加，職権証拠調べ，釈明処分の特則，立証責任などについて，第 3 節の取消訴訟の終了では，判決の種類，判決の効力などについて説明する。

第 1 節　取消訴訟の提起

1　訴訟要件とは

　取消訴訟の審理は，二段階になっている。取消訴訟が提起されると，裁判所は，第一段階として，訴えが訴訟要件を満たしているかどうかを審理する。これを要件審理という。訴訟要件を満たしていない訴えは，不適法であるとして却下される。訴えが，訴訟要件のすべてを満たしていることが認められると，第二段階として，裁判所は，その訴えに理由があるかどうか（処分が違法であるかどうか）を審理する。これを本案審理という。

　以下では，取消訴訟の訴訟要件である（1）処分性，（2）原告適格，

（3）狭義の訴えの利益，（4）被告適格，（5）管轄裁判所，（6）審査請求前置，（7）出訴期間について説明する。

2 処分性

（1）取消訴訟の対象となる「処分」の意義

行訴法3条2項は，取消訴訟とは，「行政庁の処分その他公権力の行使に当たる行為の取消しを求める訴訟をいう」と規定している。したがって，取消訴訟の対象は，「行政庁の処分その他公権力の行使に当たる行為」（以下，「処分」という。）である。

取消訴訟の訴訟要件の審理では，しばしば，取消しが求められている行為が，取消訴訟の対象となる「処分」に当たるか否か，すなわち「処分性」が認められるか否かが争われる。

最高裁は，取消訴訟の対象となる「処分」とは，「公権力の主体たる国または公共団体が行う行為のうち，その行為によって，直接国民の権利義務を形成しまたはその範囲を確定することが法律上認められているもの」であるとしている（最判昭和39年10月29日民集18巻8号1809頁）。

上記最高裁判決などにより定式化された「処分」とは，（1）公権力の行使にあたる，（2）国民の権利義務を形成または確定する，（3）国民の権利義務に直接または具体的な法的効果を及ぼす，（4）法律の根拠がある，これら4つの要素をそなえたものであり，これは，講学上の行政行為の概念とほぼ一致すると考えられている。

この定式に従い，従来，最高裁は，処分性を厳格に解し，保険医に対する戒告（最判昭和38年6月4日民集17巻5号670頁），禁猟区設定行為（最判昭和40年11月19日判時340号24頁），土地区画整理事業計画（最大判昭和41年2月23日民集20巻2号271頁），成田新幹線工事実施計画の認可（最判昭和53年12月8日民集32巻9号1617頁）などの処分性を否定してきた。

このような判例状況に対して，国民の権利利益の実効的な救済を十分に確保するという観点から，処分性の拡大が主張されるようになった。

（2）判例による処分性の拡大

近年，最高裁は，従来の定式を柔軟に解し，処分性を拡大する傾向にある。土地区画整理事業計画の決定については，42年ぶりに判例を変更し，処分性を認めた（最大判平成20年9月10日民集62巻8号2029頁）。また，労災就学援護費の不支給決定（最判平成15年9月4日判時1841号89頁），病院の中止勧告（最判平成17年7月15日民集59巻6号1661頁），保育所廃止条例の制定行為（最判平成21年11月26日民集63巻9号2124頁）の処分性を認めた。これらの判例は，根拠法令のみならず，通達・要綱，その運用を含めて，実際に行われている手続全体の仕組みを捉え，行政庁の当該行為がどのような法的効果を及ぼすかを考察したうえで，処分性の有無を検討し，これを肯定したものと解される。

3　原告適格

（1）学説と判例

行訴法9条1項は，取消訴訟について「法律上の利益を有する者」に限り，提起することができると規定している。処分の相手方以外の第三者が処分の取消訴訟を提起する場合，しばしば，当該第三者の原告適格の有無が争われる。

「法律上の利益」の解釈をめぐっては，（1）法律上保護された利益説と（2）法律上保護に値する利益説がある。（1）法律上保護された利益説は，当該処分により自己の権利または法律上保護された利益を侵害されまたは侵害されるおそれがある場合に限り，取消訴訟を提起することができるとする説である。これに対し，（2）法律上保護に値する利益説は，事実上の利益でも，それが法的救済に値する利益であれば，これを侵害されまたは侵害されるおそれがあれば，取消訴訟を提起することができるとする説である。

最高裁は，「法律上の利益を有する者」とは，「当該処分により自己の権利若しくは法律上保護された利益を侵害され又は侵害されるおそれのある者」であるとして，基本的には，（1）法律上保護された利益説に立ち，実定法の規定を手がかりとして，競業者（最判昭和37年1月19日民集16巻1号57頁），競

願者（最判昭和43年12月24日民集22巻13号3254頁），保安林の指定が違法に解除さ
れたことにより自己の生活利益が害される一定範囲の地域に居住する住民
（最判昭和57年9月9日民集36巻9号1679頁），空港周辺住民（新潟空港訴訟最判平成
元年2月17日民集43巻2号56頁），原子炉周辺住民（高速増殖炉「もんじゅ」訴訟最判
平成4年9月22日民集46巻6号571頁），開発行為により生命・身体等に被害が直
接的に及ぶことが予想される地域住民（林地開発許処分取消請求事件 最判平成13
年3月13日民集55巻2号283頁），環境影響評価の対象地域内の住民（小田急線訴訟
最大判平成17年12月7日民集59巻10号2645頁）につき，原告適格を認めている。

　上記新潟空港訴訟最高裁判決は，行政事件訴訟法9条にいう「法律上の利
益を有する者」とは，「当該処分により自己の権利若しくは法律上保護され
た利益を侵害され又は必然的に侵害されるおそれがある者をいう」としたう
えで，当該処分を定めた行政法規が，不特定多数者の具体的利益をもっぱら
一般的公益の中に吸収解消させるにとどめず，それが帰属する個々人の個別
的利益としてもこれを保護すべきものとする趣旨を含むと解される場合に
は，そのような利益も法律上保護された利益に当たるとし，その判断は，
「当該行政法規及びそれと目的を共通する関係法規の関係規定によって形成
される法体系の中において，当該処分の根拠規定が，当該処分を通して右の
ような個々人の個別的利益をも保護すべきものとして位置付けられていると
みることができるかどうかによって決すべきである」と判示した。

　また，上記「もんじゅ」最高裁判決は，当該行政法規が個別的利益を保護
する趣旨を含むか否かは，「当該行政法規の趣旨・目的，当該行政法規が当
該処分を通して保護しようとしている利益の内容・性質等を考慮して判断」
すべきであると判示した。

　（2）行政事件訴訟法9条2項の追加とその意義

　2004（平成16）年の行政事件訴訟法の改正により，処分の相手方以外の第
三者の原告適格を判断する際の考慮事項が，行訴法9条2項に定められた。
行訴法9条2項は，裁判所は，第三者の原告適格を判断するに当たっては，
（1）当該処分の根拠となる法令の規定の文言のみによるべきでないこと，

（2）法令の趣旨・目的や処分において考慮されるべき利益の内容・性質を考慮すること，（3）法令の趣旨・目的を考慮するに当たっては，当該法令と目的を共通にする関係法令があるときはその趣旨・目的をも参酌すること，（4）当該利益の内容・性質を考慮するに当たっては，当該処分がその根拠となる法令に違反してされた場合に害されることとなる利益の内容・性質やこれが害される態様・程度をも勘案することを定めた。行政事件訴訟法の改正は，原告適格を拡張的に認めてきたこれまでの最高裁判例を明文化し，原告適格の拡大を図ったものである。

4　狭義の訴えの利益

原告適格の審理では，処分の取消訴訟を提起した者に原告となる資格があるのか否かという主観的な訴えの利益の有無が問題となるのに対し，狭義の訴えの利益の審理では，処分の取消判決によって回復される権利または法律上の利益が存在しているか否かという客観的な訴えの利益の有無が問題となる。

原告が取消しを求めているところの処分が，処分庁やその上級庁によってすでに取消されているなど，取消判決によって回復される権利または法律上の利益が存在していない場合，「訴えの利益」がないという理由で，その訴えは却下される。ここでいう「訴えの利益」は，「狭義の訴えの利益」または「訴えの客観的利益」を意味する。「広義の訴えの利益」には，原告適格も含まれており，これと区別するために「狭義の訴えの利益」という言葉が用いられている。

5　その他の訴訟要件

（1）被告適格

処分をした行政庁が国または公共団体に所属する場合には，処分の取消訴訟は，当該処分をした行政庁の所属する国または公共団体を被告として提起しなければならない（行訴法11条1項）。処分をした行政庁が国または公共団

体に所属しない場合には，取消訴訟は，当該行政庁を被告として提起しなければならない（同条2項）。

かつて抗告訴訟は，処分をした行政庁を被告として提起することとされていたが，訴訟手続を分かりやすくかつ利用しやすくするため，2004（平成16）年の行政事件訴訟法の改正により，国または公共団体を被告として提起することとなった。

(2) 管轄裁判所

取消訴訟は，原則として，被告の普通裁判籍の所在地を管轄する裁判所または処分をした行政庁の所在地を管轄する裁判所の管轄に属する（行訴法12条1項）。例外として，不動産または場所の所在地の裁判所（同条2項），事案の処理に当たった下級行政機関の所在地の裁判所（同条3項）にも，提起することができる。また，国または独立行政法人等を被告とする取消訴訟は，原告の普通裁判籍の所在地を管轄する高等裁判所の所在地を管轄する地方裁判所（特定管轄裁判所）にも提起することができる（同条4項）。

2004（平成16）年の行政事件訴訟法の改正前，取消訴訟の管轄裁判所は，原則として被告行政庁の所在地を管轄する裁判所とされていた。国に所属する行政庁は主務大臣であることが多く，その場合，国を被告とする訴訟は東京地方裁判所に提起しなければならず，それが地方在住の原告にとって大きな負担であることが指摘されていた。そこで，2004（平成16）年の行政事件訴訟法の改正により，原告の住所地に近い裁判所に訴訟提起できるよう管轄裁判所の拡大が図られた。

(3) 審査請求前置

行政不服審査法その他の法令により行政庁に対して不服申立てをすることができる場合には，不服申立てをしてもよいし，直ちに処分の取消訴訟を提起してもよい（行訴法8条1項）。これを自由選択主義という。ただし，課税処分のように，特に法律によって，不服申立てに対する裁決を経た後でなければ，訴えを提起することができないと定められている場合もある（税通115条）。行政事件訴訟法は，原則的には，自由選択主義を採用しているが，例

外的に審査請求前置を認めている。

（4）出訴期間

取消訴訟は，正当な理由がある場合を除き，原則として処分があったことを知った日から6か月（主観的期間）を経過したとき，または，処分の日から1年（客観的期間）を経過したときは，提起することができない（行訴法14条）。

6　仮の救済

（1）執行不停止の原則

行訴法25条1項は，「（取消訴訟の）提起は，処分の効力，処分の執行または手続の続行を妨げない」と規定している。これは，行政の円滑な執行を確保し，濫訴の弊害を防止するため，立法政策として執行不停止の原則を定めたものである。

もっとも，処分の執行等により重大な損害が生ずることを避けるため緊急の必要があると認められる場合には，裁判所は，申立てにより，決定をもって処分の執行等の停止をすることができる（行訴法25条2項）。ただし，執行停止は，「公共の福祉に重大な影響を及ぼすおそれがあるとき」または「本案について理由がないとみえるとき」は，することができない（行訴法25条4項）。

2004（平成16）年の行政事件訴訟法の改正前，執行停止の要件は，「回復の困難な損害を避けるため緊急の必要があるとき」と定められていた。法改正により，「回復の困難な損害」は，「重大な損害」に改められ，執行停止の要件が緩和された。また，裁判所は，「重大な損害」を生ずるか否かを判断するに当たっては，損害の回復の困難の程度を考慮するものとし，損害の性質・程度，処分の内容・性質をも勘案するものとされた（行訴法25条3項）。

（2）内閣総理大臣の異議

執行停止の申立てがあった場合には，内閣総理大臣は，裁判所に対し，異議を述べることができる（行訴法27条1項）。内閣総理大臣の異議があったときは，裁判所は，執行停止をすることができず，また，すでに執行停止の決

定をしているときは，これを取り消さなければならない（行訴法27条4項）。内閣総理大臣の異議には，理由を付さなければならない（行訴訟27条2項）。内閣総理大臣は，その理由のなかに，処分の効力を存続し，処分を執行し，または手続を続行しなければ，公共の福祉に重大な影響を及ぼすおそれのある事情を示さなければならない（行訴訟27条3項）。内閣総理大臣は，やむをえない場合でなければ，異議を述べてはならず，また，異議を述べたときは，国会にこれを報告しなければならない（行訴訟27条5項）。

（3）仮処分の排除

行政庁の処分その他公権力の行使に当たる行為については，民事保全法に規定する仮処分をすることができない（行訴法44条）。

第2節　取消訴訟の本案審理

1　本案審理の範囲

弁論主義とは，判決の基礎となる事実の収集は当事者の権能かつ責任であるとする主義であり，民事訴訟の基本原則の1つである。裁判所は，当事者が申し立てていない事項について，判決をすることができない（民訴246条）。行訴法も弁論主義を原則としている。

処分の取消訴訟の本案審理の対象（訴訟物）は，当該処分の違法性一般と解されている。行政庁の裁量処分については，裁量権の範囲を逸脱しまたはその濫用があつた場合に限り，裁判所は，その処分を取り消すことができる（行訴法30条）。

2　違法判断の基準時

行政庁が処分をした時点（処分時）と裁判所が判決をする時点（判決時。正確には口頭弁論終結時）との間に法令の改正や事実の変動があった場合，どちらの時点を基準として違法判断を行うべきだろうか。これについて，最高裁は，取消訴訟で裁判所が判断すべきことは係争の行政処分が違法に行われた

かどうかの点であると述べ，原則として処分時を基準とした（最判昭和27年 1 月25日民集 6 巻 1 号22頁）。

　もっとも，伊方原発訴訟最高裁判決（最判平成 4 年10月29日民集46巻 7 号1174頁）は，原子炉施設の安全性に関する行政庁の判断に不合理な点があるか否かは，処分当時の科学技術水準ではなく，「現在の科学技術水準に照らし」審査するとしている。

3　訴訟参加

　第三者が訴訟に参加することを一般に訴訟参加という。裁判所は，訴訟の結果により権利を害される第三者があるときは，その第三者を訴訟に参加させることができる（行訴法22条 1 項）。また，裁判所は，処分をした行政庁以外の行政庁を訴訟に参加させることが必要な場合，その行政庁を訴訟に参加させることができる（行訴法23条 1 項）。

4　処分理由の差替え

　取消訴訟の審理において，行政庁が処分時には考慮していなかった新たな事実および法律上の根拠を理由として処分が適法であると主張することはできるだろうか。処分理由の提示には，処分庁の恣意を抑制するとともに，処分の相手方の不服申立てに便宜を与えるという趣旨がある。処分理由の追加や差替えが認められると，その趣旨が損なわれるおそれがある。他方で，これを一切認めない場合，紛争の一回的解決が困難となる。判例は，原則として処分理由の差替えを認めている（最判昭和53年 9 月19日判時911号99頁）。

5　職権証拠調べ

　行訴法24条は，「裁判所は，必要があると認めるときは，職権で，証拠調べをすることができる。ただし，その証拠調べの結果について，当事者の意見をきかなければならない」と定めている。これを職権証拠調べという。行訴法24条が定める職権証拠調べは，当事者の主張する事実につき証拠が不十

分で心証が得られない場合に，補充的に証拠調べを職権で行うことを認めたものと解される（最判昭和28年12月24日民集7巻13号1604頁）。したがって，行政事件訴訟においては，裁判所が当事者の主張していない事実をも探索して判断の資料に供する，いわゆる職権探知は認められていない。

6　釈明処分の特則

2004（平成16）年の行政事件訴訟法の改正により，取消訴訟における審理の充実・促進を図るため，裁判所は，訴訟関係を明瞭にするため，必要があると認めるときは，被告または被告以外の行政庁に対し，（1）処分等の内容，（2）根拠法令，（3）処分等の原因となる事実，（4）処分等の理由を明らかにする資料の提出を求めることができることとされた（行訴法23条の2）。これは，行政庁の専門的・技術的判断や裁量判断をともなう処分について争われる取消訴訟においては，迅速かつ充実した審理のため行政庁が判断の根拠とした資料を早期に訴訟資料とすることが必要であることから，民訴法151条の釈明処分の特則として定められたものである。

7　立証責任

民事訴訟において，当事者は，それぞれ自己に有利な法律効果を発生させる要件事実について立証責任を負うとされる。裁判例は，行政事件訴訟においても，おおむね民事訴訟と同様に立証責任の分配をしている。おおよそ国民の権利を制限し，または義務を課す処分の要件事実は，行政庁が立証責任を負い，逆に国民に有利となる要件事実は，国民が立証責任を負うとするのが妥当であるとされている。

裁量処分の取消訴訟において，裁量権の逸脱または濫用がある場合には，処分は違法となるが，この場合，裁量権の逸脱または濫用にあたる事実については原告が立証責任を負うものとされる（最判昭和42年4月7日民集21巻3号572頁）。

伊方原発訴訟最高裁判決は，原子炉施設の安全性に関する被告行政庁の専

門技術的（裁量）判断の適否が争われる原子炉施設設置許可処分の取消訴訟においては，「被告行政庁がした右判断に不合理な点があることの主張，立証責任は，本来，原告が負うべきものと解される」とする。もっとも，本判決は，「当該原子炉施設の安全審査に関する資料をすべて被告行政庁の側が保持していることなどの点を考慮すると，被告行政庁の側において，まず……被告行政庁の判断に不合理な点のないことを相当の根拠，資料に基づき主張，立証する必要があり，被告行政庁が右主張，立証を尽くさない場合には，被告行政庁がした右判断に不合理な点があることが事実上推認される」と判示している（最判平成 4 年10月29日民集46巻 7 号1174頁）。

第 3 節　取消訴訟の終了

1　判決によらない訴訟の終了

　原告が訴えを取り下げた場合，訴訟は終了する。原告は判決が確定するまでいつでも訴えを取り下げることができる。判決の確定前であれば，終局判決後でも取り下げることができる。ただし，被告が「（訴え）本案について準備書面を提出し，弁論準備手続において申述をし，又は口頭弁論をした後」は，被告の同意を得る必要がある（民訴法261条 2 項）。

　訴訟は，一般に請求の放棄，認諾，和解によって終了する（民訴法267条）。ただし，取消訴訟において請求の放棄，認諾，裁判所の和解が許されるかどうかについては，学説上争いがある。公権力の行使を争う抗告訴訟は，請求の放棄，認諾，裁判上の和解になじまないとする学説もあるが，実務上，取消訴訟においても裁判上の和解は広く行われている。

2　判決の種類

　取消訴訟の判決の種類は，訴え却下判決，請求棄却判決，請求認容判決の 3 つである。

（1）却下判決

却下判決は，本案判決をするために具備すべき要件（訴訟要件）を欠き，訴えが不適法である場合，本案の審理を拒絶する判決である。

（2）請求棄却判決

請求棄却判決は，本案（処分の違法性の存否）について審理した結果，原告の請求を理由がない（処分が違法でない）として，その請求を排斥する判決である。請求棄却の判決によって，当該処分が違法でないことが確定する。

なお，請求棄却の判決の変形として「事情判決」と呼ばれるものがある。処分または裁決が違法ではあるが，それを取消すことにより公の利益に著しい障害を生ずる場合，原告の受ける損害の程度，その損害の賠償又は防止の程度及び方法その他一切の事情を考慮したうえ，処分または裁決を取消すことが公共の福祉に適合しないと認めるときは，裁判所は，請求を棄却することができる。その場合，当該判決の主文において，処分又は裁決が違法であることを宣言しなければならない（行訴法31条）。

判例としては，土地改良区設立認可取消訴訟において，事情判決を宣言したものがあり（最判昭和33年7月25日民集12巻12号1847頁），また，議員定数是正訴訟において，事情判決は，「一般的な法の基本原則」であるとして，その趣旨を援用している（最大判昭和51年4月14日民集30巻3号223頁）。

（3）請求認容判決

請求認容判決は，原告の請求を理由ありとして，処分の全部または一部を取り消す判決である。これにより，当該処分の違法が確定する。取消判決は，第三者に対しても効力を有し，その事件について処分または裁決をした行政庁その他関係行政庁を拘束する。その結果，行政庁は，同一事情の下で，同一理由に基づき，同一内容の処分を行うことができなくなる。

3　判決の効力

（1）既判力

取消訴訟の判決が確定すると，判決一般の効力として既判力が生じる。判

決の既判力とは，判決が確定すると，訴訟当事者は，当該訴訟の対象となった事項について，再び訴訟で争うことはできなくなる効力である。

(2) 形成力

取消訴訟において，請求認容判決，すなわち処分取消判決が確定すると，処分の効力は，遡及して消滅し，その処分は最初から存在しなかったことになる。取消判決のこのような効力は，形成力と呼ばれる。行訴訟32条は，「処分又は裁決を取り消す判決は，第三者に対しても効力を有する」と規定している。これは，取消判決の形成力が第三者にも及ぶことを定めたものであると解される。

(3) 拘束力

行訴法33条1項は，「処分又は裁決を取り消す判決は，その事件について，処分又は裁決をした行政庁その他の関係行政庁を拘束する」と規定している。これは，取消判決の拘束力を定めたものである。取消判決が下されると，行政庁は同じ事情の下で同じ根拠により同じ内容の処分を再び行うことができなくなる。

4　教示制度

行政庁は，取消訴訟を提起することができる処分または裁決をする場合には，その相手方に対し，(1) 被告とすべき者，(2) 出訴期間，(3) 審査請求前置がある場合には，その旨を書面で教示しなければならない（行訴法46条1項）。

----【設　問】----
(1) 取消訴訟の対象（処分性）の拡大を主張する説の狙いは何か。また，判例が処分性を否定する際の理由は何か。
(2) Y（行政庁）は，T川にダムの建設を計画している電力会社Aに対し，河川法24条に基づきT川の占有を許可した。河川法1条は，「この法律は，河川について，洪水，高潮等による災害の発生が防止さ

れ，河川が適正に利用され，流水の正常な機能が維持され，及び河川環境の整備と保全がされるようにこれを総合的に管理することにより，国土の保全と開発に寄与し，もつて公共の安全を保持し，かつ，公共の福祉を増進することを目的とする」と定めている。Xは，T川の景観や生態系を保護するため，Yのした占有許可処分の取消訴訟を提起したいと考えている。Xに取消訴訟の原告適格は認められるか。

(3) 原子炉施設の安全性が争われる原子炉設置許可処分の取消訴訟において，裁判所の審理，判断は，どのように行われるか。

参考文献

山下竜一「土地区画整理事業計画」宇賀克也ほか編『行政判例百選II（第7版）』（有斐閣，2017年）

角松生史「病院開設中止勧告」宇賀克也ほか編『行政判例百選II（第7版）』（有斐閣，2017年）

湊二郎「都市計画事業認可と第三者の原告適格」宇賀克也ほか編『行政判例百選II（第7版）』（有斐閣，2017年）

大西有二「原子炉設置許可と第三者の原告適格」宇賀克也ほか編『行政判例百選II（第7版）』（有斐閣，2017年）

南博方原編著『条解行政事件訴訟法（第4版）』（弘文堂，2014年）

（西村淑子）

第16講　抗告訴訟(2)──その他の抗告訴訟・当事者訴訟

┌─**本講の内容のあらまし**─────────────────┐

　確認になるが，行政事件訴訟法には，①抗告訴訟，②当事者訴訟，③民衆訴訟，④機関訴訟の4つの訴訟類型が規定されている（2条）。そして，前二者を主観訴訟といい，さらに①抗告訴訟には，㋐処分の取消しの訴え（処分取消訴訟，3条2項），㋑裁決の取消しの訴え（裁決取消訴訟，3条3項），㋒無効等確認の訴え（無効等確認訴訟，3条4項），㋓不作為の違法確認の訴え（不作為違法確認訴訟，3条5項），㋔義務付けの訴え（義務付訴訟，3条6項），㋕差止めの訴え（差止訴訟，3条7項）の6つ種類が，また，②当事者訴訟には，いわゆる㋐形式的当事者訴訟（4条前段）と㋑実質的当事者訴訟（4条後段）の2つの種類が規定されている。この点，本講では，主観訴訟について，その中心となる取消訴訟（すなわち処分取消訴訟と裁決取消訴訟）以外を取り上げ，その内容を概説するとともに，重要判例にもできうる限り言及していく。

└────────────────────────────┘

第1節　抗告訴訟

　そもそも行政争訟とは，広く行政法上の権利義務や法律関係に関する紛争を，利害関係がある者の提起にもとづいて一定の裁定機関が審理し，その原因を除去することにより解決する手続の総称をいう。このうち，行政機関が行う手続を，特に狭義の行政争訟といい，現行法上，行政不服審査法による行政不服申立てがその典型である。それ以外にも，行政審判や，行政不服審査法によらない特殊な不服申立ても一定限度で認められている。これに対し

て，裁判所が行う手続を行政訴訟といい，行政事件訴訟法にその詳細が規定
されている。前述した通り，本講では，行政事件訴訟法につき，取消訴訟以
外の主観訴訟について取り上げていく。

1　無効等確認訴訟

　「無効等確認の訴え」（無効等確認訴訟）とは，処分もしくは裁決の存否また
はその効力の有無の確認を求める訴訟をいう（3条4項）。そもそも行政処分
には公定力や不可争力があるから，自分にとって不利益な行政処分がなされ
た場合には，原則として適切に対応しなければ不利益を受けることになる。
しかし，その処分の瑕疵（すなわち違法性）が重大かつ明白な場合には，その
処分は"無効"であり最初からまったく効力が生じていないのだから，国民
はそれを無視しても法的な不利益を受けないはずである。例えば，酒酔い運
転をしていないのに行政庁のまったくの手違いで酒酔い運転を理由に運転免
許取消処分がなされてしまった場合に，それにもかかわらず運転を続けたと
しても，法的には問題はない。だが，もし警察に発見されたならば，無免許
運転罪で逮捕されてしまうことは事実上，十分にありうるのである。このよ
うに無効な行政処分でも事実上の拘束力は持つから，不利益を回避するため
の何らかの手立てが必要となる。この点，取消はその処分が有効であること
を前提にする制度であり，この場合に取消訴訟を活用することはできないか
ら，別途，無効等確認訴訟が規定されたのである。

　そして，無効等確認訴訟の原告適格として，条文上，当該処分または裁決
に続く処分により損害を受けるおそれのある者その他当該処分または裁決の
無効等の確認を求めるにつき「法律上の利益を有する者」で，当該処分もし
くは裁決の存否またはその効力の有無を前提とする「現在の法律関係に関す
る訴えによって目的を達することができないもの」であるという要件が要求
されている（36条）。この条文の解釈については学説上の争いがあるが，同条
は無効等確認訴訟以外の訴訟で解決できるならばそれ以外の訴訟で争うこと
を要求することにより，無効等確認訴訟を提起できる場合をきわめて限定し

ようとしていることは明らかである。

　この点，その理由としては，つぎのことが考えられる。すなわち，取消訴訟には，処分があったことを知った日から 6 か月を経過したときは提起することができないという原則 6 か月の出訴期間の制限があるが（14条），無効等確認訴訟にはこのような出訴期間の制限はない。よって，法律関係の早期確定を図るために無効等確認訴訟の範囲を限定したのである。また，例えば，自動車を取得していないにもかかわらず行政庁から自動車取得税の課税処分がなされ，支払ってしまったが，支払う必要がないことに気づいたので，返還を求めるとする。この場合，無効等確認訴訟を起こして課税処分が無効であることを確認し，その後，それにもとづき民事訴訟を起こして返還を請求するという手続きを取らせることはきわめて迂遠であり，訴訟経済に反する。そうではなく，いきなり民事訴訟を起こして，返還を請求させ，その訴えのなかで課税処分の無効を主張させることが紛争の早期解決に資する。よって，このような場合には，無効等確認訴訟はできないとする必要があり，前述の「現在の法律関係に関する訴えによって目的を達することができないもの」という原告適格の要件はかかる趣旨で規定されているのである。ここにいう「現在の法律関係に関する訴え」とは，具体的には当事者訴訟や民事訴訟を意味する。

　しかし，例えば，無効な課税処分を租税債務不存在確認訴訟で争うことも論理的には可能なように，たいていの訴訟は「現在の法律関係に関する訴え」に引き直そうと思えば引き直して考えることができる。このように考えると，「現在の法律関係に関する訴えによって目的を達することができない」場合はほとんどありえなくなり，無効等確認訴訟を規定したことが無意味になってしまう。そこで，当事者訴訟や民事訴訟などの現在の法律関係に関する訴えによっては目的を達することができない場合のみならず，無効確認訴訟による方がより適切に救済目的を達成できる場合にも無効確認訴訟を提起することができると考えられている。この点，最高裁もいわゆるもんじゅ訴訟判決（最判平成 4 年 9 月22日民集46巻 6 号1090頁）において，「処分の無効確認

訴訟を提起し得るための要件の一つである，右の当該処分の効力の有無を前提とする現在の法律関係に関する訴えによって目的を達することができない場合とは，当該処分に基づいて生ずる法律関係に関し，処分の無効を前提とする当事者訴訟又は民事訴訟によっては，その処分のため被っている不利益を排除することができない場合はもとより，当該処分に起因する紛争を解決するための争訟形態として，当該処分の無効を前提とする当事者訴訟又は民事訴訟との比較において，当該処分の無効確認を求める訴えのほうがより直截的で適切な争訟形態であるとみるべき場合をも意味するものと解するのが相当である」と判示している。よって，原発裁判において原告は，電力会社に対して原発建設（運転）差止訴訟（民事訴訟）を提起することも，国に対して原発設置許可無効確認訴訟（行政訴訟）を提起することも，いずれも可能となるのである。

2　不作為違法確認訴訟

「不作為の違法確認の訴え」（不作為違法確認訴訟）とは，行政庁が法令にもとづく申請に対し，相当の期間内に何らかの処分または裁決をすべきであるにもかかわらず，これをしないことについての違法の確認を求める訴訟をいう（３条５項）。例えば，飲食店を営業しようと思い，行政庁に営業許可申請をしたにもかかわらず，いつまでたっても行政から何の反応もない（すなわち不作為）の場合，申請者はいつまでたっても開業できず，いちじるしい不利益を被りかねない。この点，法定の許可要件を満たしている以上，行政庁はすみやかに営業許可をださなければならず（すなわち羈束行為），不当な不作為は違法となる。そこでこのような場合の救済手段として，不作為違法確認訴訟が規定されたのである。不作為違法確認訴訟は，出訴期間の制限なく，不作為状態が続いている限り提起することができる。

ただし，この不作為違法確認訴訟は，行政庁のあらゆる不作為に提起できるものではなく，「法令にもとづく申請」がなされた場合に限られている。例えば，すでに決定し予定されている区画整理事業がいつまでたっても開始

されないとしても，住民は不作為違法確認訴訟を提起することはできない。また，「相当の期間内」の解釈についても，その行政処分の種類や性質にもとづき個別の判断が必要となる。そして，ここで特に注意すべきなのは，不作為違法確認訴訟はその不作為が違法であることを単に確認するだけで，それ以上の法的効果は生じないことである。すなわち，認容判決があっても，裁判所が行政庁に対して何らかの行為を命じることはできないのである。前述の例で言えば，行政庁が営業許可を出さないのが違法であることが確認されるだけで，行政庁に営業許可を強制的に出させる効果までは生じないのである。これは，許可・不許可の決定は行政庁の権限で行うものであり，司法がむやみに介入するのは三権分立に反しかねないとの考えにもとづくものであるが，市民の権利・利益の保護の観点からすれば不十分と言わざるをえない。そのため，2004（平成16）年に行政事件訴訟法が改正され，新たに義務付け訴訟と差止め訴訟が新設されたのである。これらの訴訟については項をあらためて検討していくことにする。

3　義務付け訴訟

「義務付けの訴え」（義務付け訴訟）とは，行政庁がその処分または裁決をすべき旨を命ずることを求める訴訟をいう（3条6項）。そして，義務付け訴訟は，さらに「非申請型の義務付け訴訟」（同条項1号）と「申請型の義務付け訴訟」（同条項2号）に分類される。前者は，国民に法令にもとづく申請権や審査請求権が認められていない場合で，行政庁が一定の処分をすべきであるにもかかわらずこれがされないときになされる訴訟であり，後者は，行政庁に対し一定の処分または裁決を求める旨の法令にもとづく申請または審査請求がされた場合において，当該行政庁がその処分または裁決をすべきであるにもかかわらずこれがされないときになされる訴訟である。

まず，非申請型の義務付け訴訟についてであるが，典型的な事例としては，隣の土地の建物が倒壊寸前の違法建築できわめて危険な状態にあるにもかかわらず，行政庁が漫然と放置しているときに，その建築物の是正命令

（具体的には改善命令や取壊し命令）を求める場合があげられる。非申請型の義務付け訴訟を提起するためには，①一定の処分がされないことにより「重大な損害を生ずるおそれ」があること，②その損害を避けるため「他に適当な方法がない」こと，③行政庁が一定の処分をすべき旨を命ずることを求めるにつき「法律上の利益を有する者」であることの各要件が必要とされている（37条の2第1項・3項）。そして，この「重大な損害を生ずるおそれ」の有無を判断する際には，㋐損害の回復の困難の程度，㋑損害の性質および程度，㋒処分の内容および性質が検討されるべき要件となる（37条の2第2項）。つぎに，「他に適当な方法がない」の意味であるが，個別法に特別の救済方法が規定されている場合には，それを利用すべきであり，義務付け訴訟は認めないという趣旨であると解されている。また，「法律上の利益」の有無の判断については，処分取消訴訟の規定が準用されている（37条の2第4項）。さらに，以上の要件を満たしたうえで，（1）行政庁がその処分をすべきであることがその処分の根拠となる法令の規定から明らかであると認められるか（いわゆる覊束処分），または，（2）行政庁がその処分をしないことがその裁量権の範囲を超え，もしくはその濫用となると認められる（いわゆる裁量処分）場合に，裁判所は行政庁を義務付ける判決をすることになる（37条の2第5項）。

　つぎに，申請型の義務付け訴訟についてであるが，これはさらに①申請を放置された場合に行政庁の不作為を争う不作為型と，②申請を拒否された場合に拒否処分を争う拒否処分型に分類される。この点，不作為型の典型的な事例としては，生活困難者が生活保護の申請をしたにもかかわらず，行政庁が漫然と放置しているときに保護決定を求める場合があげられる。これに対して，拒否処分型については，生活困難者が生活保護の申請をし，生活保護を受給する要件を十分に満たしているにもかかわらず，行政庁がその申請を却下したときに保護決定を求める場合があげられる。

　不作為型の義務付け訴訟は，法令にもとづく申請または審査請求に対し相当の期間内に何らの処分または裁決がされないときに提起できる（37条の3

第 1 項第 1 号)。これに対して，拒否処分型は，当該法令にもとづく申請また
は審査請求を却下しまたは棄却する旨の処分または裁決がされた場合におい
て，当該処分または裁決が取り消されるべきものであり，または無効もしく
は不存在であるときに提起できる (37条の 3 第 1 項第 2 号)。そして，いずれの
義務付け訴訟も，法令にもとづく申請または審査請求をした者に限り，提起
することができる (37条の 3 第 2 項)。さらに，以上の要件を満たしたうえ
で，(1) 請求に理由があると認められ，かつ，(2) 行政庁がその処分もし
くは裁決をすべきであることが根拠となる法令の規定から明らかであると認
められるか (羈束処分)，または，(3) 行政庁がその処分もしくは裁決をし
ないことがその裁量権の範囲を超え，もしくはその濫用となると認められる
(裁量処分) 場合に，裁判所は行政庁を義務付ける判決をすることになる (37
条の 3 第 5 項)。

　また，不作為型の場合には不作為の違法確認訴訟を，拒否処分型の場合に
は取消訴訟または無効等確認訴訟を併合提起しなければならない (37条の 3
第 3 項)。すなわち，申請型の義務付け訴訟は単独では提起できない。不作為
型の義務付け訴訟は不作為の違法確認訴訟と，拒否処分型の義務付け訴訟は
取消訴訟や無効等確認訴訟とその機能の一部が重なるからである。そして，
併合して提起された弁論および裁判は，分離しないでしなければならない
(37条の 3 第 4 項)。ただし，裁判所は，審理の状況その他の事情を考慮して，
違法確認訴訟や取消訴訟，無効等確認訴訟についてのみ終局判決をすること
がより迅速な争訟の解決に資すると認めるときは，それらについてのみ終局
判決をすることができる。この場合において，裁判所は，当事者の意見を聴
いて，それらの訴訟手続が完結するまでの間，義務付けの訴えにかかる訴訟
手続を中止することができる (37条の 3 第 6 項)。

　このように，義務付け訴訟には厳格な要件が規定され，義務付け訴訟はあ
くまで抗告訴訟の補充的な制度と位置づけられている。ただし，義務付け訴
訟の提起があった場合に，その処分や裁決がされないことにより生ずる償う
ことのできない損害を避けるため緊急の必要があり，かつ，本案について理

由があるとみえるときは，裁判所は仮に行政庁がその処分や裁決をすべき旨を命ずることができる（37条の5第1項）。これを「仮の義務付け」という。

4　差止め訴訟

　「差止めの訴え」（差止め訴訟）とは，行政庁が一定の処分または裁決をすべきでないにもかかわらずこれがされようとしている場合において，行政庁がその処分または裁決をしてはならない旨を命ずることを求める訴訟をいう（3条7項）。例えば，築造した建物が違法であるとして改善の行政指導がなされたとする。この場合，自分では違法でないと思っても行政指導は「処分」ではないから取消訴訟を提起することはできない。しかし，そのまま放置すれば今度は改善命令が出される恐れがあるので，こちらから前もって改善命令の差止め訴訟を提起することが考えられるのである。前述したように，差止め訴訟は，義務付け訴訟とともに2004年の行政事件訴訟法改正で新設されたものである。

　差止め訴訟の要件は，非申請型義務付け訴訟とほぼ同様である。すなわち，差止め訴訟を提起するためには，①一定の処分または裁決がされることにより「重大な損害を生ずるおそれ」があること，②その損害を避けるため「他に適当な方法がない」こと，③行政庁が一定の処分または裁決をしてはならない旨を命ずることを求めるにつき「法律上の利益を有する者」であることの各要件が必要とされている（37条の4第1項・3項）。そして，①「重大な損害を生ずるおそれ」（37条の4第2項），②「他に適当な方法がない」，③「法律上の利益」（37条の4第4項）等の判断方法についても，非申請型義務付け訴訟と同様である。さらに，以上の要件を満たしたうえで，（1）行政庁がその処分または裁決をすべきでないことがその処分の根拠となる法令の規定から明らかであると認められるか（羈束処分），または，（2）行政庁がその処分または裁決をすることがその裁量権の範囲を超え，もしくはその濫用となると認められる（裁量処分）場合に，裁判所は行政庁に差止め判決をすることになる（37条の4第5項）。この点，差止め訴訟には，義務付け訴訟と

同様に，「仮の差止め」の制度が規定されている（37条の 5 第 2 項）。

5 法定外抗告訴訟（いわゆる無名抗告訴訟）

行政事件訴訟法 3 条 1 項は，抗告訴訟を「行政庁の公権力の行使に関する不服の訴訟」と定義し，行政事件訴訟法の中心は抗告訴訟に置かれているが，この文言の法的な意味や性格は，一義的に明確とはいえず，解釈上の争いがある。この点，2004年に行政事件訴訟法が改正されるまで，法定された抗告訴訟（いわゆる法定抗告訴訟）は 2 項から 5 項までの四類型のみであり，義務付け訴訟と差止め訴訟は規定されていなかった。しかし，法定された四類型はあくまで例示規定であり，それ以外の抗告訴訟も 3 条 1 項を根拠にして解釈上，認めうるとするのが通説・判例であり（いわゆる無名抗告訴訟。行政事件訴訟法に明文で規定されていないので「無名」という），義務付け訴訟と差止め訴訟は無名抗告訴訟として扱われていた。しかし，判例は制定法主義の観点から明文のない無名抗告訴訟をあまり積極的に認めない傾向にあり，その積極的活用が大きな課題の一つであった。そこで2004年の法改正において，行政事件訴訟法に義務付け訴訟と差止め訴訟が明文化され，訴訟類型が整備されたのである。それにより法定抗告訴訟は， 2 項から 7 項までの六類型となったが，それらもあくまで例示規定であり，それら以外にも 3 条 1 項を根拠に新たな無名抗告訴訟が解釈上，認めうると解されていることには注意が必要である。今後の展開が注目されよう。

第 2 節 当事者訴訟

行政法は公法であるから，公権力（具体的には行政権）と市民との"縦の関係"で適用されるのが原則である。よって，行政訴訟は，通常，市民が一段高い地位にある行政に異議を申し上げるというイメージになる。具体的には，市民が行政の権力行使の違法を争うという形になる。しかし，行政と市民との争いであっても，市民が実質上の利害関係者を当事者として争った方

が迅速に解決できる紛争がある（形式的当事者訴訟）。また，行政と市民が対等な当事者として争った方が適切に解決できる紛争もある（実質的当事者訴訟）。これらの紛争は，公権力の行使の違法を争うのではなく，権利主体間における法的紛争の解決を図るものであり，対等な当事者間で争われる民事裁判と類似の構造となる。行政訴訟のなかで，そのように対等な当事者の問題として法的紛争の解決を図ろうとするものを当事者訴訟という。

1　形式的当事者訴訟

　形式的当事者訴訟とは，「当事者間の法律関係を確認し又は形成する処分又は裁決に関する訴訟で法令の規定によりその法律関係の当事者の一方を被告とするもの」をいう（行政事件訴訟法4条前段）。すなわち，本来は抗告訴訟で争うべきではあるが，取消訴訟で公定力を排除するという煩雑な手続を回避するため，特別の法令の規定により，便宜上，当事者対等の訴訟形式をとり，例外的に当事者間で争わせるものである。

　この点，典型的な例としては，土地収用法にもとづく土地収用（権利取得）の裁決のうち損失補償の額を争う訴訟があげられる。すなわち，土地所有者が収用委員会（都道府県に所属）の裁決で決定された損失補償額に不満がある場合，裁決は行政処分であるから，まずは抗告訴訟たる取消訴訟で当該裁決を取消し，公定力を排除しなければならないはずである。しかし，土地所有者にそれを要求するならば，手続がきわめて煩雑になってしまう。そこでこの場合には，煩雑な手続を回避するために，土地所有者は損失補償の法律関係についての実質上の利害関係者である起業者を被告として訴訟を提起すべきものとされている（土地収用法133条3項）。これに対して，土地所有者が収用委員会の土地収用自体の是非を争う場合には，原則通りに収用委員会が所属する都道府県を被告として抗告訴訟を提起しなければならない。これ以外の形式的当事者訴訟としては，農地法において，農地の対価，借賃または補償金の額に不服がある者が提起する金額の増減を請求する訴訟がある（農地法55条）。

2　実質的当事者訴訟

　実質的当事者訴訟とは，「公法上の法律関係に関する確認の訴えその他の公法上の法律関係に関する訴訟」をいう（行政事件訴訟法 4 条後段）。すなわち，そもそも公権力の行使がなかったり，あるいは，たとえあったとしても公定力が生じていない場合のように，実質的にも取消訴訟で公権力の行使を排除する必要のないときには，行政と市民が対等な当事者として争った方が紛争を適切に解決できることから認められるものである。民事訴訟と同様に対等な当事者間の訴訟である。ただし，民事訴訟のように私法上の法律関係を訴訟物とするのではなく，公法上の法律関係を訴訟物としている。また，抗告訴訟のように公権力の行使を直接争う不服申立てではなく，権利義務関係の存否を争点とする。

　この点，訴訟類型としては，給付訴訟として争われるものと確認訴訟として争われるものとがある。給付訴訟として争われる類型としては，①公務員の懲戒免職処分の無効を前提とする退職手当支払請求訴訟，②年金支給停止措置の無効を前提とする年金支払請求訴訟，③憲法29条 3 項にもとづく損失補償請求訴訟などがある。ただし，公務員の給与等の支払請求訴訟については，その実質が私法関係における訴訟とほとんど変わらないため，これを民事訴訟と区別する実益については疑義が提起されている。

　また，確認訴訟として争われる類型については，判例上は認められていたものの，明文規定がなく，学説上は否定説も存在していた。そこで，2004年の行政事件訴訟法の改正において，「公法上の法律関係に関する確認の訴え」として明文化された。典型的な例としては，①国籍法の差別的要件が違憲であることを理由になされた日本国籍を有する地位の確認訴訟，②公職選挙法の選挙権行使にかかわる適用除外規定が違憲であることを理由になされた在外日本人が選挙権を行使できる地位の確認訴訟，③公立学校の卒業式等において国歌斉唱を強いる職務命令が違憲であることを理由になされた教職員に当該義務が不存在であることの確認訴訟，④混合診療において保険給付を禁じる規定が違憲であることを理由になされた健康保険法にもとづく療養の給

付を受けることができる地位の確認訴訟などがある。

　例えば，①についてはいわゆる国籍法国籍確認訴訟（最大判平成20年6月4日民集62巻6号1367頁）がある。本件は，法律上の婚姻関係にない日本国民である父とフィリピン国籍を有する母との間に日本において出生した上告人が，出生後に父から認知を受けたにもかかわらず，国籍法上の国籍取得要件を満たさず日本国籍を取得していないとされたことから，日本国籍を有することの確認請求がなされたものである。これにつき最高裁は，「日本国民である父と日本国民でない母との間に出生し，父から出生後に認知された子は，父母の婚姻により嫡出子たる身分を取得したという部分を除いた国籍法3条1項所定の要件が満たされるときは，同項に基づいて日本国籍を取得することが認められる」という新しい法解釈を前提に，「上告人らは，上記の解釈の下で国籍法3条1項の規定する日本国籍取得の要件をいずれも満たしていることが認められる。上告人らの国籍取得届が，被上告人が主張する父母の婚姻により嫡出子たる身分を取得したという要件を満たす旨の記載を欠き，また，同要件を証する添付書類の添付を欠くものであったことは，同項所定の届出としての効力を左右するものではない。そうすると，上告人らは，法務大臣あての国籍取得届を提出したことによって，同項の規定により日本国籍を取得したものと解するのが相当である」として，上告人が日本国籍を有することを確認した。

　また，②についてはいわゆる在外日本人選挙権確認訴訟（最大判平成17年9月14日民集59巻7号2087頁）がある。本件は，国外に居住していて国内の市町村の区域内に住所を有していない日本人に国政選挙における選挙権行使を認めない公職選挙法の規定が違憲であることを理由に，在外日本人が選挙権を行使できる地位の確認請求がなされたものである。これにつき最高裁は，「選挙権は，これを行使することができなければ意味がないものといわざるを得ず，侵害を受けた後に争うことによっては権利行使の実質を回復することができない性質のものであるから，その権利の重要性にかんがみると，具体的な選挙につき選挙権を行使する権利の有無につき争いがある場合にこれを有

することの確認を求める訴えについては，それが有効適切な手段であると認められる限り，確認の利益を肯定すべきものである」ことを前提に，本件は「在外選挙人名簿に登録されていることに基づいて投票をすることができる地位にあることの確認を請求する趣旨のものとして適法な訴えということができる」から，在外日本人は「在外選挙人名簿に登録されていることに基づいて投票をすることができる地位にあるというべきである」と結論づけた。

　最後に，2004年の行政事件訴訟法の改正について言及して本講を閉じることにする。行政事件訴訟法は，行政事件に関する一般法（基本法）であるが（1条），1962（昭和37）年に制定されて以来，大きな改正を受けることはなかった。そもそも行政事件訴訟法の果たすべき機能としては，①行政救済法として国民の権利や利益を救済することと，②違法な行政運営を是正することであるが，その点で現行の行政事件訴訟法は不十分であるという指摘が以前からなされていた。そのようななかで，司法制度改革審議会が2001（平成13）年の意見書において「21世紀の我が国社会においては司法の果たすべき役割が一層重要となることを踏まえると，司法の行政に対するチェック機能を強化する方向で行政訴訟制度を見直すことは不可欠である」から「政府においては，行政事件訴訟法の見直しを含めた行政に対する司法審査の在り方に関して本格的な検討を早急に開始すべきである」と提言したことにもとづき，司法制度改革の一環として2004年に行政事件訴訟法の改正が実現したのである。

　前述したように，この改正によって①義務付け訴訟（3条6項，37条の2，37条の3）や②差止め訴訟（3条7項，37条の4）が法定され，③当事者訴訟において確認訴訟が明示された（4条後段）。さらに，④取消訴訟の原告適格の拡大（9条2項），⑤抗告訴訟の被告適格の簡明化（11条），⑥抗告訴訟の管轄裁判所の拡大（12条），⑦出訴期間の延長（14条），⑧審理の充実・促進の観点からの資料・記録の提出要求制度（釈明処分の規定）を新設（23条の2），⑨本案判決前における仮の差止め制度の新設（37条の5），⑩出訴期間等の教示制度の新設（46条）等の改正がなされた。きわめて広範な法改正であり，いず

れも今後の積極的な活用が望まれる制度と言える。

【設　問】

(1) 無効等確認訴訟と不作為違法確認訴訟の要件と役割を説明しなさい。

(2) 2004年の行政事件訴訟法改正で義務付け訴訟と差止め訴訟が明文化された理由を説明しなさい。

(3) 形式的当事者訴訟と実質的当事者訴訟の違いを説明しなさい。

参考文献

石川敏行ほか『はじめての行政法』（有斐閣，2018年）

磯部力『新訂行政法』（NHK 出版，2012年）

後藤光男編『行政救済法論』（成文堂，2015年）

藤井俊夫『行政法総論（第 5 版）』（成文堂，2010年）

藤田宙靖『行政法入門（第 7 版）』（有斐閣，2016年）

（藤井正希）

第17講　客観訴訟

┌─**本講の内容のあらまし**─────────────────────
　裁判所の権限は私人が自己の権利利益をめぐって争う「主観訴訟」を
中心とするが，個人の権利利益にかかわらず提起することができる「客
観訴訟」も，法律に定める場合に限り認められている。本講では行政事
件訴訟法において認められている客観訴訟として，「民衆訴訟」と「機
関訴訟」の概要を説明した後，現行法における客観訴訟の中心となる
「住民訴訟」について，その客観訴訟としての特色にも注目しつつ概説
する。さらに客観訴訟は，司法権が個人の権利利益に関する法的紛争，
すなわち主観訴訟を裁判する権限であるとする従来の考え方から外れる
ことから，客観訴訟が憲法上どのように説明しうるか，客観訴訟におい
て司法権はどのような役割を果たすのかという問題にも触れる。
└────────────────────────────────┘

第1節　民衆訴訟と機関訴訟

1　概　要

　行政事件訴訟法42条によれば，「民衆訴訟及び機関訴訟は，法律に定める
場合において，法律に定める者に限り，提起することができる」。

　「民衆訴訟」とは，国または地方公共団体の機関による違法行為の是正を
求める訴訟で，選挙人たる資格など，自己の法律上の利益にかかわらない資
格で提起するものをいう（行政事件訴訟法5条）。また「機関訴訟」とは，国ま
たは地方公共団体の機関相互間における，権限の存否またはその行使に関す
る紛争についての訴訟をいう（同法6条）。

図1　客観訴訟の概要

　これらの訴訟は，私人が自己の権利利益の救済を求めて裁判で争うという「主観訴訟」と異なり，客観的な法秩序の維持や公益の保護に資する性格が強い。そのため，個人の権利利益という形での原告適格がなくとも提起することができる「客観訴訟」に分類される。こうした客観訴訟は，司法権に当然に属するものではないため，上述のように法律で定めた場合に限定して認められているのである（図1）。

2　民衆訴訟

　民衆訴訟の代表例としては，住民訴訟と選挙訴訟がある。

(1) 住民訴訟

　住民訴訟は地方公共団体の住民が，当該地方公共団体の長や職員等が違法または不当な財務会計行為を行ったと考える場合に，住民監査請求を経て提起することができる訴訟である（地方自治法242条の2第1項）。当該地方公共団体の住民であれば誰でも提起することができ，原告自身の権利利益を主張する必要はない。こうした訴訟により地方公共団体の違法または不当な財務会計行為が是正され，住民全体の公益が保護されることにつながりうる。

　住民訴訟において財務会計行為を端緒として憲法問題が争われることもあり，地方公共団体による公金支出等の政教分離原則違反を争う住民訴訟もしばしば提起されている（最大判平成9年4月2日民集51巻4号1673頁［愛媛県靖国神社玉串料訴訟］など）。

（2）選挙訴訟

選挙訴訟には，選挙の効力や当選の効力に関して，選挙人としての資格で提起できるものがある（公職選挙法203条 1 項，204条，207条）。これらも原告自身の権利利益を問題としない点で，民衆訴訟に該当する。選挙訴訟もまた，憲法訴訟として用いられることがあり，議員定数配分の不平等（いわゆる一票の格差）を争う訴訟も，選挙訴訟として提起されている（最大判平成30年12月19日民集72巻 6 号124頁など）。

3　機関訴訟

機関訴訟の代表例としては，地方公共団体の長と議会の間での権限争議をめぐる総務大臣または都道府県知事による裁定に不服がある場合に，長または議会が提起する訴訟（地方自治法176条 7 項），地方公共団体の執行機関が国の行政庁を被告として，国の関与の取消しまたは国の不作為の違法確認を求める訴訟（同法251条の 5 ）等がある。

機関訴訟は行政機関相互間の「権限」争いであり，個人の権利利益を争うものではない。そのため原則としては裁判で争うべき問題ではないが，上述のような立法政策上必要性が認められた場合に限って，訴訟による解決が認められている。

第 2 節　住民訴訟

1　概　要

住民訴訟は，アメリカ法の納税者訴訟（tax payers' suit）をモデルとして，1948年の地方自治法改正で導入された制度である。地方公共団体の違法または不当な財務会計行為について住民であれば誰でも提起できるという公共性の高い制度設計により，住民訴訟は地方公共団体の財政運営の適正化に大いに貢献してきた。

この制度は現行法上で認められる客観訴訟の中心をなすものであり，客観

訴訟の特色をよく反映している。そこで以下では，住民訴訟について詳しく説明をしていく。

2　住民監査請求

(1) 住民監査請求前置主義

住民訴訟は監査請求前置主義を採っており，住民は訴訟を提起する前に，監査委員に対し適法な住民監査請求を行っておかなければならない（地方自治法242条の 2 第 1 項）。

(2) 監査請求期間と「正当な理由」

住民監査請求は，当該行為のあった日または終わった日から 1 年を経過すると行うことができない（地方自治法242条 2 項）。違法・不当な財務会計行為であっても，いつまでも監査請求や住民訴訟の対象となりうるとしておくことは行政の法的安定性をそこなうため，このような期間制限が設けられているのである（最判昭和63年 4 月22日集民154号57頁）。

ただし正当な理由があればその限りではなく，1 年を経過していても監査請求を行うことができる（同項但書）。判例によればこの「正当な理由」の有無は，地方公共団体の住民が相当の注意力をもって調査すれば，客観的にみて当該行為の存在および内容を知ることができたと考えられる時点から，相当な期間内に監査請求をしたかどうかによって判断される（最判平成14年 9 月12日民集56巻 7 号1481頁）。

(3) 監査請求期間と「怠る事実」

監査請求の期間制限は，監査請求の対象が地方公共団体の機関や職員が違法・不当に公金の賦課や徴収，財産の管理をしていないという「怠る事実」である場合についても，除外されると解されている（最判昭和53年 6 月23日集民124号145頁，最判平成14年 7 月18日判時1798号71頁）。不作為については，期間計算の起算点を求めるのが困難であること等がその理由である。

では，違法な財務会計行為（たとえば契約締結）から 1 年以上が過ぎているにもかかわらず，その財務会計行為に基づいて地方公共団体に生じる財務会

計職員に対する損害賠償請求権や，当該行為の相手方に対する不当利得返還請求権を行使していないという「怠る事実」の方を対象として，住民が監査請求を行うことは許されるだろうか。しかしこのように「怠る事実」を広く認めてしまうと，住民がたやすく監査請求の期間制限を免れ，法の趣旨が没却されてしまう恐れがある（不真正怠る事実）。そこで判例は，そのような場合にも監査請求の実質上の対象は当該財務会計「行為」であり，そのあった日または終わった日を基準として期間制限が及ぶとしている（最判昭和62年2月20日民集41巻1号122頁）。

　一方，業者の談合に基づいて不当な工事請負契約が締結され，これに基づく損害賠償請求権が行使されていないという怠る事実について住民監査請求が行われるような事案では，必ずしも上記と同様に考えることはできない。というのも，実質的に問題となるのが契約締結という財務会計行為の違法性ではなく，談合という非財務会計行為の違法性であるならば，怠る事実の監査にあたって財務会計行為（契約締結）の違法性を判断する必要がなく，非財務会計行為（談合）の違法性等を確定すれば足りるためである（真正怠る事実）。このような場合には，住民が「怠る事実」を盾に財務会計行為についての期間制限をすり抜けてしまうわけではないため，判例も監査請求の期間制限を適用すべきではないとしている（最判平成14年7月2日民集56巻6号1049頁）（図2）。

図2　真正怠る事実と不真正怠る事実

談合（非財務会計行為）が実質的に問題となる場合
→真正怠る事実＝期間制限なし

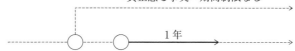

1年

違法な契約の締結（財務会計行為）が実質的に問題となる場合
→不真正怠る事実＝この時点から起算して1年

(4) 対象の特定性

住民監査請求の対象の特定性については，監査請求の対象が特定の財務会

計行為等であることを監査委員が認識できる程度に摘示されていれば足りるとされ（最判平成16年11月25日民集58巻 8 号2297頁），必ずしも当該財務会計行為等の時期，金額，具体的違法事由や講ずべき措置の具体的内容を明示することまでは要求されていない。

　したがって，後の住民訴訟では別々の請求として扱われるような内容であっても（たとえば市長に対し，同一の違法財務会計行為に関連して別々の相手方に対する損害賠償請求等を求める場合），住民監査請求の時点では，同一の対象についてのものとして扱われることがある。

3　出訴権者

　住民訴訟の出訴権者は，当該地方公共団体の住民である（地方自治法242条の 2 第 1 項）。適法な住民監査請求を経た住民であれば，誰でも住民訴訟を提起することができる。

　ただし地方公共団体の違法な財務会計行為または怠る事実について住民訴訟がすでに係属しているときは，当該地方公共団体の他の住民は，別訴をもって同一の請求をすることができない（地方自治法242条の 2 第 4 項）。この別訴禁止規定は，裁判所にすでに係属する事件について（同一の）当事者がさらに訴えを提起することはできないと定めた，民事訴訟法上の重複訴訟禁止（民事訴訟法142条）の趣旨を拡張するものである。住民訴訟は住民であれば誰でも提起できることから，通常の訴訟に比べて訴訟の重複や濫訴が起こりや

図3　重複訴訟禁止と住民訴訟における別訴禁止

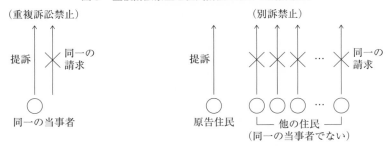

すい。そのため当事者が同一でない場合にも，同一の事件についての提訴を封じることを定めたのである（図 3）。

　したがって，複数の住民による同一の請求については，基本的に共同訴訟として住民訴訟を提起することが望ましい。このような共同訴訟が提起された場合，当該訴訟は「訴訟の目的が共同訴訟人の全員について合一にのみ確定すべき場合」にあたり，いわゆる類似必要的共同訴訟であるとされる（最判昭和58年 4 月 1 日民集37巻 3 号201頁，最判平成 9 年 4 月 2 日民集51巻 4 号1673頁）。固有必要的共同訴訟が，共同訴訟人となるべき者全員が共同で訴えなければ不適法となるのに対し，類似必要的共同訴訟は共同で訴えなくても不適法とはならない。しかし，一度共同訴訟として提起されれば，その判決を合一的に確定しなければならない（民事訴訟法40条）。

　一方，住民訴訟がすでに係属しており共同訴訟として提訴ができなかった場合，同一の請求を有する他の住民は，上述の別訴禁止規定により別訴を提起することもできない。そのため，すでに係属している住民訴訟への訴訟参加のみが認められる。上述の通り，複数の住民による同一の請求がはじめから共同訴訟として提起された場合，これらは類似必要的共同訴訟の関係にあたる。このような関係にある請求について一方の提訴後に他方の訴訟参加がなされる場合，共同訴訟参加（民事訴訟法52条）による参加が可能となる。すなわち適法な監査請求を経た他の住民は，共同訴訟人としての地位で当該住民訴訟の原告側に参加することができる（最判昭和63年 2 月25日民集42巻 2 号120頁）。

4　住民訴訟の類型

　住民訴訟として現行法上認められているのは，以下の 4 つの類型である（地方自治法242条の 2 第 1 項 1 - 4 号）。

　(1)　1 号請求（差止請求）

　「当該執行機関又は職員に対する当該行為の全部又は一部の差止めの請求」。たとえば違法な補助金の交付等の公金支出，違法な契約の締結行為等

を事前に差し止めたい場合に用いられる。

(2)　2号請求（取消し又は無効確認請求）

「行政処分たる当該行為の取消し又は無効確認の請求」。たとえば行政財産である市民会館を民間企業が結婚挙式・披露宴事業に用いることを認めた，市長による目的外使用許可（行政処分に該当する）の取消し請求がありうる（浦和地判昭和61年3月31日判時1201号72頁）。

しかし実際には，財務会計行為が行政処分に該当すると認められることは少なく，2号請求の利用のハードルは高い。

(3)　3号請求（怠る事実の違法確認請求）

「当該執行機関又は職員に対する当該怠る事実の違法確認の請求」。たとえば地方税の賦課徴収を怠っている，地方公共団体の有する損害賠償請求権を行使しない等，財務会計上の不作為がある場合に，住民がその違法確認を求めることができる。

(4)　4号請求（義務付け請求）

「当該職員又は当該行為若しくは怠る事実に係る相手方に損害賠償又は不法利得返還の請求をすること」を，地方公共団体の執行機関または職員に対して求める請求。

たとえば違法な補助金交付を行った市長個人への損害賠償請求をすること，その補助金の交付を受けた相手方への不当利得返還請求をすることを，住民が市の執行機関や担当職員等に対して求めることができる。

平成14年の地方自治法改正以前，この規定は住民が違法な財務会計行為等を行った職員やその相手方を直接の被告として，当該地方公共団体の損害賠償請求権等を代位行使する代位請求を定めていた。

これに対し改正後の規定は，執行機関を被告として損害賠償等の請求をするよう求める義務付け訴訟の形をとっている。これにより，長や職員個人が裁判で被告として矢面に立たされることによる負担は緩和された（図4）。

なお，4号請求による訴訟について原告の勝訴判決が確定した場合，地方公共団体の長は，当該判決が確定した日から60日以内の日を期限として，当

図4　新・旧4号請求の違い

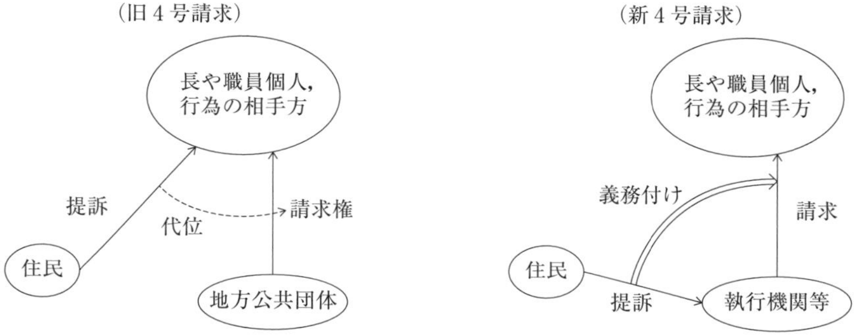

該請求に係る損害賠償金または不当利得の返還金の支払を請求しなければならない（地方自治法242条の3第1項）。60日以内にこれが支払われないときは，当該地方公共団体自身が原告となって，職員や相手方に対し，当該損害賠償または不当利得返還の請求を目的とする訴訟を提起しなければならない（同条2項）。

　4号請求による義務付け訴訟においては，当該職員や相手方の実体法上の債務が問題となる。そのため4号請求による訴訟が提起された場合に，当該地方公共団体の執行機関または職員は，これらの者に対して，遅滞なく訴訟告知をしなければならない（地方自治法242条の2第7項）。

　この訴訟告知を受けた職員や相手方には，住民訴訟への訴訟参加の機会が開かれると同時に，告知をした執行機関等との間で当該裁判の参加的効力が及ぶ（民事訴訟法53条4項）。その場合にはさらに，当該裁判は，当該地方公共団体と訴訟告知を受けた者との間においても参加的効力を生じる（242条の3第4項）。この規定により，原告住民の勝訴判決が確定した後の地方公共団体による訴訟においても，4号訴訟で訴訟告知を受けていた職員または相手方はその裁判に拘束されることが明確化されている。

5　出訴期間

　住民訴訟の出訴期間は，

①監査委員の監査の結果または勧告に不服がある場合は，当該通知があった日から30日以内

②監査委員の勧告を受けた議会，長等の措置に不服がある場合は，当該措置に係る監査委員の通知があった日から30日以内

③監査委員が請求をした日から60日を経過しても監査または勧告を行わない場合は，当該60日を経過した日から30日以内

④監査委員の勧告を受けた議会，長等が措置を講じない場合は，当該勧告に示された期間を経過した日から30日以内

と，それぞれの要件ごとに規定されている（地方自治法242条の2第2項）。

　住民訴訟を提起しようとする住民は，住民監査請求の期間制限とともに，これらの出訴期間を遵守しなければならない。

6　訴　額

　原告が訴訟の提起にあたって納めるべき手数料（印紙代）は，財産権上の訴えであれば訴訟の目的の価額（訴額）を基礎として，非財産権上の訴えまたは訴額が算定不能な場合については，訴額が160万円であるとみなして算出される（民事訴訟費用等に関する法律4条）。

　それでは，住民訴訟の訴額はどのように算定するのか。原告住民が地方公共団体の請求権を代位行使していたかつての4号請求について，判例は，このような住民訴訟は被告に対して一定額の金銭の支払いを請求するものであるから財産権上の請求にあたるとしつつ，その訴訟の目的，すなわち原告住民が訴えをもって主張する利益は，「地方公共団体の損害が回復されることによって……原告を含む住民全体の受けるべき利益」とみるべきであるとした（最判昭和53年3月30日民集32巻2号485頁）。このような住民全体の受けるべき利益はその性質上，勝訴判決によって地方公共団体が直接受ける利益（賠償額等）と単純に一致するものではなく，訴額が算定不能の場合にあたる。

　また改正後の4号請求やその他の請求は，原告が違法な財務会計行為や怠る事実について，地方公共団体に差止めや損害賠償請求等，予防や是正の措

置を求めるためのものであり，非財産権上の請求にあたるとされる。いずれにせよ，原告住民は住民訴訟における請求の認容によって直接的な利益を受けるわけではなく，個人の権利利益を問題としない住民訴訟の公益的性格がここにも表れているといえる。

7　判決の効力

　住民訴訟の確定判決の既判力は，原告および被告のみならず，当該地方公共団体の全住民にまで及ぶと解される（最判昭和53年3月30日民集32巻2号485頁）。地方公共団体の違法な財務会計行為や怠る事実が是正されることは，住民全体の利益につながるためである。また，執行機関等の敗訴が確定した場合には，その他の行政機関等もこれに拘束される。さらに，4号請求において地方公共団体の執行機関等から訴訟告知を受けていた職員や相手方も，上述のように参加的効力によって判決に拘束される。

　ただし，4号請求訴訟の係属中やその認容判決が確定した後に，地方公共団体の議会が地方自治法96条1項に基づく議決により，長や職員等に対する請求権を放棄する場合がある。このような議決により，長や職員は実質的に，住民訴訟の判決の効力を免れることがありうる。

　議決による権利の放棄は，4号請求において長や職員が軽過失の場合にも民法上の損害賠償責任を追及され，多額で過酷な個人責任を負わされることがあるという問題の解決を可能とする。とはいえ，こうした権利放棄は住民訴訟制度の趣旨を損なうこととなりかねないため，権利を放棄する議決が有効か無効かについては，学説・裁判例が分かれていた。これに対して最高裁は，権利放棄の適否は議会の裁量権に基本的に委ねられているとしつつ，裁量権の逸脱・濫用にあたるような場合には，権利放棄をする議決が無効となるとした。すなわち，「個々の事案ごとに，当該請求権の発生原因である財務会計行為等の性質，内容，原因，経緯及び影響，当該議決の趣旨及び経緯，当該請求権の放棄又は行使の影響，住民訴訟の係属の有無及び経緯，事後の状況その他の諸般の事情を総合考慮して，これを放棄することが普通地

方公共団体の民主的かつ実効的な行政運営の確保を旨とする同法〔地方自治法〕の趣旨等に照らして不合理であって上記の裁量権の範囲の逸脱又はその濫用に当たると認められるときは，その議決は違法となり，当該放棄は無効となるものと解するのが相当である」（最判平成24年4月20日民集66巻6号2583頁）。

　こうした経緯を受けて，軽過失の場合における長や職員への責任追及のあり方を見直すことの必要性が認識され，2017年の地方自治法改正（2020年4月1日より施行）では，長等の損害賠償責任の一部免責を可能とする規定が新設された。これにより，地方公共団体は条例で，長や職員個人の当該地方公共団体に対する損害賠償責任を，それらの者が善意でかつ重大な過失がない場合には，一部免責する旨を定めることができるようになった（地方自治法243条の2第1項）。また，議会は住民監査請求があった後に，その対象となる財務会計行為または怠る事実に関する権利の放棄に関する議決をしようとするときは，あらかじめ監査委員の意見を聴くことを義務付けられた（地方自治法242条10項）。

8　住民訴訟の特色

　以上見てきたところによると，住民訴訟の客観訴訟・民衆訴訟としての特色が，制度の随所に反映されていることがわかる。

　第一に，当事者どうしが個人的な権利利益をめぐって争う主観訴訟とは異なり，客観訴訟である住民訴訟において，原告住民は個人の権利利益を主張するわけではない。

　第二に，住民訴訟は住民としての資格があれば一人でも提起できるが，そこには多数の関係者の利害がかかわる。したがって，他の住民の訴権や利害関係者の利益，行政の安定性など様々な点について，手続上の調整措置が講じられている。

　第三に，住民訴訟は違法な財務会計行為等の是正を求めることを目的とするため，訴訟の形を取りながらも，問題の実態は多分に政治的である。判例も，住民訴訟が「地方自治の本旨に基づく住民参政の一環」であり，その訴

権は「住民全体の利益を保障するために法律によって特別に認められた参政権の一種」であり，原告住民は「いわば公益の代表者として地方財務行政の適正化を主張するものである」との理解を示している（最判昭和53年3月30日民集32巻2号485頁）。

第 3 節　客観訴訟

1　司法権と「法律上の争訟」

裁判所は「一切の法律上の争訟」を裁判し，「その他法律において特に定める権限」を有する（裁判所法3条1項）。従来，この「法律上の争訟」を裁判する権限こそが司法権であり，「法律上の争訟」とは，当事者間の具体的な権利義務または法律関係の存否に関する紛争であって，かつ，法令の適用によって終局的に解決できるものと解されてきた（最判昭和56年4月7日民集35巻3号443頁）。

このような主観訴訟を前提とする司法権の理解によれば，民衆訴訟や機関訴訟といった客観訴訟は個人の権利利益を問題とするものではなく，「法律上の争訟」にあたらないため，本来の司法権の対象ではないことになる。そうすると，司法権に含まれない客観訴訟の裁判を裁判所にゆだねることは憲法上許されるのか，行政作用を裁判所にゆだねることになるのではないか，憲法上の権力分立原則に反しないか等といったことが問題となる。

これらの問題に対して，司法権には裁判所法3条の「その他法律において特に定める権限」も認められているため，客観訴訟もその一環として法律で定められていれば，憲法上許されるとする見解がある。しかし，司法権の本質である「法律上の争訟」に該当しない客観訴訟が，なぜ法律で定めれば許されるのかの説明は，これだけでは明瞭でない。

そこで第一に，そもそも司法権の概念から「法律上の争訟」という要件を切り離す考え方がある。「法律上の争訟」の要件は司法権の例外なき絶対的な要件ではなく，客観訴訟も立法政策により司法権に含めうると考えれば，

それを法律により裁判所にゆだねても，憲法上問題はないということになる。

第二に，「法律上の争訟」が必ずしも主観訴訟を意味しないとする考え方がある。客観訴訟は個人の具体的な権利義務に関する紛争とはいえなくても，行政の権限や地方公共団体の具体的な権利義務に関する紛争といった具体的な法的紛争を契機としており，これも法律上の争訟に含まれるとするのである。「法律上の争訟」を主観訴訟と結びつける従来の司法権概念は，民事訴訟を念頭に置いたものであり，行政法の領域ではそれとは異なる発想が必要であることを指摘する見解である。

2　客観訴訟の意義

以上のように，客観訴訟は伝統的な司法権概念では説明しがたい制度である。個人の権利利益に関係なく訴権を認めるということは，対等な当事者が個人的な権利利益をめぐって法廷で争うという裁判観からは外れるものであり，これを説明するには，何らかの形で司法権や「法律上の争訟」の概念を捉え直すことが必要となる。

それでは，そこで示される新たな司法権の姿はどのようなものであり，何のために認められるのか。この点について，客観訴訟が政治的発言力の小さい弱者・少数者が行政主体の公益判断の再考を裁判の場に求めることを許すことから，これらの者へ行政参画・参加を確保する拠点となり，政策形成の一過程となりうること，とくに住民訴訟について，議会の多数派によって認められた予算支出等による違法に対して，少数派が提起して民主主義を回復しようとするものであることに注目する考え方がある。

判例も住民訴訟について，地方公共団体の判断と住民の判断とが相反し対立する場合に，住民が自らの手により違法の防止または是正をはかることができる点に，制度の本来の意義があるとする（最判昭和53年3月30日民集32巻2号485頁）。このように客観訴訟は，個人の権利利益という形には集約されないが公益にかかわる法的紛争がある場合に，原告の提訴を契機として，裁判

においてこうした紛争の解決を求めることを可能とする。司法権による政治問題への関与は無制限に認められるわけではないが，行政のあり方が多様化している現代社会において，このような行政参画の場としての客観訴訟は，今後も重要な役割を担うであろう。

【設　問】

(1) 住民訴訟の客観訴訟としての特色が，第 2 節で説明した制度のどのような部分に反映しているか考えてみよう。

(2) 市による違法な補助金支出に関して，住民 X が住民監査請求を経て 4 号請求の住民訴訟を提起し，市長 Y を被告として補助金支出を行った旧市長 A に対する損害賠償請求を求めている。一方，住民 Z は，補助金の交付を受けた相手方 B に対する不当利得返還請求を市長 Y に求めたいと考えている。この場合，住民 Z による住民監査請求および 4 号請求訴訟が可能であるかどうか，検討しなさい。（※ X・Z のいずれについても，監査請求期間は徒過していないものとする。）

(3) 地方公共団体の財政運営に関する住民訴訟をモデルとして，国の財政運営に関する国民訴訟を創設することが，憲法上の司法権概念から正当化しうるか否かについて考えてみよう。

参考文献

山岸敬子『客観訴訟の法理』（勁草書房，2004 年）

松井茂記「『国民訴訟』の可能性について」村上武則ほか編『法治国家の展開と現代的構成』（法律文化社，2007 年）

阿部泰隆『住民訴訟の理論と実務：改革の提案』（信山社，2015 年）

小早川光郎・青柳馨編著『論点体系判例行政法 3　住民監査請求・住民訴訟・国家賠償・損失補償』（第一法規，2016 年）

松本英昭『新版逐条地方自治法（第 9 次改訂版）』（学陽書房，2017 年）

（兼平麻渚生）

第**18**講　国家賠償

--- **本講の内容のあらまし** ---

　国家賠償とは，公権力の違法な行為に我々が被った損害を賠償する制度である。日本国憲法17条が定める「何人も，公務員の不法行為により，損害を受けたときは，法律の定めるところにより，国又は公共団体に，その賠償を求めることができる」という規定に基づき1947（昭和22）年に国家賠償法が定められた。国家賠償法は全部で 6 条から成る法律である。国家賠償法 1 条は公務員による違法な公権力の行為に対する損害賠償制度を規定し，国又は公共団体の公権力の行使に当たる公務員が，職務を行うにつき，故意又は過失によって違法に他人に損害を加えたとき，という要件を主な成立要件とする。国家賠償法 2 条は公の営造物の設置・管理という非権力的作用に対する損害賠償制度を規定し， 1 条に定められている故意又は過失という要件は成立要件としては求められていない。 1 条と 2 条とがあいまって広く網羅的に国家賠償責任を負う趣旨の制度である。

第 1 節　国家賠償の概要

1　国家賠償の思想と背景

　公権力による権利侵害の救済方法は，行政による救済方法と裁判による救済方法がある。行政による救済方法には行政不服審査という方法が挙げられる。また裁判による救済方法には，原状回復と金銭補償の二つの方法があり，原状回復は行政事件訴訟という方法，そして金銭補償は国家賠償と損失補償という方法がある。国家賠償と損失補償はいずれも金銭による補償制度

であるが，両者を合わせて国家補償という。そのうち国家賠償は日本国憲法17条に基盤を持ち，損失補償は29条第３項に基づくという違いがある。また，それ自体は法律上許される公権力の適法な行為によって我々が受ける損害に対する補償が損失補償であるのに対し，公権力の違法な行為によって我々が受ける損害に対する補償が国家賠償であるという違いがある。ここではそのうちの国家賠償制度を取り上げる。

　違法な公権力の行為による損害に対し我々は，行政上の不服申し立てや行政事件訴訟を提起し，損害を是正し原状の状態に戻してもらうことができる。だが，行政行為を違法として取り消しても失われたものを元の状態に戻すことが不可能な場合もある。元の状態に戻すこと（原状回復）ができないならば，せめて金銭によって救済してもらおうとするものが国家賠償制度である。国家賠償制度はその過程で行政の違法性を世に問う役目も担い，行政訴訟制度の救済が及ばないところを補う救済制度であるとも言える。

　(1) 権利保障の規定

　日本国憲法17条は「何人も，公務員の不法行為により，損害を受けたときは，法律の定めるところにより，国又は公共団体に，その賠償を求めることができる」と規定している。この規定を実現する方法として1947（昭和22）年に定められた法律が国家賠償法である。

　(2) 賠償責任の背景

　国家賠償制度は公権力による権利侵害に対する救済として，違法な公権力の行為によって生じた権利侵害を国が賠償する制度である。歴史的には国家賠償制度は英米法系，大陸法系諸国それぞれの歴史的経緯を経て発展していったため，その思想的な枠組みは異なる。だが，いずれも国家賠償制度の抑制から拡大という方向へと移行していった。

　国家賠償制度の法的な確立は遅く，仏国では1900年代，英国や米国では1940年代，日本では第二次大戦後となる。この背景には，英国に「主権無答責の法理」として，公権力が違法な損害を与えるはずがないという格言があり，「国家は悪を成し得ず（King can do no wrong.）」という考え方があったか

らである。この主権免責（sovereign immunity）の考え方は原則論として今も引き継がれている。

ヨーロッパ大陸法系諸国でも同じ様に主権無答責の考え方が背景にあり，法治国家の考え方からすると，違法な公権力の行為というものは元から存在するはずがなかった。違法な公権力というのならば，それは公務員の個人的な行為であり，公務員個人の損害賠償責任であるとして捉えられた。そしてドイツでは公務員個人の過失責任を国が代わりに負うという考え方が採用された。これは代位責任説という考え方である。それに対しフランスでは，公務員個人の過失の有無を問わず行政上の違法な行為による損害は国として直接責任を負うという考え方が採用された。これは自己責任説という考え方である。

日本もかつては主権無答責の考え方をしていたが，戦後は国の賠償責任をとる法律の整備が行われた。

2　明治憲法と日本国憲法

明治憲法下では主権無答責の考え方をして国や地方公共団体などの公権力による違法な行為の賠償責任は一切認められなかった。国や地方公共団体などの公権力の行使にあたらない活動（非権力的公行政作用）の場合には民法を適用し，損害賠償責任を認める余地は残されていたが「徳島市小学校遊動円棒事件」（大審院判決1916（大正5）年6月1日），当時の判例のほとんどが国家責任を否定し救済はなされなかった。

第二次大戦後，日本国憲法下では主権無答責の考え方を排除し，1947（昭和22）年，国の賠償責任を認める国家賠償法（昭和22年10月27日法律第125号・施行，昭和22年10月27日）が定められた。

3　国家賠償法の構成

国家賠償法は全部で6つの条文から成る。全体構造としては次の通りである。

　　第1条〔公務員の不法行為と賠償責任，求償権〕は，公権力の行使に基づく
　　　損害の賠償責任を定めている。

　　第2条〔営造物の設置管理の瑕疵と賠償責任，求償権〕は，公の造営物の設置
　　　管理の瑕疵に基づく損害の賠償責任を定めている。

　　第3条〔賠償責任，求償権〕は，損害賠償責任者と費用負担者についての
　　　規定を定めている。被害者救済の立場から損害賠償責任者と，その費
　　　用負担者の両方に対しての賠償請求を認めている。

　　第4条〔民法の適用〕は，同法に規定がない事項については民法の規定が
　　　適用されることを定めている。

　　第5条〔他の法律の適用〕は，民法以外の他の法律に特別の規定がある場
　　　合は，その規定が適用されることを定めている。

　　第6条〔相互保障〕は，同条の適用について外国人が被害者である場合
　　　の相互保障主義を定めている。これは，ある外国人の本国で日本人が
　　　被害者になった場合に日本人が国家賠償制度により救済されるなら，
　　　その外国人にも日本での国家賠償法による救済を認める，という規定
　　　である。

　以上のように国家賠償法は基本的に1条と2条の二つの種類の賠償責任に
ついて定めているだけであり，この規定以外の問題について，特別の規定以
外は同4条の通り民法の規定が適用されることになる。

第2節　国家賠償法1条について

1　第1条の意義と本質

　国家賠償法1条1項は「国又は公共団体の公権力の行使に当る公務員が，
その職務を行うについて，故意又は過失によつて違法に他人に損害を加えた
ときは，国又は公共団体が，これを賠償する責に任ずる」と定めている。こ
れは，主権無答責の考え方を排除し，明治憲法下では存在しなかった国家賠
償責任を正面から認めた重要な条文である。

　国家賠償責任の本質をどのように見るかということに関して，つまり国家が賠償責任をなぜ負うのかということに関して，代位責任説と自己責任説という 2 つの考え方がある。

　通説では，公務員が違法な公権力の行使を行った場合に，その損害賠償責任を負うのは違法な行為を行った公務員自身ではなく，その雇い主である国又は公共団体であるとされている。この考え方を代位責任説という。公務員個人に賠償能力がない場合を回避するためにも有益な方法である。これに対し，国家賠償責任は国又は公共団体自身の責任であるという考え方がある。この考え方は公務員を国家の一部（手足）とみなし，国家は公務員を使って活動を行っているため公務員の過失は国家の過失であるとする。この考え方を自己責任説という。代位責任説と自己責任説両者の理論と歴史的背景については多くの議論がある。救済の具体的場面においては大きな違いはないが，基本的な発想が異なるものであり，国家賠償の前提議論として重要である。

　国家賠償請求権は，公法と私法の区別を前提とすると，私権となると考えられている。そのため国家賠償法に基づく損害賠償請求は民事訴訟の手続きによる。

2　第 1 条 1 項の成立要件 （コンメンタール 5 項目）

　国家賠償法 1 条 1 項は，賠償責任が認められるための要件について，（1）国又は公共団体の公権力にあたる公務員が，（2）職務を行うについて，（3）故意または過失によって，（4）違法に他人に損害を加えたときと，（5）因果関係，を成立要件とする。以下，要件についてみていく。

　（1）国又は公共団体の公権力の行使にあたる公務員の行為であること
①各要件の関係　　公務員が誰を指すかということは重要であるが，ここにいう公務員は身分上の公務員を指すものではない。その行為が公権力の行使であると判定されれば，その行為を成したものは民間人であっても公務員と解釈され，その者が属する組織は国又は公共団体であることになる。そのた

め国又は公共団体と，公務員の概念は相対的なものであることになる。つまり同法1条1項にいう公務員とは，公権力の行使を委ねられている者を含むと解され，民間人に公務が委託されている場合にも国家賠償法は適用される。反対に身分上は公務員であるが公権力の行使を行わない場面には，同法は適用されないことになる。

②公権力の行使　　公権力の捉え方について，狭義説，広義説，最広義説の3つの学説がある。

　狭義説は，明治憲法時代に民法による賠償責任が認められなかった「国又は公共団体の優越的な意思の発動たる作用」を指し，当時，民法による賠償責任が認められていた「非権力的公行政作用」はこれに含まれず，命令，強制等のいわゆる伝統的な権力作用に限定するという説である。

　広義説は，公権力の行使をもっと広く考え，国又は公共団体の純粋な私経済作用，および国家賠償法2条の対象となるものを除くすべての活動を公権力と捉える説である。この中には学校の教育活動や行政指導などが含まれる。

　最広義説は，国又は公共団体の全ての活動は公権力にあたると捉える説である。

　通説・判例は広義説を採るが，最近の学説や判例の多くは，権力的活動か非権力的活動かというような活動の形式ではなく，その活動が公益のために行われるか否か，ということを問題として捉えるようになってきた。

　(2)「職務を行うについて」，加害行為がなされたこと

　公務員の行為が「職務を行うについて」なされたものでなければならいということにつき，学説判例は「職務を行うについて」の捉え方については外形標準説をとる。外形標準説とは，職務上の行為そのものでなくてもよく，ただ職務行為の外観があればよい，という考え方である（最判昭和31年11月30日民集10巻11号1502頁）。この判決で国家賠償法第1条について，「同条は公務員が主観的に権限行使の意思をもってする場合にかぎらず自己の利をはかる意図をもってする場合でも，客観的に職務執行の外形をそなえる行為をして

これによって，他人に損害を加えた場合には，国又は公共団体に損害賠償の責を負わしめて，ひろく国民の権益を擁護することをもって，その立法の趣旨とするものと解すべき」ものであると判示した。これにより，公務員の行為が外見上の職務行為として国民に見られる場合には，国はその責任を負うべきであると解され，国民に対する救済を厚くするものとなった。

　(3)　公務員に「故意・過失がある」こと

①主観的要件と客観的要件

　法的にある行為が不法行為として成立するには，その行為が故意・過失によって違法に他人に損害を加えたものである場合に成立するとされている。成立要件としての故意・過失は主観的要件，違法性は客観的要件と捉えられ，不法行為の成立には両要件が必要になる。故意・過失は行為者の内面に着目した主観的な要件である。それに対し，違法か適法かという違法性は内面的な問題ではなく客観的に第三者が判断できるので客観的な要件である，と区別することができる。国家賠償法1条はこの主観的要件としての故意・過失と，客観的要件としての違法性の二つの要件を成立要件として挙げている。行政法理論上，故意・過失については，故意の有無が問題になることは少なく，主に過失の有無が問題となることが多い。事実関係を認識している故意に対し，過失とは行為者が為すべき注意を怠ったこと（注意義務違反）のことを言うが，注意義務違反が認められるには予見可能性と回避可能性という前提がある。予見不可能または回避不可能な場合には過失が認められない。

②結果不法説と行為不法説

　国家賠償法1条1項の違法性については，行為不法説と結果不法説が対立している。行為不法説は加害行為そのものに着目し，結果不法説は被害結果に着目して違法性の有無を判断するという考え方である。国家賠償法上の違法性は，行為不法という違法性と，結果不法という違法性の二重の意味を持つと考えられており，これは二重の違法性概念といわれる。

③職務行為基準論

　判例は違法性について行為不法論の立場を採り，公務員が職務上すべきこ

とを尽くしたか否か，公務員が合理的な行動をとったか否かにより，違法性
の有無を判断する。このような考え方を職務行為基準論という。結果として
被害が生じたとしても公務員が法規範に反せず法令を守り，職務上尽くすべ
きことをしていた場合には違法性はないと判断する考え方である。

　また過失を客観的に捉えるため，今日では過失については，結果を回避す
るためにすべきことを行わなかった（行為者が結果を回避するためにすべきことを
行わなかった＝結果回避義務違反）ことと捉えている。行為者の内面の問題であ
る過失を外部に現れる行為に置き換えて認定する捉え方であり，これを過失
の客観化という。

　職務行為基準論に立つ限り，過失と違法性の問題は重なり，ほぼ同じもの
となってしまう。故意・過失は主観の問題，違法性は客観性の問題であると
して，過失と違法性両者の違いは明らかであったはずである。だが国家賠償
法１条の要件解釈としては過失と違法性とは同じようなものとして解釈され
ることになってしまう。このような状況を，違法性と過失の一元化と呼ぶ。

　(4)　違法に「損害」を加えた（違法な加害行為が存在する）こと

　この問題は民事法の議論となり，難しい問題を含む。国家賠償法１条１項
の「違法」につき最高裁判決は「国家賠償法１条１項は，国又は公共団体の
公権力の行使に当たる公務員が個別の国民に対して負担する職務上の法的義
務に違背して当該国民に損害を加えたときは，国又は公共団体がこれを賠償
する責に任ずることを規定するものである」と述べている（最判昭和60年11月
21日民集39巻７号1512頁，最判平成元年11月24日民集43巻10号1169頁）。このような
「職務義務説」の考え方は，個別の国民に対して負担する職務上の法的義務
違反を違法性概念として捉えるものである。公務員の行為が違法であるだけ
で救済されるわけではなく，国家賠償法の場合は公務員のその行為自体がそ
もそも違法とはみなされていないことになる点が取消訴訟（抗告訴訟）とは
違うことになる。裁判例においては，個別の国民に対して負担する職務上の
法的義務違反を要件とする意味内容は明確にされておらず，今後の学説・判
例の整理が望まれる。

（5）加害行為によって損害が発生すること「因果関係」があること

　この問題も民事法の議論となり難しい問題を含む。取消訴訟であれば違法とされる行為が，国家賠償では違法とされない，という理解し難い問題である。違法性の問題について因果関係の問題という本来は違う問題を含めて一緒に考えてしまっているところに整理がついていない原因があるのではないだろうか。今後の学説・判例の整理が望まれる。

第3節　国家賠償の救済と展開

1　「違法性」の問題

　国家賠償法成立要件として挙げた故意・過失の問題や違法性の問題は，なお困難な問題として整理が必要である。基本的人権の尊重を原則とする日本国憲法の下では，憲法の趣旨に沿うような被害者の保障を実現することが望まれる。そのため，不必要に公務員の公権力行使の要件をやみくもに強調するのではなく，速やかに行政の責任を認め国家賠償による救済を実現する方向に向かうことが望ましいと考えらえる。

2　行政の不作為責任

　公権力の違法な行使には，公務員の一定の行為を意味するだけではなく，なすべきことを成さなかったという「不作為」，及び「権限の不行使」も含まれる。これら行政による不作為を違法とする考え方を，裁量権の消極的濫用論という。

　この立場に立ち，行政の不作為が違法である余地を認めた判決に「宅建業者監督訴訟」（最判平成元年11月21日民集43巻10号1169頁），「クロロキン訴訟」（最判平7年6月23日民集49巻6号1600頁）がある。だが，いずれも結果は国家賠償が認められなかった。そのため救済のための基準としては不十分であると考えられていた。その後，「筑豊じん肺訴訟」（最判平成16年4月27日民集58巻4号1032頁，最判平成16年10月15日民集58巻7号1802頁），「水俣病関西訴訟」（最判平成

16年10月15日民集58巻 7 号1802頁）など国家賠償を認める判例が相次ぎ，立法の不作為についての判例に変化がみられるようになってきている。

3　立法権，司法権等と国家賠償責任

以上の国家賠償責任の要件については，一般の公権力の行使についてであるが，それ以外の公権力の行使に該当する損害についても国家賠償法 1 条が適用される。

しかし，国会，地方議会による立法権の行使，裁判所による司法権の行使，検察官，警察官による捜査・公訴などの特殊な公務員の公権力の行使は，一般の公権力の行使と性格が異なるため，通常とは違った賠償責任の要件が認められることになる。判例は職務行為基準説の立場から判断を下している。立法権の行使と国家賠償責任のリーディングケースとして「在宅投票制度廃止違憲訴訟」（最判昭和60年11月21日民集39巻 7 号1512頁）や，「在外邦人選挙権訴訟」（最大判平成17年 9 月14日民集59巻 7 号2087頁）があり，立法行為の不作為の違法性を問い易くなってきたという変化がみられるようになってきている。

4　賠償責任の主体，求償権

国家賠償法 1 条 2 項は求償権を定めている。賠償責任を負う国又は公共団体は加害公務員に故意又は重過失があった場合は，その公務員に対して責任を求めることができるとするものである。この求償権は国又は公共団体と公務員との内部関係に関わるものであり，実際は求償権の行使が公務員に委縮効果をもたらすことになり積極的に行われてはいない。加害公務員が被害者に対して直接に賠償責任を負う明文規定はなく，公務員個人が負う賠償責任は存在しないと考えられている。

第4節　国家賠償法2条について

1　無過失責任

　国家賠償法2条は，「道路，河川その他の公の営造物の設置又は管理に瑕疵があつたために他人に損害を生じたときは，国又は公共団体は，これを賠償する責に任ずる」と定め，営造物の設置または管理の瑕疵に基づく損害の賠償責任を定めている。国家賠償法2条は，国又は公共団体の賠償責任の要件を「公の営造物の設置又は管理に瑕疵があつた場合」のみとしている。1条と違って瑕疵があった場合の設置者や管理者に「故意又は過失」があったということを要件として必要とはしていない。これは「無過失責任」を定めるものであると一般に解されている。無過失責任については，判例「高知県国道落石事件」（最判昭和45年8月20日民集24巻9号1268頁）ではっきりと判示されている。

　同法2条では，公の営造物，設置又は管理の瑕疵，という2つの概念が要件としては問題となる。

2　「公の営造物」の意味

　条文では営造物の例として道路，河川を挙げているが，「公の営造物」とは国や公共団体が公の目的のために設置・管理している公物や公共施設のことを意味する。民法717条でいうところの「土地の工作物」を意味するものと言ってよい。既に戦前には（前述「徳島市小学校遊動円棒事件」）判決があり，工作物責任に関する民法717条の適用により請求を認めている。最近の判例では積極的に拡大解釈を行い，同条の適用範囲を拡大する試みが見られる「多摩川水害訴訟」（東京高判平成4年12月17日判時1453号35頁）。なお，道路は人工的に造られた人工公物として，河川は自然の中にある自然公物として分類される。

3　「設置又は管理の瑕疵」の意味

　国家賠償法2条1項の営造物の設置または管理の瑕疵とは，営造物が通常有すべき「安全性」を欠き，他人に危害を及ぼす危険性のある状態を意味する（前述「高知県国道落石事件」）とされている。通常有すべき安全性の存在を問う場合の前提になるものは，公の営造物に関わる危険性の存在である。危険性という概念が具現化したものが被害の発生という状態であるが，被害の発生について，予測可能性と回避可能性が存在する場合には賠償責任が認められることになる。そのいずれかが存在しない場合には賠償責任が否定される。

4　道路・河川をめぐる判例

　公の営造物について法律の条文では道路・河川が挙げられており，判例で問題になるもののほとんどがこれらである。人工公物としての道路が問題になった判例は前述「高知県国道落石事件」であるが，この判決で特に重要な点は，予算がないことを理由に賠償責任は免れないという判旨部分である。この考え方は予算抗弁の排除といわれている。

　自然公物としての河川の氾濫による水害は自然災害の一種であり，営造物管理責任を問うことはできないとも考えられるが，国家賠償法2条1項は河川を公の営造物の一つとして例示している。学説・判例において水害は国家賠償法2条の適用があると考えられ，国及び公共団体が対処すべき危険と考えられている。そこで水害に対する賠償責任の要件が問題となる。河川は公の造営物であり，要件の一つは満たすが，他方の要件である河川についての設置又は管理の瑕疵はどのように考えるべきであろうか。

　河川の管理における通常有すべき安全性の定義については「河川において通常有すべき安全性とは，当該河川の置かれている地形，地質等の自然的諸条件の下で，当該河川につき通常予測される洪水を安全に下流へ流下させ，もって右洪水による災害を堤内地住民に及ぼすことのおないような安全な構造を備えること」という定義が採用されることとなり，国の責任が認められた「多摩川水害訴訟」（東京地判昭和54年1月25日判時913号3頁・前述，東京高判平

4 年12月17日）。

　河川管理の国の責任については，未改修河川や改修の不十分な河川については国の責任を認めない厳しい判決が下されたが「大東水害訴訟」（最判昭和59年 1 月26日民集38巻 2 号53頁），その後，改修済河川については国の管理責任を認める判決が下され「前述・多摩川水害訴訟」（東京高判平成 4 年12月17日），河川管理の判断が緩和されるようになった。

　国家賠償法による公権力の賠償責任を問う訴訟は年を追うごとに多数提起されるようになってきた。それまで行政訴訟の代替としての役割を担ってきた国家賠償法ではあるが，2005年に行政事件訴訟法が改正され，使い勝手が悪かったと言われてきた行政事件訴訟法が機能するようになっている。だが，やはり国家賠償法は国民の権利救済としての存在感が大きな救済方法であると言える。「冷凍倉庫事件判決」（最判平成22年 6 月 3 日民集64巻 4 号1010頁）は，その大きな転機となる判決である。一定期間を過ぎると裁判で争うことができなくなるという不可争力など行政訴訟は制約が多い。行政訴訟とは別の選択肢として国家賠償請求訴訟は行政の違法性を問う重要な役割を担うものとして今後も期待されるものである。

【設　問】

(1) 国民の権利侵害を救済する方法としての国家賠償は，憲法のどのような規定に基づき，どのような救済をする方法であるか，また国家賠償法が行政事件訴訟法による救済を補う役割を担っている意味を論じなさい。
(2) 国家賠償法 1 条 1 項の成立要件を簡潔に述べなさい。
(3) 国家賠償法 2 条の成立要件について論じなさい。

参考文献

宇賀克也『行政法概説Ⅱ（第 7 版）』（有斐閣，2021年）

大橋洋一『行政法Ⅱ（第 4 版）』（有斐閣，2021年）

後藤光男編『行政救済法論』（成文堂，2015年）

櫻井敬子『行政救済法のエッセンス（第1次改訂版)』（学陽書房，2015年）

塩野宏『行政法II（第6版)』（有斐閣，2019年）

芝池義一『行政救済法講義（第3版)』（有斐閣，2006年）

藤井俊夫『行政法総論（第6版)（成文堂，2010年）

藤田宙靖『行政法入門（第7版)』（有斐閣，2016年）

（竹嶋千穂）

第**19**講　損失補償

┌─**本講の内容のあらまし**──────────────────────────┐
　損失補償とは，公共の利益を実現するための適法な公権力の行使に
よって，財産上の損失を被った者に対して，全体の公平の観点から，そ
の損失を補償する制度である。本講では，①損失補償の概念と根拠は何
か，②憲法29条３項の規定を直接根拠として損失補償の請求をすること
ができるか，③損失補償の要否の判断基準となる特別の犠牲を強いる場
合とは何か，④憲法29条３項の定める「正当な補償」とは何を意味する
か，⑤国家賠償と損失補償の谷間と言われる今後の重要課題を，学説・
判例を中心に概観する。
└───────────────────────────────────────┘

第１節　損失補償制度

1　概　念

　前講で見たように，国または公共団体の違法な公権力の行使よって生じた
財産的損害については，国家賠償法に基づいて損害賠償請求をすることがで
きる。一方，公共の利益を実現するための適法な公権力の行使によって，特
定の者の財産権を剥奪したり（公用収用），財産権の行使を制約する（公用制
限）場合がある。公共施設の建設用地を確保するために任意買収を試みたが
相手が応じず，収用委員会の裁決をもって土地を収用する場合などが代表的
な公用収用の例であり，保安林の区域内における土地の形質の変更行為の制
限（森林法34条）や公園の風致を維持するための特別地域内における工作物の
新築，増改築の制限（自然公園法20条）などが公用制限の例である。

　公用収用ないし公用制限は，公共の利益を実現するために特定の者の財産上の犠牲を強いるものであり，その不利益をもっぱら所有者や関係者に甘受させることは公平に反することである。このような場合，全体の公平負担の見地から，これを調整し補償を行う制度として，損失補償制度が用意されている。

　損失補償制度の法的根拠に関しては，言うまでもなく，憲法29条 3 項の「私有財産は，正当な補償の下に，これを公共のために用ひることができる」とする規定に直接根拠を求めることができる。また，公平負担の見地からすれば，憲法14条の平等原則，さらに当該損失が耕地，店舗，職場など生計を立てる重要な手段に係るものである場合は，憲法25条の生存権規定にもその根拠を求めることができる場合もあろう。

2　憲法に基づいた損失補償請求

　国家賠償制度に関しては，憲法17条の規定を受け，国家賠償法が制定されている。しかし，損失補償制度の場合は，土地収用法などの個別の法律において損失補償に関する規定を置いている場合はあるものの，憲法29条 3 項の規定を受けた損失補償に関する一般法は存在しない。このことから，個別の法令が損失補償を必要とする財産上の制約を規定しながら損失補償についての規定を置いていない場合の損失補償が問題となる。かつては，憲法29条 3 項の法的性質をプログラム規定とみて，個別の法令の規定がなければ補償は不要であるとする考え方も存在していた。これは，損失補償の規定がなかった明治憲法時代の考え方である。しかしながら，日本国憲法下においては，憲法29条 3 項を単なるプログラム規定とみるのは妥当ではなく，特別の犠牲を強いられた者に対する何らかの法的保護が必要であることには意見が一致しているところである。

　具体的な法的保護の方法に関しては，損失補償を必要とする財産上の制約を規定しながら損失補償に関する規定を置いていない場合は，当該法令そのものが違憲・無効であって財産上の制約が違法であるとする「違憲無効説」

と，個別の法令に損失補償に関する規定がなくとも直接憲法29条 3 項に基づいて損失補償の請求ができるとする憲法上の「請求権発生説」とに見解が分かれている。

　最高裁は，河川付近地制限令事件（最判昭和43年11月27日刑集22巻12号1402頁）において，自己所有地においてそれまで適法に砂利採取を行ってきたところ，当該地域が事後的に河川付近地に指定され，砂利の採取ができなくなった者への補償規定がない場合につき，「直接憲法29条 3 項を根拠にして，補償請求をする余地が全くないわけではない」とし，請求権発生説の立場をに立っている。

第 2 節　損失補償の要否

1　補償の要否の判断基準

　適法な行政活動により国民に損失が発生した場合，いかなる場合でも無条件に損失補償が受けられるわけではない。そもそも憲法上の財産権は絶対的なものではなく，財産権の内容は公共の福祉に適合するものでなければならず（憲法29条 2 項），また財産権の行使も濫用にあってはならず常に公共の福祉のために利用されなければならない（同12条）。適法な行政活動に起因する損失は，上記のような，いわゆる財産権の社会的制約に含まれる場合と，社会生活を営む上で一般的に要求される受忍の限度を超える「特別の犠牲」を強いるものである場合があり，後者の場合にのみ損失の補償が与えられるのである。そこで，実際においては，補償を要する特別の犠牲をどのように判断するかが大きな問題となる。その判断は，一般的には，規制の対象，規制の目的，規制の程度・態様などを総合的に考慮して行われるということができる。以下では，裁判例を紹介しながら，それぞれの判断基準について見ることとする。

2　規制の対象

　財産権の制約の対象による区別として，形式的基準及び実質的基準によって判断される。まず，形式的準とは，財産権に対する侵害が不特定多数の者を対象とする一般的規制か，それとも特定の者を対象とする個別・具体的な規制かという基準である。個別・具体性が高いほど特別の犠牲と判断されやすく，補償を要する可能性が高い。他方，実質的基準とは，規制が財産権の本質的内容に対する侵害であるかどうか，そしてそれを強いることが社会観念上の受忍限度を超えているかどうかの基準である。

3　規制目的

　行政規制一般に唱えられている消極目的規制（警察規制）と積極目的規制の区分に応じ，財産上の規制が社会公共の安全の確保及び秩序維持を目的とする消極目的規制である場合は補償を要せず，公共の福祉を増進するための積極目的規制の場合は補償を要するとされる。

　この区分を用いた判例として，奈良県ため池保全条例事件（最大判昭38年6月26日刑集第17巻5号521頁）を挙げることができる。奈良県は，ため池の堤とうの破損・決壊等による災害を防止する目的で，ため池の堤とうを利用した農作物の栽培を禁止する条例を制定したが，長年にわたってため池の堤とうで耕作をしてきた者が，条例施行後も耕作を続けたため，条例違反を理由に起訴された事案である。最高裁は，本件条例は，「ため池の堤とうを使用する財産上の権利の行使を著しく制限するものではあるが，結局それは，災害を防止し公共の福祉を保持する上に社会生活上已むを得ないものであり，そのような制約は，ため池の堤とうを使用し得る財産権を有する者が当然に受忍しなければならない責務というべきものであって，憲法29条3項の損失補償はこれを必要としない」とした。

　また，道路の拡幅工事により消防法等の規定に適合しなくなりガソリンスタンドの移転を余儀なくされた場合の損失について，最高裁は，「道路工事の施工によって警察規制に基づく損失がたまたま現実化するに至ったものに

すぎず」損失補償は要しないと判断した（最判昭和58年 2 月18日民集37巻 1 号59頁）。この判例は，物自体が社会に対する危険を有する場合，危険防止の観点からの規制（消極目的規制）を受忍すべきとする，いわゆる「状態責任」を認めた判例とされている。

　なお，都市計画法上の土地利用規制のように，当該規制が消極目的規制か積極目的規制かは必ずしも明確ではない場合もある。たとえば，都市計画法上の市街化区域と市街化調整区域の区域区分（ 7 条），地域地区制度（ 8 条）による土地利用規制は，都市の秩序ある開発のための財産権の内在的制約と見れば消極目的の規制であるが，一方，良好な都市環境を創出するための規制と見る場合は積極目的の規制と見ることも全く不可能ではない。

4　規制の程度

　財産権に対する制限の程度が，財産権の内在的制約に含まれ，また，軽微であるほど補償の必要性は低くなる反面，財産権そのものを剥奪したり，その本来の効用を発揮できなくするような制限の場合は損失補償の必要性が高くなる。鉱業権者が，鉄道，水道，河川，公園，学校などの公共施設の50メートル以内で鉱物を採掘する場合，管理庁又は管理人の承諾を得なければならないが（鉱業法64条），最高裁は，この場合の制限は，公共の福祉のためにする一般的最小限度の制限であり，何人もこれを受忍しなければならないとして，特別の犠牲には当たらないとした（最判昭和57年11月 5 日民集36巻 2 号127頁）。財産権そのものの剥奪である土地収用の場合は，当然損失補償が必要でありそのための規定が置かれている（土地収用法48条）。

　なお，都市計画法53条の都市計画制限は公共事業の円滑な遂行をするための土地利用制限である。長期にわたる都市計画制限による損失の補償の要否について，最高裁は，利用制限の期間について言及することなく，受忍限度の範囲内であり損失補償請求はできないとしている（最判平成17年11月 1 日判時1928号25頁）。この最高裁判断に対しては，単に都市計画制限であるのみの理由で損失補償を否定することは妥当ではなく，受忍限度を超えた場合は補償

が必要となる場合があるとしたうえで，受忍限度の判断に際しては，「制限
の内容と同時に，制限の及ぶ期間が問題とされなければならない」とする藤
田裁判官の補足意見が付されている。制限期間を財産権制限の程度判断の考
慮要素として位置付けた意見と見ることができる。

第3節　損失補償の内容

1　正当な補償の意味

　憲法29条3項は，「正当な補償」の下に公共のために用いることができる
と定めるのみで，実際にどの程度の補償を行うべきかが問題となる。これに
関しては，損失を受けた財産の客観的価値の全額を補償すべきとする「完全
補償説」と，当時の社会的・経済的状況に照らして社会通念上合理的な金額
で足りるとする「相当補償説」の対立がある。

　相当補償説に立つと見られる判例として，自作農創設特別措置法関連の事
案において，最高裁は，「その当時の経済状態において成立することを考え
られる価格に基き，合理的に算出された相当の額をいうのであって，必しも
常にかかる価格と完全に一致することを要するものではない」とした（最大
判昭和28年12月23日民集7巻13号1523頁）。しかし，この判例は，戦後の農地改革
に伴う地主に対する補償の問題という特別な事案についての判断と理解すべ
きという考え方が一般的である。

　最高裁も，土地収用法に基づく損失補償について，「完全な補償，すなわ
ち，収用の前後を通じて被収用者の財産価値を等しくならしめるような補償
をなすべき」，また，「被収用者が近傍において被収用地と同等の代替地等を
取得することをうるに足りる金額の補償を要する」（最判昭和48年10月18日民集
27巻9号1210頁）とし，少なくとも，土地収用に伴う損失補償に関しては，完
全補償が必要であることを確認している。

　その後，最高裁は，補償金の算定基準時を基本的に事業認定の告示の時の
価格とし，これに物価変動に応じる修正率を乗じて補償金を算定する，いわ

ゆる価格固定制を定めた土地収用法71条の合憲性が争われた事案において，上記最大判昭和28年12月23日を先例として挙げながら，「その当時の経済状態において成立すると考えられる価格に基づき合理的に算出された相当な額をいうのであって，必ずしも常に上記の価格と完全に一致することを要するものではない」とした（最判平成14年6月11日民集56巻5号958頁）。この最高裁判決は，任意買収による場合との公平性の考慮と開発に伴う土地価格の変動による利益は土地所有者ではなく起業者に帰属すべきとの考え方に依拠しているということができる。一見すると，相当補償説を再確認しているようにも見えるが，収用を前後して財産価値を等しくする補償が行われることから，実質的には土地収用においては完全補償が必要であることを確認しているということができる。

2　補償の範囲

(1)　公用収用

　公用収用は公共のために財産権を剥奪することであり，その損失は当該個人ではなく全体が負担すべく損失補償が必要である。ただし，例えば，食品衛生法28条1項による試験用の無償収去のように，収用される財産がきわめて僅かな場合は補償の必要はない。また，当該物が財産としての価値を失っている場合や社会的な危険物化している場合は，補償は不要である。消防法29条は，消防活動に際して，延焼防止又は人命救助のためにやむを得ない場合，延焼のおそれがある消防対象物等を処分し又はその使用を制限すること（破壊消防）ができるとしているが，この場合，損失の補償は不要である。反面，延焼のおそれのない消防対象物等に対する破壊消防も可能であるが，この場合はその損失を補償するものとしている。

(2)　財産権の制限に対する補償

　公用収用のように財産権を剥奪するのではなく，形状変更規制のように財産権の行使の一部を制限する場合の損失補償が問題となる。典型的な例である都市計画法上の都市計画事業制限や地域・地区指定による権利制限につい

ては，一般に補償は不要とされている。一方，自然保護や文化財保護の目的
で土地利用制限が課されている場合の損失について，損失補償に関する明文
の規定を置いている場合がある。自然公園法64条，文化財保護法43条5項，
自然環境保全法33条1項のように，当該土地の建築・増改築及び文化財の修
理行為を許可制にかからしめ，不許可とした場合に生じる「通常生ずべき損
失」を補償する場合である。財産権の制限が課された時点ではなく，不許可
によって実際に財産権の行使が制限された時点で補償が行われる点が特徴的
である。

(3) その他の損失補償

損失補償制度は，基本的に財産権を対象とする直接的な損失の補償を想定
したものである。ところが，財産権そのものに対する制限でない場合や精神
的又は間接的な損失の補償がしばしば問題となる。

まず，土地収用の場合，収用によって付随的に発生する移転費用，営業損
失なども補償の対象となる（通損補償，土地収用法77条・88条）。また，土地の一
部の収用によって残地の価値の低下（残地補償，同法74条），隣の土地の収用に
よって発生した工事費用などの補償（みぞ・かき補償，同法75条）なども損失補
償の対象となる。

次に，長年住み慣れた土地を失うことによる苦痛などの精神的損失の補償
が問題となるが，現在の実務・判例はこれに消極的である（最判昭和61年1月
21日判時1270号67頁）。しかし，学説においては，完全補償の観点から，特別
な事情が認められる場合は，財産的損失だけでなく精神的損失についても補
償がなされるべきという見解が示されている。

また，ダムの建設などによって集落全体が水没した場合，土地や家屋など
の直接的な損失が発生するだけでなく，生活共同体や生計の手段としての家
業などを再建するための費用も発生するが，一般的には，生活再建費用は財
産的評価が難しく請求権としては位置付けられていない。ところが，土地や
家屋に対する補償額だけでは生活再建が難しい場合も想定でき，このような
場合は，憲法25条の生存権保障の観点から，生活再建費に関する補償を積極

的に考えるべきという主張もある。これに関しては，事業の遂行によって生活の基礎を失った者の生活再建を助けるための措置として，生活再建のための新たな土地建物の取得，職業の紹介に関するあっせんを，施行者の努力義務として定めている例がある（都市計画法74条，水源地域対策特別措置法 8 条）。また，土地収用法上の少数残存者補償（同法45条），離職者補償の規定（同法46条）も生活再建補償の一種と見ることができる。

3　損失補償の方法

　土地収用法上の損失補償は，金銭補償を原則とし，例外的に現物補償を認めている（同法70条）。現物補償として，代地補償，耕地助成補償，宅地助成補償，工事代行補償が定められている（同法82条〜86条）。

　なお，収用裁決のうち損失の補償に関する訴えは，起業者が提起する場合は土地所有者又は関係人を，土地所有者又は関係人が提起する場合は起業者を相手として提起しなければならない（同法133条 3 項）。いわゆる形式的当事者訴訟と称されるものである。

第 4 節　　国家賠償と損失補償の谷間

　国家賠償は，国又は公共団体の故意又は過失による違法行為によって発生した損害を補填する制度である。一方，損失補償は，適法な行政活動によって発生した損失を補填する制度である。どちらも財産的侵害に対する救済制度ではあるが，この二つの制度の救済の要件の違いから，どちらの制度によっても救済されない領域が存在する。行政の行為が違法ではあるが過失が認められない（違法無過失）場合であり，この領域を国家賠償と損失補償の「谷間」と呼ぶ。この谷間の問題は，集団予防接種の副作用によって後遺症が発生した場合にどう対処するかの問題を中心に議論されてきた。予防接種の副作用を医学的見地から予見することは非常に困難であることから過失が認められず国家賠償の対象から除外される。一方，違法行為であることから

損失補償の対象からも除外されてしまう問題である。

　集団予防接種は，国の強制又は推奨の下で行われ，被接種者本人だけでなく社会全体を疾病から防衛するという公益目的から行われる面が大きく，したがって，予防接種の副作用被害を被った者に対しては何らかの形であれ救済を与えるべきであることには異論はない。この「谷間」を埋める方法としては，解釈論上，過失を広く認定することによって国家賠償を認めるべきという説と，憲法29条3項の射程を拡大することによって損失補償を認めるべきという説がある。判例としては，副作用が発生した場合，被接種者を禁忌者と推定することで過失認定を容易にし（最判平成3年4月19日民集45巻4号367頁），さらに，禁忌者識別のための充分な措置をとることを怠った点を，厚生労働大臣の過失として認定（組織的過失）することにより国家賠償を肯定した裁判例（東京高判平成4年12月18日判時1445号3頁）がある。

　このような解釈論上の対応には限界があり，立法措置をとることで根本的な解決を図るべきとの見解もある。実際に，予防接種法は，予防接種等による健康被害に対する無過失責任による救済措置を法制化している（同法15条以下）。ほかにも，無過失責任ないし結果責任を規定した例は，滞納処分に関して，動産等の売却決定が取り消された場合の無過失責任（国税徴収法112条2項），消防庁の改善命令などが判決によって取り消された場合の当該命令による損失に対する無過失責任（消防法6条2項）などの例がある。

【設　問】

(1) 法令が，特別な犠牲を強いる財産上の制約を規定しながらも，損失補償に関する規定を置いていない場合の，損失補償について論じなさい。

(2) 道路を建設するために土地を収用する場合の補償について，憲法29条3項の「正当な補償」の意味に関する学説・判例を挙げながら論じなさい。

(3) 現代の行政活動の多様化に伴い，国家賠償と損失補償のいずれに

　よっても救済されない領域（谷間）が発生する。このような谷間を埋
めるための方法について論じなさい。

参考文献
塩野宏『行政法Ⅱ（第6版）』（有斐閣，2019年）
宇賀克也『行政法概説Ⅱ（第6版）』（有斐閣，2018年）
櫻井敬子・橋本博之『行政法（第5版）』（弘文堂，2016年）
高橋滋『行政法』（弘文堂，2016年）

（権　奇法）

第**20**講　国と地方の関係

┌─**本講の内容のあらまし**────────────────────────┐

　日本国憲法は，地方自治を制度として保障していると解されている。しかし，1999年の地方自治法改正以前は，省令や通達（自治事務），あるいは包括的・一般的指揮監督権（機関委任事務）を通じた地方行政への国の省庁の介入が日常的に行われ，国・地方関係は上下・主従の関係にあるといわれてきた。1999年の地方自治法改正は，国の関与についての事前統制及び事後的な紛争解決制度を構築することで，国の地方行政への介入を抑制し，国・地方関係を対等・協力の関係へ転換しようとした。そこで，本講では，①日本国憲法下における団体自治の意義，②団体自治の保障と国の関与の相互関係，③地方分権改革で創設された国の関与に関する法制度などを中心に概観する。

└────────────────────────────────────┘

第1節　地方自治と国・地方関係

1　「地方自治の本旨」の意義

(1)「住民自治」と「団体自治」

　日本国憲法92条は，「地方公共団体の組織及び運営に関する事項は，地方自治の本旨に基いて，法律でこれを定める」と規定する。一般に「地方自治の本旨」の内容としては，住民自治と団体自治の二つの要素があるとされる。住民自治とは，地域住民の自律的意思と責任に基く地域的事務の実施を意味し，団体自治とは，国とは別個の法人格を有する地域住民の自治組織（地方公共団体）が，自己の意思と責任において地域的行政事務を遂行するこ

とを意味する。

そして住民自治と団体自治の相互関係について，団体自治が保障されることによって，住民自治が確保され，また同時に，地域ごとに異なる行政需要に応じた，きめ細かで効果的な行政運営の展開が可能となり，その結果として国民の権利の拡充や福祉の増進が果たされると考える場合，団体自治は，住民自治や人権保障を拡充するための制度的基盤ないし重要な仕組みと位置づけられよう。

(2)「団体自治」の保障の意義

団体自治という概念は，国家の介入によって侵されることのない地方公共団体の権能＝自治権が存在することを前提とするが，その自治権の理解は必ずしも一様ではない。伝統的な理解の一つに固有権説がある。これは地方自治権を，個人の基本的人権と同様，地方団体固有の前国家的なものととらえ，国法によってもその権能を濫りに制限ないし剥奪することは許されないと考える説である。もう一つの伝統的理解は，近代主権国家においては，地方団体の自治権を，国家の統治権に伝来し，国家の政策的自制に基づく承認に根拠を有するものととらえ，国家的後見的監督の範囲内においてのみ保障されるとする国家伝来説（承認説）である。

地方団体の自治権を前国家的，自然法的な固有権ととらえることは欧米でも一般的ではないこと，また近代主権国家における主権の単一・不可分性を前提とするならば，今日の地方公共団体の自治権は，国法から伝来するものとらえざるを得ない。

しかしながら，古典的な伝来説に立った場合，地方公共団体の権能（自治権）は，通常の立法によって授権され，また同時に通常の立法によって容易に制限ないし剥奪されることとなる。そのため，伝来説を採用した場合のこのような問題に対して，日本国憲法第8章は，国法を以てしても侵しえない地方自治に関する本質的内容を制度として保障したものと理解する，いわゆる制度的保障説が唱えられ今日では同説が通説化している。そして，制度的保障説に立ったうえで，憲法による地方自治の本旨，とりわけ団体自治の保

障の意義を改めて整理すると，憲法92条が「地方自治の本旨」を通じて団体自治を憲法上保障しているという場合，それは，国家が，地方公共団体に対して過剰な介入を行い，その自主性・自律性を損なうことが，団体自治を後退させ，さらにそれが住民自治や人権保障縮減に繋がる恐れがあることから，地方自治に関する立法について，「地方自治の本旨」の保障を通じて，地方自治の制度化や運用の際の指導理念を提示すると同時に，地方公共団体に対する国家の過剰な介入を抑制する防御機能を果たすことで，住民自治の保障の前提となる団体自治の保障を担保するものでもあるといえよう。

(3)　自治権保障と国・地方関係

　地方公共団体の権能，すなわち自治権としては，自治組織権，自治行政権，自治立法（条例制定）権，自治財政権などが想定できる。しかし，自治組織権については「地方自治の本旨」に基づくという留保が付されているとはいえ，国の立法事項となっており（憲法94条），条例制定権も法令への適合性が要求される（憲法93条，地方自治法14条1項）。また，地方行政の運営に関する中央政府の行政的，財政的な関与は日常的に行われている。

　このように，地方公共団体の自治権保障の度合いは，立法的，行財政的な国家の介入の程度やあり方によって左右される側面が多い。また，制度的保障説に立ち，団体自治に自治権保障の防御機能を見出したとしても，そこで保障される，国法を以てしても侵しえない自治権の具体的な内容は必ずしも明確ではない。

　そのため，団体自治の具体的な内容を充実させ，それによって住民自治や人権保障の拡充を図ろうとするならば，国家の地方公共団体に対する過剰な介入を抑制する仕組みを構築することが不可欠の課題であり，ここに地方自治の文脈において国・地方関係を検討する必要性があるのである。

第2節　国・地方関係と地方分権改革

1　戦後の国・地方関係の特徴

　明治憲法には，地方自治に関する規定はなく，同憲法下における地方制度は，市制・町村制，府県制・郡制など法律によるものであり（いわゆる法律主義），国家の都合による改正が度々行われた。また，それは上級監督庁の統制が強固な中央集権的で限定的な地方制度であった。

　これに対して，地方自治が憲法によって規定され，団体自治や住民自治といった地方自治の本旨が制度として保障されていると解されている現在の国・地方関係においては，自治体固有の権能（自治権）が一応憲法上保障されている。とはいえ，地方公共団体の権能の範囲は，国法によって決せられるかたちとなっている。そのため，国の関与のあり方いかんによって国・地方関係は上下・主従の関係に陥る可能性が常に存在する。

　実際に，戦後の国・地方関係の実情に目を向けると，1999年の地方自治法改正前に存在した機関委任事務（首長など地方公共団体の機関が執行する国の事務）は，同事務を執行する地方公共団体の首長らを，当該事務の主務大臣の下級行政機関として位置付け，その包括的・一般的な指揮監督権の下に置くものであり（旧法150条），議会による条例の制定なども不可能であった。また機関委任事務は，都道府県の許認可事務の8割，市町村レベルでも3〜4割程度を占めるともいわれ，憲法による地方自治の保障とは裏腹に，現実の国・地方関係は，中央集権的であり，同時に縦割り型の行政システムと評価されるべきものであった。

2　地方分権改革

　1999年の地方分権一括法として結実した，いわゆる第一次地方分権改革は，それ以前の国・地方関係を上下・主従の縦の関係ととらえたうえで，これを対等・協力の横の関係へと転換し，地方公共団体の自主性・自立性の拡

大を図ろうとするものであった。具体的には，機関委任事務の廃止によって地方公共団体の事務が量的に拡大され，また同事務を通じた地方公共団体に対する主務大臣等の一般的・包括的な指揮監督権も廃止された。また国等の関与に関する一般的ルールが定立され，加えて国地方係争処理制度も創設された。

　その後も，地方公共団体の自治財政権の向上に係る第二次地方分権改革を挟み，2011年の二つの関係法令整備法では，さらなる権限移譲，法令による義務付け・枠付けの見直しが図られるなど（いわゆる地域主権改革），一連の地方分権改革は，国の地方公共団体への介入を抑制し，地方公共団体の自治権拡充を図る方向で進められてきた。

　そこで以下では，こうした地方分権改革を経た，現在の地方自治法に基づく国・地方関係の法的枠組みを具体的にみていくことにする。

第3節　国・地方関係に関する法制度
（国の関与に関する地方自治法上の仕組み）

1　地方自治法における国・地方関係の基本原則

　日本国憲法92条の地方自治の本旨からは，国・地方関係おける団体自治の制度的保障の要請を読み取ることができる（防御機能）。しかし，それは抽象的であり，地方公共団体の権能が国・地方関係において保障されるためにはより具体的な原則が必要となる。この点に関して，1999年の地方自治法改正により新たに規定された地方自治法1条の2は，まず，地方公共団体が「地域における行政を自主的かつ総合的に実施する役割を広く担う」存在，すなわち地域行政を自己決定と自己責任に基づいて実施する，いわゆる総合行政主体であることを明示する（自治法1条の2①）。次いで，国に対して「住民に身近な行政はできる限り地方公共団体にゆだねる」という，いわゆる事務配分における分権化を原則とした国・地方間の適切な役割分担，及び立法，法令解釈・運用における地方公共団体の自主性・自立性への配慮が求められ

ている（地自法1条の2②，及び同法2条⑪〜⑬項も参照）。

　こうした諸原則に反する立法，法令解釈・運用が，直ちに地方自治法違反，あるいは違憲となるかは見解の別れるところではあるが，少なくとも，こうした原則には国会や中央政府に対し，地方自治に関する制度策定や施策実施を行う際の指針として自己抑制を求める機能があると考えられることから，こうした原則が明示されたことは，地方自治，とりわけ団体自治の拡充の観点からは，一定の前進と評価できよう。

　もっとも，地方公共団体の規模が異なればその事務処理能力も異なる以上，事務配分の分権化を考える場合には，その事務処理能力に応じた事務配分が望ましい。いわゆる補完性の原則，あるいは市町村優先の原則の下では，市町村→都道府県→国というボトムアップ型の事務配分が要請される。これとは逆に，総合行政主体として位置づけられた地方公共団体に対して，事務処理能力を超えた事務を，国がトップダウンで一方的に委譲することは，地方行政の破たん，国・地方関係が上下・主従関係への揺り戻しにもつながりかねず，また国が委譲した事務に対応するべく地方公共団体の広域化・大規模化が強要されたりすることは，住民と地方公共団体の距離を遠くし，住民自治の希薄化や行政サービスの質の低下を招きかねない。したがって，こうした地方自治法上の国・地方関係の諸原則は，個々の原則が地方自治の充実に資するように理解される必要がある。

2　地方公共団体の事務の再編と国の行政的関与

　国の地方公共団体に対する行政的関与は，地方公共団体の事務の種類に応じて異なる。1999年の地方自治法改正によって，機関委任事務は廃止され，国の事務と地方公共団体の事務に振り分けられ，また地方公共団体の事務については，国等が本来果たすべき役割に係るものであつて，国等においてその適正な処理を特に確保する必要がある法定受託事務とそれ以外の自治事務とに再編された（地自法2条⑧，⑨）。

　かつての機関委任事務とは異なり，法定受託事務も，それが国の果たすべ

き役割に係るものであるとはいえ，自治事務と同様に地方公共団体の事務であることには変わりなく，たとえば法定受託事務であっても，議会の条例制定の対象となる（地自法14条①，同法 2 条②，⑧，⑨）。

　自治事務と法定受託事務の区別の法的な意義は，国（市町村に対しては国及び都道府県）の関与の手法の違いにある。地方自治法は，自治事務に対しては「国は，地方公共団体が地域の特性に応じて当該事務を処理することができるよう特に配慮しなければならない」と特別配慮義務を課し，また関与の具体的類型も助言・勧告などの非権力的関与が原則とされる。他方で，法定受託事務については，国等においてその適正な処理を"特に"確保する必要があるとされ，主務大臣に事務の処理基準の設定が認められ，また許可・認可，代執行といった権力的関与も認められている。

　そこで以下では，地方公共団体に対する国の関与に関する地方自治法上の仕組みを具体的にみていくこととする。

3　国の関与に関する地方自治法上の仕組み

(1) 関与の類型

　地方自治法245条は，国等の地方公共団体に対する関与の基本類型について，原則として限定列挙することとし（同条 1 号， 2 号），また基本類型に該当しないものについても別途包括的に規定している（3 号）。こうした関与類型の明示は，国等の関与に関するルールの適用対象となる範囲を明確にし，国・地方間の紛争の法的解決を促す効果を有すると考えられる。

　国等の関与とは，行政主体たる地方公共団体が，固有の資格（一般私人が立ちえないような立場にある状態）において行う事務処理に関し，国等の行政機関が行う，①助言・勧告，②資料提出の要求，③是正の要求，④同意，⑤許可・認可・承認，⑥指示，⑦代執行（地自法245条①1号），⑧協議（同条同項 2号），⑨その他一定の行政目的を実現するため普通地方公共団体に対して具体的かつ個別的に関わる行為（同条同項 3 号）をいう。このうち，①，②，⑧は非権力的関与であり，③，④，⑤，⑥，⑦は権力的関与である。

　また，⑨として想定されているのは，全国的な統一性，広域的な調整，行政事務の適正な執行確保を目的として行われる検査，監査等，さらに，いわゆる並行権限の行使（例えば建基法17条12項）も，それが関与に該当する場合にはここに含まれると解されている。

　なお，地方公共団体が私人と同じ立場に立つ場合，国等の支出金の交付及び返還に係る場合（地自法245条括弧書き），審査請求等の裁決等のいわゆる裁定的関与（同条3号括弧書き）については，関与に関する地自法上のルールを適用することが必ずしも適切ではないとされ，関与の定義から除外されている。

　(2) 関与の三原則

　「法定主義の原則」（地自法245条の2）……地自法245条の2は，国等が地方公共団体に対して関与を行う場合，法律又は政令の根拠を要する旨を規定する。1999年改正前の地方自治法下では，機関委任事務の処理に関して，主務大臣には，包括的・一般的指揮監督権が認められており，また，地方公共団体の事務に関しても，省令や通達による関与が行われてきた。これに対して，改正後の地方自治法における関与の法定主義の原則は，権力的関与のみならず，非権力的関与にも適用される原則であり，私人と行政の関係における法律による行政の原理（法律の留保に関する侵害留保の考え方）を，より厳格な形で国・地方関係について具体化したものであるとみることができる。

　「必要最低限の原則」（比例原則，一般法主義の原則　地自法245条の3①）……地自法245条の3は，国等が地方公共団体に対して行う関与は，必要最小限度のものであり，地方公共団体の自主性・自立性に配慮されたものでなければならない旨を規定する。

　具体的にはまず，自治事務，法定受託事務の別を問わず，⑨のその他一定の行政目的を実現するため普通地方公共団体に対して具体的かつ個別的に関わる行為，及び⑧の協議は，限定的な場合に限り認めることとした（地自法245条の3②，③）。さらに地方公共団体の自治事務に関しては，国等は，原則として，権力的関与である⑦の代執行，及び⑨のその他一定の行政目的を実

現するため普通地方公共団体に対して具体的かつ個別的に関わる行為，④の同意，⑤の許可・認可・承認，⑥の指示にあたる関与をしないようにしなければならないとされた（地自法245条の3②，④〜⑥）。他方で，法定受託事務に関しては，基本的に権力的関与を制約する規定は存在しない。

　したがって，自治事務に関する関与は，非権力的な①助言・勧告，②資料提出の要求，⑧協議（いわゆる「同意を要する協議」は権力的関与にあたり，自治事務に対する基本的な関与類型からは除かれるべきものと解される），及び，国等が，自治事務の処理について法令の規定に違反していると認めるとき，又は著しく適正を欠き，かつ，明らかに公益を害していると認めるときに発せられる権力的関与である③是正の要求が基本的な関与類型とされる一方，法定受託事務については⑨以外の関与全てが基本的な関与類型ということになる。また，法定受託事務に関しては，国等は特に必要な場合には処理基準を設定することも可能である（地自法245条の9）。この処理基準自体は法的拘束力を有さないものと解されるが，処理基準に違反した事務処理には是正の指示が発せられる可能性がある。

　なお，⑦代執行に関しては，法文上自治事務についても可能であるように読めるが，地方自治法改正においては，自治事務に対する代執行は想定されておらず，実際に地方自治法上は，法定受託事務に関する代執行のみが，厳格な要件及び裁判所の関与を含めた慎重な手続の下で認められている（地自法245条の8）。

　自治事務に関する権力的関与である③是正の要求が実際になされた例としては，東京都国立市や福島県矢祭町が住民基本台帳ネットワークへの接続を拒否した際に，知事が是正の要求を行った例，あるいは，教科書無償措置法上，同一の採択地区内では種目ごとに同一の教科書を使うべき旨が定められているにもかかわらず，沖縄県竹富町教育委員会が，採択地区内の他の自治体と異なる教科書を採択したことが，同措置法に違反しているとして，文部科学大臣が竹富町教育委員会に対して是正の要求を行った例などがある。また，同意を要する協議の例としては，神奈川県横浜市が法定外普通税として

勝馬投票券発売税を新設する条例を制定するにあたり総務大臣と協議したところ，総務大臣が不同意とした例がある（国地方係争処理委員会平成13年7月24日勧告）。

「公正・透明の原則」（地自法246条～250条の5）……地方自治法は，関与に関する実体的な原則と並んで，手続上の原則として，助言等への不服従についての不利益取り扱いの禁止（地自法247条③），助言・協議等についての書面主義（247条，248条，250条），是正の要求や許認可等の取消しに関する書面主義及び理由付記（249条，250条の4），許認可等に関する基準及び標準処理期間の設定・公表，届出義務履行に関する到達主義（250条の5），協議における国等の誠実協議義務（205条）を定め，また，並行権限の行使に際しての通知（250条の6）を定めている。

行政手続法の規定は，地方公共団体が固有の資格に立つ場合には適用されない（行手法4条①）。しかし，行政手続法上の行政運営上の公正性・透明性の確保という目的は，国・地方関係にも適用されうる普遍性を有することから，同法の仕組みを，国等の地方公共団体に対する関与にも適用したものである。これによって，国と地方公共団体の対等・協力関係化が手続的にも担保されることとなった。

4 国地方係争処理制度

従来，国等の関与に係る紛争についての一般的な処理手続は存在しなかったが，1999年の地方自治法改正によって，地方公共団体が国等の関与について不服がある場合の紛争解決手続が法定された。この手続は，国地方係争処理委員会における審査と，その後の地方公共団体に対する国の関与に関する訴訟という，二段階の構成となっている。

(1) 国地方係争処理委員会による審査

国の関与に不服がある場合，地方公共団体の執行機関は，当該国の関与があった日から原則として30日以内に，国地方係争処理委員会に対して審査の申出をすることができる（地自法250条の13①，④）。同委員会は，総務省にお

かれる8条機関であり（地自法250条の7，総務省設置法8条2項），中立・公正で
あり，職権行使の独立性を保障された，識見を有する5名の委員によって構
成される，合議制の第三者機関である（地自法250条の7〜250条の12）。

　同委員会の審査対象となる関与は，是正の要求，許可の拒否その他公権力
の行使に当たるもの（地自法250条の13①），国の不作為（同条②），協議（同条
③）である。

　同委員会は，自治事務に対する国の関与については，当該関与の違法性ま
たは地方公共団体の自主性及び自立性を尊重する観点からの不当性を審査
（地自法250条の14①）し，法定受託事務の場合は，当該関与の違法性を審査す
る（同条②）。

　審査の結果，国の関与に違法性あるいは（自治事務に対する関与ついては）不
当性が認められた場合，同委員会は，国の行政庁に対し，理由を付し，か
つ，期間を示して，必要な措置を講ずべきことを勧告する（同条③　同委員会
は，国の行政庁に対して法的拘束力を持つ裁決を行う権限は有していない。）。そして，
勧告を受けた国の行政庁は，勧告に示された期間内に，勧告に則した措置を
講ずるべきものとされている（地自法250条の18）。なお，同委員会は，職権に
よる調停権限も授権されている（地自法250条の19）。

　国地方係争処理委員会への審査の申出の例としては，先述の横浜市勝馬投
票券発売税条例に対する総務大臣の不同意について横浜市長が審査の申出を
した例（協議不尽を理由に2001年7月24日に不同意を取り消す旨の勧告がなされた），
国土交通大臣が鉄道建設・運輸施設整備支援機構の北陸新幹線工事実施計画
に対して行った認可（全国新幹線鉄道整備法9条4項）について，新潟県知事が
審査の申出をした例（本件認可は国地方係争処理委員会の審査対象となる地方公共団
体に対する関与に該当しないとされ，2009年12月24日に本件申出は却下された。），沖縄
県知事の辺野古湾沖の公有水面埋め立て承認の撤回処分に対する，沖縄防衛
局による審査請求を本案とする執行停止申立てを認容する国土交通大臣の決
定について，沖縄県知事が審査の申出をした例（執行停止決定は国地方係争処理
委員会の審査対象となる国の関与に該当しないとされ，2015年12月28日に本件申出は却下

された）などがある。また，直近では2019年6月10日に，大阪府泉佐野市長が，総務大臣によって，いわゆるふるさと納税の新制度から除外されたこと（地方税法37条の2②及び第314条の7②の指定をしなかったこと）を不服として審査の申出をしている（総務大臣の行為は，地自法247条が禁じている不利益取扱いに該当すると評価される余地があるなどとされ，2019年9月3日に，総務大臣に対して再検討を行うよう勧告が発せられた）。

　(2)　国の関与に対する訴訟

　国地方係争処理委員会に審査の申出をした地方公共団体の機関は，①同委員会の審査の結果もしくは勧告に不服がある場合には通知があった日から30日以内，②国の行政庁の措置に不服があるときは，国の措置に関する同委員会からの通知があった日から30日以内，③同委員会が90日以内に審査や勧告を行わないときは，審査の申出をした日から90日経過後，④国の行政庁が勧告に基づいた措置を講じないときは，同委員会の勧告に示された期間経過後30日以内であれば，高等裁判所に対して，国の行政庁を被告として関与の取消しまたは不作為の違法の確認を求めて出訴することができる（同法251条の5第①）。

　この訴訟は，裁判所法3条1項にいう法律上の争訟ではなく，いわゆる機関訴訟（地自法251条の5⑧，⑨，行訴法6条）と位置づけられており，関与の取消しを求める訴訟の場合は行訴法上の取消訴訟，不作為の違法確認を求める訴訟の場合は当事者訴訟の規定が準用される（行訴法43条①，③）。なお，国の関与を取消す判決，不作為の違法を確認する判決は，関係行政機関に対しても効力を有する（地自法251条の5⑦，行訴法43条③・33条，43条③・41条①・33条①）。本訴訟の近時の例としては，前述の総務大臣が，泉佐野市をふるさと納税の新制度から除外したこと（不指定）につき，泉佐野市長が，本件不指定は違法な国の関与に当たると主張して，国を被告とした本件不指定の取消しを求め出訴したところ，最高裁が，ふるさと納税制度に係る募集適正基準等を定める平成31年総務省告示第179号2条3号の規定のうち，指定制度の導入前における寄附金の募集及び受領について定める部分は，同法37条の2

第2項及び314条の7第2項の委任の範囲を逸脱した違法なものとして無効であるとして泉佐野市側の請求を認容した例がある（最判令和2年6月30日民集74巻4号800頁）。

(3) 国等による違法確認訴訟制度

東京都国立市や福島県矢祭町の住基ネット不接続の事例のように，是正の要求等がなされているにもかかわらず，自治体側がこれに応じず，かつ国地方係争処理員会への審査の申出も行わない場合，違法性が疑われる事務処理が放置されたままの状況となり，法適合性の観点から問題となる。

そこで，2012年の地方自治法改正によって，国等による違法確認訴訟制度が導入された（地自法251条の7，252条）。本訴訟は，国等が自治事務に関する是正の要求，法定受託事務に関する是正の指示をしたにもかかわらず，是正の要求等を受けた地方公共団体が，相当の期間内に是正の要求等に応じた措置を講じず，国地方係争処理制度を利用しようともしない場合，あるいは国地方係争処理制度において当該是正の要求等が適法あるいは妥当であるとされたにもかかわらず是正の要求等に応じた措置を講じない場合などに，国等が地方公共団体の不作為の違法確認訴訟を提起することを認めるものである（なお，本訴訟の判決には執行力が付与されていない）。本訴訟の例としては，先述の沖縄県辺野古埋め立て紛争において，和解成立後に，国土交通大臣が改めて埋め立て承認撤回の取消しを求める是正の指示を行い，沖縄県知事がこの是正の指示について国地方係争処理員会へ審査の申出をしたところ，同委員会が本件是正の指示の適法性について判断しない旨の結論を出したことから，国土交通大臣が沖縄県の承認撤回の取消しをしないことについて違法確認訴訟を提起した例がある（本訴訟では，沖縄県の承認撤回の取消しに関する不作為が確認されている〔最判平成28年12月20日民集70巻9号2281頁〕）。

第4節　今日の国地方関係の特徴

団体自治の拡充の観点からは，地方公共団体を国とは別個の統治主体とし

てとらえ，国等の違法・不当な介入を排除し，その自治権を法的権能として保障する仕組みが存在することが望ましい。これまで見てきたように，1999年の地方自治法改正は，法治主義や比例原則，あるいは適正手続といった行政作用法上の諸原則の国・地方関係への適用，及び公平・中立な国地方係争処理委員会や裁判所による国・地方間の紛争処理の創設などを柱とするものであった。

　これは，国・地方関係を，私人と行政の関係とパラレルにとらえる，すなわち国と地方公共団体の関係を，行政内部法関係から外部法関係へと転換させ，私人の権利救済の場合と同様の手法によって自治権保障を果たそうとするものであり，従来の国・地方関係と比較すると，団体自治拡充のための基本的枠組みが提示さている点において画期的なものである。

　他方で，自治権侵害を理由とする主観訴訟の提起は必ずしも認められているとはいいがたい点，地方公共団体による国地方係争処理委員会への審査の申出と国等による不作為の違法確認訴訟とが並存することの妥当性，あるいは国地方係争処理委員会の審査対象のあり方など，今後さらなる法学的検討や制度の改善が必要となる課題も残っている点に留意する必要がある。

　　　【設　問】

　(1) 国等の関与に係る1999年地方自治法改正の意義について，団体自治の観念を前提として論じなさい。

　(2) 沖縄県知事による辺野古の公有水面埋め立て承認撤回の事例において国地方係争処理制度が果たした役割を明らかにし，またその限界について論じなさい。

　(3) 地方公共団体が自治権侵害を理由として取消訴訟を提起することの妥当性について，日田市場外車券発売所訴訟（大分地判平15年1月28日 判タ1139号83頁 判例地方自治254号98頁），あるいは函館市大間原発設置無効確認・建設停止命令義務付け訴訟（裁判所ウェブサイト）を例に挙げて論じなさい。

参考文献

宇賀克也『地方自治法概説（第8版）』（有斐閣，2019年）

松本英昭『逐条地方自治法（第9次改訂版)』（学陽書房，2017年）

紙野健二・本田滝夫編『辺野古訴訟と法治主義』（日本評論社，2016年）

塩野宏『行政法Ⅲ（第4版）』（有斐閣，2012年）

佐藤英善編著『新地方自治の思想』（敬文堂，2002年）

佐藤幸治『日本国憲法論』（成文堂，2011年）

（長内祐樹）

第21講　行政の多様化と行政法

本講の内容のあらまし

　現代行政の特徴として，行政活動主体の多様化，そして私的主体による公共サービス提供の増加など，行政の外延拡大といわれる現象を挙げることができる。行政の外延拡大によって，伝統的な行政法理論が想定していなかった新たな法律問題が発生し，行政法学の現代的課題となっている。本講では，まず，行政主体の多様化を概観し，次に，民間による公共サービスの提供を PFI と指定管理者制度を中心に取り上げる。そして，最後に，このような現象によって発生する法律問題を，賠償責任の問題を中心に取り上げることとする。

第1節　現代行政の特徴

　19世紀の自由主義国家観に基づいた近代国家においては，行政活動は，秩序維持や外交，国防などの最小限に止めるべきとされていた。しかし，その後，行政は国民生活の向上のために積極的な給付行政を展開すべきであるとする福祉国家観へと，その理念の転換が行われた。これに加え，科学技術の発展，社会構造の変革などによる行政環境の変化は，現代行政の大きな特徴である行政の多様化ないし行政の外延拡大をもたらすこととなる。行政の多様化は，行政活動の担い手の多様化，行政の活動領域は拡大，行政が用いる活動手法の複雑・多様化に分けて考えることができる。

　まず，伝統的に，行政活動の担い手は，主に国又は公共団体のような純粋な統治団体に限られていた。しかし，今日においては，公的性質の度合いの

異なる様々な行政主体，さらには純然たる民間の法人に行政活動を委ねる例が増えている。民間の法人に行政活動を委ねる場合は，PFI や指定管理のように，その活動が事業の形態をとっていて，民間が収益の創出のために参入できる場合が多数を占めている（後述）。

次に，科学技術の進展と経済の発展は，例えば，薬事行政，原子力行政，都市計画行政などのように，専門的知見を要求する新たな行政領域を生み出している。国民の生活様式の移り変わりも，また新たな行政ニーズを生み，このニーズに対応するための活動も行政領域拡大の一つの要因となっている。

最後に，伝統的な行政手法は，許・認可などの行政処分のような権力的手法が中心となっていた。しかし，現代行政においては，権力的手法だけでなく，補助金交付行政，保育行政，介護行政，障害福祉行政などの分野において新たに契約手法が導入され（措置から契約へ），また，建築協定，公害防止協定，官民競争入札などにおいても契約手法の活用が増加している。このような民事法上の契約手法の活用も現代行政の大きな特徴である。

以上のような，行政の多様化ないし外延拡大は，それぞれ独立した無関係な現象ではなく，行政役務ないしサービスの提供に当たって，「誰が，どのような手法を用いて，どのような行政役務・サービスを提供するか」の問題として，重層的に現れる。以下，本講では，まず，行政主体の多様化を概観し（第2節），行政サービス提供手法の多様化を象徴する制度として，PFI と指定管理者制度を説明し（第3節），最後に，行政の外延拡大によって新たに発生する法律問題を，賠償責任問題を中心に取り上げる（第4節）。

第2節　行政主体の多様化

1　政府周辺法人の増加

規制緩和と行政組織のスリム化・効率化の実現を目指す中で，行政組織も大きな変容を迫られることになる。行政組織の全部又は一部を切り離し別個

の法人格を付与した行政組織を創設したり，すでに別個の法人格を持ってい
る組織をさらに民間の法人形態に近づけることによって，より一層の行政主
体の多様化が進行している。いわば，行政組織の民間化と言われるものであ
り，独立行政法人，特殊法人，認可法人，指定法人等が行政主体の多様化の
典型的な例である。このような法人が，いわゆる政府周辺法人と呼ばれるも
のである。それぞれの法人について簡単に説明して置く。

2　独立行政法人

　独立行政法人とは，国民生活及び社会経済の安定等の公益上の見地から確
実に実施される必要がある事務及び事業であって，国又は公共団体が直接に
実施する必要はないが，民間の主体に委ねた場合には必ずしも実施されない
おそれがあったり，一つの主体に独占して行わせる必要があるものを，効果
的かつ効率的に行わせることを目的として設立される法人である（独立行政
法人通則法 2 条 1 項）。独立行政法人に類似するものとして，国立大学法人が
ある。国立大学法人は，組織形態の面においては独立行政法人に類似する
が，大学の特性に配慮する内容を取り入れた国立大学法人法に基づいて設立
される。

3　特殊法人

　特殊法人とは，個々の法律により直接に設立される法人又は特別の法律に
より特別の設立行為をもって設立される法人である（行政手続法 4 条 2 項 1
号）。従来，事業団，公庫，公社などの名称で呼ばれていたものが特殊法人
に含まれていたが，いわゆる三公社（日本国有鉄道，日本専売公社，日本電信電話
公社）は民営化され，後に郵政公社も民営化された。数多く存在していた特
殊法人は，特殊法人の整理合理化の中で，事業の廃止・縮小，組織の統廃
合，独立行政法人への移行，民営化などにより激減し，現在は，日本放送協
会（放送法）や日本年金機構（日本年金機構法）などが特殊法人として残ってい
る。

4　認可法人

　認可法人とは，民間が設立する法人であるが，その業務の公共性から，特別の法律に基づく主務大臣の認可を設立の要件とする法人である（行政手続法4条2項2号）。日本銀行，預金保険機構，日本赤十字社，国家公務員共済組合連合会などがその例である。なお，従来，認可法人は，特殊法人の厳格な設立審査を回避するための「隠れ特殊法人」として設立されたものも多く，特殊法人と同じく整理合理化が図られ，独立行政法人や民間法人へ移行されたものが多い。

5　指定法人

　指定法人とは，特定の法律に基づき，特定の業務を行うものとして指定された法人のことをいう。指定法人のうち，特に，本来の所管行政機関から指定されて行政事務を代行する場合を「行政事務代行型法人」といい，建築確認・検査事務を行う指定確認検査機関（建築基準法77条の18以下の規定により，同6条の2第1項所定の指定を受けた者），電子署名に係る認証業務認定のための調査を行う指定調査機関（電子署名及び認証業務に関する法律17条）がその例である。ほかにも，各種の免許・資格の試験，安全検査・業務検査などの事務について，指定法人制度が活用されている。この指定法人は，民法上の法人である点で，独立行政法人，特殊法人，認可法人とは大きく異なる。

第3節　民間による公共サービスの提供

1　公共施設の設置・管理への民間の参与

　国又は地方公共団体の役割は，許・認可などの行政事務を行うだけでなく，道路，港湾，空港，公園，河川，公民館，各種の福祉施設などの公共施設を設置・運営することをもって公共サービスを提供することも重要な役割の一つである。このような公共サービスは，国民の日常生活に密接に関わっている場合が多く，従来，公共サービスは国又は公共団体が直接提供する

か，あるいは，政府周辺法人などの公的主体によって提供するものとされていた。

　そもそも，公共サービスの概念が明確に定まっているわけではないが，法律上は，行政の事務又は事業として行われる国民に対するサービスの提供その他の公共の利益の増進に資する業務であって，その内容及び性質に照らして，必ずしも行政が自ら実施する必要がない業務とされている（競争の導入による公共サービスの改革に関する法律2条4項参照）。すなわち，法律上は，民間によるサービス提供が可能であることを前提としている。主に，施設を設置・管理することでサービスを提供する業務のほかに，研修，相談，調査・研究業務がこれに含まれ，許・認可などの行政処分は公共サービスではない。

　このような業務に関しては，必ずしも行政が自ら実施する必要がないことから，規制緩和や民営化が進められる中で，積極的に民間によるサービスの提供が進められている状況である。例えば，公社・公団の民営化のように，公共サービス提供に係る組織及び施設そのものを民営化する場合もあれば，公共施設の所有権と公共サービス提供の責任を公的主体の残したまま，サービスの提供を民間の法人が遂行する場合もある。また，そのための仕組みも多様化している。

　このような民間による公共サービス提供は，NPM（New Public Management，新公共管理）や PPP（Public Private Partnership，官民協力）に基盤を置くものということができる。大まかに言うと，NPM は企業管理手法の行政への導入であり，PPP は公共サービスの提供を民間に任せることによって，VFM（Value for Money，費用対効果）の向上を図るものである。NPM 及び PPP を実践化するための制度としての代表的な例が，PFI（Private Finance Initiative）と指定管理者制度ということができる。

2　PFI

　PFI とは，公共施設等の建設・維持管理，運営などにおいて，民間の資金とノウハウを活用することによって VFM の向上を図る制度である。PFI

は，イギリスで生まれた制度であり，サッチャー政権の「小さな政府」の実現を目指した改革の中で登場した手法である。日本においては，1999年，「民間資金等の活用による公共施設等の整備等の促進に関する法律」（「PFI法」）の制定によって導入された。

PFI法でいう公共施設には，道路，鉄道，港湾，空港，河川，公園，上下水道，庁舎，教育文化施設，社会福祉施設など様々な施設が含まれている（同法2条）。PFI制度の仕組みは，まず，公共施設の管理者が実施方針を策定・公表し，実施対象事業を選定・公表した後，民間事業者を公募の方法等により選定する。そして，選定した民間事業者との間で協定（契約）を結んで事業が行われることになる。

制度導入後，PFIは庁舎や官舎などの公用施設を中心に徐々に活用されてきているが，道路，鉄道，港湾，空港，水・下水道などの公共用施設にもその活用を促すため，対象施設の拡大，事業者の自由度の向上，新たな事業スキームの創設のための度重なる法改正が行われた。特に，2011年の改正の際には，公共施設の所有権を民間に移転しないまま，民間事業者に対して，公共施設等の事業運営・開発に関する権利を長期間にわたって付与する公共施設等運営権制度（コンセッション方式）が導入された。この場合，公共施設等運営権の設定を受けた民間事業者は，公共施設等運営権の対価を支払う代わりに，利用料金等を自らの収入として収受することができる（PFI法16条以下）。

公共サービスの提供を民間の事業者に委ねる代わりに，行政は，提供されるサービスの内容や水準を決定し，これを維持するためのモニタリング・監督手段が用意されている。つまり，公共施設等運営権者に対する報告徴収，調査，指示（同法28条），そして，法令違反，契約違反，指示に従わないなどの問題がある場合は，公共施設等運営権の取消・停止を命ずることができる（同法29条）。

3　指定管理者制度

　指定管理者制度は，民間による公の施設の管理・運営に関する制度であって，実際，地方公共団体が設置する公の施設の多くが指定管理者によって管理・運営されている。そもそも，公の施設とは，住民の福祉を増進するために，地方公共団体が設置する施設のことであって（地方自治法244条1項），具体的には，各種の公民館，公園，福祉施設など，地域の住民が活発に利用する施設が多く含まれている。このような施設は，本来，地方公共団体が設置・管理するものであるが，地方公共団体は，公の施設の設置の目的を効果的に達成するため必要があると認めるときは，条例の定めるところにより，法人その他の団体を公の施設の管理を行う者として指定することができる（同法244条の2第3項）。そして，この指定を受けた者が指定管理者である。

　指定管理者は，指定により公の施設の管理権限を委任された者であり，単純な管理・運営にとどまらず，条例の定めるところにより使用許可権限（処分権限）を行使することができる。指定管理者制度導入以前においても，条例に基づいて公の施設を管理委託することは可能であったが，その委託先が公共団体及び出資団体などの公的性質を有する団体に限られ，また使用許可権限の委託はできないものとされていた。これに対して，指定管理者の指定という行為は，地方自治法に基づいた管理権限の委任であり，指定管理者は施設の利用許可という処分権限を行使することができることに大きな特徴がある。指定管理者は，利用者からの料金を自らの収入として収受することができるだけでなく，条例が定める範囲内において，地方公共団体の承認を得て自ら料金を設定することができる。

　公の施設の設置・管理に関する事項は条例で定めることとなっている。指定管理者の指定の手続，管理の基準，業務の範囲などは条例で定めなければならないが（同条4項），委託費の額などの詳細については，地方公共団体と指定管理者との間で締結される協定によって決められる。

　PFIと同じく，指定管理者に対するモニタリング・監督手段も用意されている。指定管理者は，毎年度終了後，事業報告書を作成・提出しなければ

ならず（同条7項），地方公共団体は，公の施設の管理に適正を期するため，報告徴収，調査，指示をすることができる（同条10項）。さらに，指定管理者が，地方公共団体の指示に従わないとき，または管理の継続が適当でないと認めるときは，指定取消又は業務の全部又は一部の停止を命ずることができる（同条10項）。

　指定管理者制度は地方公共団体の公の施設に限る制度であるが，PFIは国又は公共団体の公共施設に適用できる制度であることから，公の施設に関する指定管理者制度はPFIと結合する場合がある。つまり，PFI事業として公の施設を建設し，PFI事業者がそのまま指定管理者となる場合である。また，すでに存在する公の施設について公共施設等運営権を設定する場合も，PFI事業者は指定管理者の指定を受ける必要がある。

第4節　行政の多様化と法律問題

　以上のような，行政主体の多様化と民間による公共サービスの提供の拡大は，伝統的な行政法理論が想定していなかった新たな法律問題を引き起こしている。このような法律問題は国民及び行政並びに法人ないし事業者の間でそれぞれ重層的に発生するということができる。以下では，それぞれの場面を念頭に，想定できる主な法律問題について，判例を素材に見てみることにする。

1　国又は地方公共団体の責務

　従来，国又は公共団体が自らの責任で直接遂行してきた事務を外部の主体に委ね，また，自ら行ってきた公共サービスの提供を民間の主体に委ねたからといって，国又は公共団体の責任が消滅するわけではない。事務又は公共サービスとしての提供を廃止する場合を除いては，最終的な責任は，依然として国又は公共団体に残されたままである。この責任を果たすために，PFIと指定管理者制度で見たような各種のモニタリング制度と監督手段が用意さ

れているのである。特に，国民生活に必須不可欠な公共サービスについて，民間の事業者による提供が困難になった場合は，国又は公共団体が当該サービスを継続して提供しなければならない。

このようなことが法律上確認できる場合もある。例えば，従来，水道施設の管理運営を民間に委ねるためには，まず地方公共団体が水道事業の認可を返上した上で，民間事業者が新たに認可を受ける必要があった。しかし，2018年の水道法改正において，地方公共団体の水道事業者としての位置付けを維持しつつ，水道施設に関する公共施設等運営権を民間事業者に設定できる仕組みが導入された（水道法24条の4）。これは水道事業について管理運営権の設定を可能にすると同時に，不測の事態が発生したときには地方公共団体が責任を負えるようにするためのものである。

2　救済手続の問題

民間の法人又は事業者が行った処分に対する不服申立ては，指定確認検査機関が行った処分の場合は，建築主事が置かれた市町村又は都道府県の建築審査会に対して（建築基準法94条），指定管理者の処分の場合は地方公共団体の長に対して（地方自治法244条の4第3項），それぞれ行うことと明文で規定されている。

そして，指定管理者が行った公の施設を利用に関する処分の取消を求める訴訟は，行政事件訴訟法11条2項の「処分又は裁決をした行政庁が国又は公共団体に所属しない場合」に該当し，当該指定管理者を被告として提起することになる。これは，指定確認検査機関が行った処分に関しても同じである。

3　賠償責任の問題

行政の多様化に伴う法律問題として，最も活発に議論され，また裁判上も問題となるのが賠償責任の問題である。国又は公共団体に代わって公務を遂行する私人（組織法上の公務員ではない者）が当該事務を遂行するに当たって第

三者に損害を与えた場合，誰が国家賠償法上の責任を負うかの問題である。

　考え方としては，①事務遂行の本来的な義務者である国又は公共団体が責任を負い，民間の事業者は国又は公共団体との関係において求償されるのみとする考え方，②本来の義務者である国又は公共団体と実際の事務の遂行に当たっている民間の事業者の共同責任とすべきとする考え方，③実際に事務を遂行し，不法行為ないし施設の設置管理の瑕疵による損害を与えた民間の事業者が，国又は公共団体に準じ責任を負うべきとする考え方があり得る。

　まず，実務においては，①の考え方が採られ，国又は公共団体が国家賠償法上の責任を負うとされている。すなわち，公の施設の設置・管理において，通常有すべき安全性を欠いていたことが原因で利用者に損害が生じた場合には，設置者である地方公共団体が国家賠償法2条の賠償責任を負う。また，公の施設の管理に当たる指定管理者の行為が原因で利用者に損害が発生した場合にも，設置者である地方公共団体が国家賠償法1条の賠償責任を負うとされている。PFIにおいても，同じく国又は公共団体が国家賠償法上の責任を負い，民間の事業者に対する求償権の行使が可能であるのみとされる。さらには，民間の職員及び使用者は，民法上の賠償責任（民法709条及び715条）も問われないとされている。

　民間による行政事務の遂行をめぐって発生した損害の賠償主体が問題となった二つの判例を取り上げる。一つ目は，児童養護施設内で起きた事故に関する事案である。児童福祉法27条1項3号に基づく県の措置によって，社会福祉法人が設置・運営する児童養護施設に入所した児童が，施設内で他の児童から暴行を受け被害を被った事案において，社会福祉法人の民法715条の使用者責任，職員個人の民法709条の不法行為責任，そして，措置委託をした県の国家賠償法1条の賠償責任が問題となった事例である。最高裁は，都道府県による3号措置に基づく社会福祉法人の職員による養育監護行為は，公権力の行使に当たるとして県の賠償責任を認め，また，国又は公共団体が損害賠償責任を負う場合には，被用者個人及び使用者は民法709条の損害賠償責任又は民法715条の使用者責任を負わないと判示している（最判平成

19年 1 月25日民集61巻 1 号 1 項）。

　二つ目は，指定確認検査機関がした建築確認処分について，周辺住民が指定確認検査機関を相手に確認処分の取消訴訟を提起していたところ，訴訟継続中に建物が完成し（狭義の）訴えの利益が消滅したため，当該建築物について確認権限を有する建築主事が置かれた地方公共団体を相手とする国家賠償訴訟への訴えの変更を申し立てた事案である。争点は，当該地方公共団体が，行政事件訴訟法21条 1 項所定の「当該処分又は裁決に係る事務の帰属する国又は公共団体」に当たるか否かである。最高裁は，建築基準法は建築確認に関する事務を地方公共団体の事務とする前提に立った上で，特定行政庁の監督下において，指定確認検査機関に建築確認に関する事務を行わせることとしていることから，「指定確認検査機関による確認に関する事務は，建築主事による確認に関する事務の場合と同様に，地方公共団体の事務であり，その事務の帰属する行政主体は，当該確認に係る建築物について確認をする権限を有する建築主事が置かれた地方公共団体であると解するのが相当である」（最決平成17年 6 月24日判時1904号69頁）として，国家賠償訴訟への被告の変更を認める判断をした。結局，指定確認検査機関の不法行為に関する賠償の責任が，建築主事が置かれた地方公共団体にあることを確認している。

　私人による公務遂行に当たって発生する賠償責任の配分問題に関する上記の二つの最高裁の判断は，先例として重要な意義を有する。ただし，この最高裁の判断については，批判的な意見も多く示されている。すなわち，民間の主体が被害者に対して何の責任も負わないのは問題であるということである。そもそも民間の事業者は，営利目的で業務遂行に当たり，そこで発生する事故などによる賠償責任のリスクも自ら負うべきとする考え方で，一般的に首肯できるものである。さらには，賠償責任を問われないことから，モラル・ハザードを引き起こす可能性があるという観点からの批判である。

　このような観点からは，私的主体の責任否定の射程は一定の範囲に限定されるべきとする。そして，場合によっては，不法行為をした私的主体と事業者の指定・選定，監督上の責任を怠った公的主体の共同不法行為責任を認

め，連帯責任を負わせるべきであるとする見解もある。なお，実務上は，損害賠償の場合のリスク分担について，公的主体と私的主体との間で締結される協定の中に予め決めておく場合が多く，また，損害賠償責任保険の加入が義務付けられている例も多く見られる。

　私人による公務の遂行および公共サービスの提供は，これからもその領域が拡大されることが予想される。また様々な場面において，国又は公共団体と私的主体との責任の配分問題が発生する。事務や公共サービスの公共性の度合い，私的主体と公的主体の関係，そして，民間に委ねることの趣旨・目的などを総合的に考慮して責任の配分を考えることが求められる。

【設　問】

(1) 現代行政の特徴の一つである，行政の多様化ないし外延の拡大と言われる現象について論じなさい。

(2) 現代行政においては，民間による公共サービスの提供が増加している。その背景と具体例について論じなさい。

(3) 民間が，行政事務を遂行ないし公共サービスを提供するに当たって，国民ないし利用者に損害を与えた場合の賠償責任の所在について論じなさい。

参考文献

塩野宏『行政法Ⅲ（第5版)』（有斐閣，2021年）

宇賀克也『行政法概説Ⅲ（第5版)』（有斐閣，2019年）

磯部力ほか『行政法の新構想Ⅲ』（有斐閣，2008年）

（権　　奇法）

第22講　行政的正義

┌──**本講の内容のあらまし**────────────────────

　本講は，日本ではあまり耳にしない「行政的正義」というイギリス行政法上の概念について概観する。「行政的正義」とは，当然のことながら，"行政にとっての正義"ではなく，"正しい（just）行政"あるいは"良き（good）行政"を意味するものである。正しい，良い行政の実現は，行政法学上常に希求されている命題であり，「行政的正義」という言葉それ自体に特に新規性があるわけではない。

　しかしながら，「行政的正義」あるいは「良き行政」とは具体的にどのような内容を持つものなのか，あるいはそれを実際に実現させるためにはいかなる方策がとられるべきなのかという点に関して，包括的な解答を提示することは，必ずしも容易ではない。

　そこで本講では，「行政的正義」ないし"良き（good）行政"を単なる政策理念としてではなく，実現されるべき制度として捉え，その実現に向けた包括的な取り組みを実際に行っているイギリスを例に，適法性担保を超えた，より望ましい行政の実現のための手法について概観する。
└─────────────────────────────────────

第1節　「行政的正義」

1　「行政的正義」の沿革

　「行政的正義」という日本では耳慣れない言葉は，イギリス行政法における"Administrative Justice"という概念を日本語にしたものである。

　「行政的正義」という概念は必ずしも新しいものではなく，少なくとも1960年代には，イギリスの行政法において既に存在した。もっとも，この時

期の「行政的正義」は，明確な定義や内容を持つものではなく，“良き（good）行政”の実現という漠然とした政策理念として，主として，行政救済手続（とりわけ行政不服審査制度）の重要性を説く際の一つの根拠として用いられていたように思われる。

しかし，今世紀に入ると，2004年に採択された欧州憲法条約において「良き行政を求める権利（Right to good administration）」として「いかなる者も，自己の事案について，連合の諸機関から，合理的な期間内に公平かつ公正に処理されることを求める権利」が明文で保障されるなど（101条（1）），「良き行政」，イギリス流の言い方をするならば「行政的正義」という概念は，行政救済手続の機能論という文脈で用いられるよりも，その実現を求める人々の法的権利として認識されるようになってきている。

そして，近時のイギリスでは，以下に見るように，行政救済手続と行政機関の意思形成過程を「行政的正義制度（Administrative Justice System）」として一体的にとらえ，両制度の有機的連携を通じて，行政活動の適法性担保という法治国家としての最低限度の要請を超えた，国民にとってより望ましい行政＝良き行政の実現に向けた包括的な取り組みが実際に進められている。

2　行政的正義の意義

「公共サービスの変容」と題された2004年のイギリス政府白書（*Transforming Public Services. Complaints, Redress and Tribunals*, Cm 6243〔TSO, 2004〕）は，「行政的正義」について，「我々は，国家機関が，我々一人一人の置かれた状況に則した正しい決定をなすことを期待する権利を有している。……行政の決定に誤りがある場合，我々は，可能な限り簡単な方法で，不服を申し立て，誤りを正してもらう権利を有しており，……行政活動に誤りがあった場合には，行政がその問題から学ぶことで，将来より良い活動を行うように期待する権利がある。……これが行政的正義の領域であり，それは，裁判所や行政審判所のみならず，数千にものぼる公務員による数百万にも達する決定までが包含されるものである」（白書，paras. 1.3〜1.6）と概括的に定

義する。

その上で，同白書は，「行政的正義制度」が備えるべき特質として，①行政決定を行うに際して誤りや不明確性を極小化させる制度設計がなされていること，②何らかの誤りがあった場合，私人がそれを察知できること，③行政活動の是正を図る制度の比例性（すなわち，費用面，処理期間，複雑さなどが救済制度の利用者にとって過剰な障壁となっていないこと，及び，誤認に基づく不服や些細な不服は，それがそれとして認識され速やかに根絶されなければならないこと），④救済機関に決定を是正する実効的な権限があること，⑤当初の決定が（行政救済手続を通じて）是正された場合に，それが行政決定過程に還元され，将来，誤りや不明確性が減少することなどを挙げる（白書，para 1.7）。そして，ここでいう「行政的正義制度」とは，私人に対する行政決定に係るあらゆる制度を意味し，そこには，こうした決定を行う場合の手続，こうした決定の根拠となる法，さらには，こうした決定に起因する紛争解決を図る諸々の救済制度が含まれる（2007年審判所，裁判所及び執行法別表 7 段落13（4））。

この白書に見られる近時の「行政的正義」実現に向けた取り組みは，利用者の視点に立った行政救済手続の質的向上，事案に則した救済制度の拡充という行政救済に関する制度改善のみならず，行政救済手続における結果を行政活動へフィードバックさせることで，行政作用法上の諸原則を充実させ，あらゆる種類の行政紛争の発生そのものの事前抑制を図ることをも目的としたものである点，また，多岐にわたる「行政的正義」に係る諸課題について，個別的に取り組むのではなく，「行政的正義制度」の構築という制度的アプローチによって一体的なものとして取り組む点に，これまでにない新規性があるといえよう。そこで以下では，この「行政的正義制度」について概観してくこととする。

第2節　「行政的正義制度」の概観

1　良き「行政的正義制度」の条件

　既に述べたように，「行政的正義制度」は，行政決定を行う行政機関，行政救済手続を担う諸制度（裁判所，行政審判所，公的オンブズマン，行政内救済など）の双方を含むものであるが，良き「行政的正義制度」は，全て以下の諸原則に則ったものでなければならない。すなわち，①いかなる時も利用者と利用者のニーズを第一とし，これを公正に扱い，また尊重するものであり，②人々が，行政決定に対する不服を申し立てること，及び独立性を有し公開且つ事案に則した手続による救済を求めることを可能とするものであり，③人々に対して，常に完全な情報を提供し，人々が自己の問題を可及的かつ包括的に解決ができるものであり，④熟考された，適法かつ時宜にかなった結果をもたらすものであり，⑤一貫性を備え，⑥比例的かつ効率的な機能性を有し，さらに⑦高度な行為規範を有し，経験から学び常に改善をする姿勢を備えている必要がある。

　こうした諸原則からは，第一に，行政救済手続と行政機関による意思形成過程を個別にとらえるのではなく一体のものとして把握し，行政救済手続における個々の行政紛争の救済結果を行政機関へ還元させ，行政機関の制度的な課題解決行うというサイクルの継続的運用を通じた紛争そのものの未然防止＝良き行政の確立という考え方が採られていることがわかる。また第二に，「行政的正義制度」における行政救済手続は，事案に則した適切な紛争解決手続を提供するものでなければならないと認識されていることがわかる。

　そこで以下では，こうした「行政的正義制度」の二つの柱である，「行政紛争の事前防止と紛争解決のサイクル」と「比例的紛争解決（Proportionate Dispute Resolution：PDR）」について概観する。

2 紛争解決手続と行政紛争の事前防止のサイクル

イギリスにおいては，行政救済手続を通じた紛争解決と行政機関による行政決定の間のサイクルは，四つの段階に分けて考えられている。

① 第一段階＝行政決定の段階。そもそも紛争が生じないことが望ましい。但し，そのためには，私人が自己の権利利益について正しく理解できていること，行政機関側が関係法令を理解し，また必要な情報を発見する方法，行政決定について相手方などに明確に伝える方法などについて訓練を受け適切に理解していることの双方が不可欠となる。

② 第二段階＝行政決定に関する紛争の争訟化を減らす。行政紛争が行政外の正式な救済手続に移行する前に行政機関内部で解決されるためには，行政決定がなされた直後に，私人の側に，行政機関に対して質問を行う機会，行政決定の誤りを是正してもらう機会，また当該決定がなされた理由を理解するための援助を求める機会が与えられていなければならない。

③ 第三段階＝行政外救済制度による紛争解決。行政紛争を解決するための行政外救済手続は，司法審査，諸々の行政審判所での審判（上訴），公的オンブズマンへの苦情の申立などが想定されるが，これらは，職権行使の独立性，決定の法的拘束力の有無，審査手続における口頭審理の有無など，その性質や機能は多様である（下記の図2参照）。そのため，救済手続の全体像が明確となるように制度を改善する必要があり，またその場合の救済制度像は，紛争の類型に則した比例的かつ適切なものでなければならない（比例的紛争解決 Proportionate Dispute Resolution : PDR）。

④ 第四段階＝行政紛争から知見を得る。事前抑制の取り組みにもかかわらず紛争が生じた場合，その解決を通じて問題点を明確にし，その問題点についての知見を獲得し対策を講じることは，「行政的正義制度」に包含される全ての段階において求められることであるが，特に行政機関及び立法機関は，同種の紛争が再び生じることを避けるために，行政紛争が発生した状況や原因を理解する必要がある。そしてそのためには，問題解決のための知見を積極的に見出し，事後はその知見に基づいた活動が行われるべく，実際の

図1　紛争の事前防止と紛争解決のサイクル

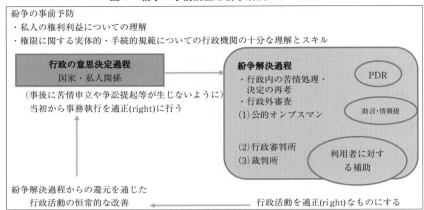

紛争の事前予防
・私人の権利利益についての理解
・権限に関する実体的・手続的規範についての行政機関の十分な理解とスキル

行政の意思決定過程
国家・私人関係

（事後に苦情申立や争訟提起等が生じないように）
当初から事務執行を適正(right)に行う

紛争解決過程
・行政内の苦情処理・
　決定の再考
・行政外審査
(1) 公的オンブズマン

(2) 行政審判所
(3) 裁判所

PDR

助言・情報提

利用者に対す
る補助

紛争解決過程からの還元を通じた
　　行政活動の恒常的な改善　　　　　　　　　　　行政活動を適正(right)なものにする

　裁決や判決などから得られる情報を真摯に受け止めること，またこうした情報を共有する仕組みが組織内に組み込まれていることが不可欠である（行政救済手続を通じた紛争解決と行政機関による行政決定の間のサイクルについては図1を参照）。

　そのため，「行政的正義制度」を担う諸機関には，人々の不服の申し立てや行政救済手続を通じた行政活動の是正に対して，これを否定的にとらえるのではなく，自己改善の契機になるものとして積極的に受け入れる姿勢が求められているということになろう。

3　比例的紛争解決 (Proportionate Dispute Resolution : PDR)

　「行政的正義制度」においては，行政紛争の事前防止と並んで，紛争が生じた場合に当該紛争を可及的かつ効果的に解決するために最適な手法の提供（比例的紛争解決）が，「行政的正義」ないし"良き行政"の実現を図るにあたって，不可欠の柱の一つとして認識されている。

　(1)　紛争の事前防止（当初から"正しい"行政決定）

　行政決定が（適法であり司法救済を必要としない，妥当であり行政不服申立てを必要としない，過誤行政に当たらず公的オンブズマンの調査対象とならないなど）当初から

“正しい”ものであることは，行政法学が求める行政のあり方＝“良き行政”の実現を意味するとともに，実利的な側面においても，私人が行政紛争に悩まされることがなくなり，また，行政にとっても行政救済手続に係るコストの低減につながるという利点がある。

2004年のイギリス政府白書「公共サービスの変容」は，当初から“正しい”行政決定がなされるためには，行政決定が時宜に適った方法で行われること，処分庁が当該決定に係る法，手続，政策に通暁し，また当該決定に関係する者の言に耳を傾け，権限行使に係る事実の適切な評価や重みづけを行い，かつ当該決定に関する明確かつ正確な理由を提示しなければならないこと，さらには，行政救済手続の結果を検証するのに適した仕組みが行政組織内に存在することなどが必要であると指摘する（白書，para 6.32）。

(2) 比例的紛争解決（Proportionate Dispute Resolution : PDR）

「行政的正義」は，紛争の早期解決を第一としつつ，それにもかかわらず紛争が生じた場合には，当該紛争を可及的かつ効果的に解決するために最適な手法の提供を目指す。こうした考え方は，「比例的紛争解決（Proportionate Dispute Resolution）」と呼ばれている（白書，paras 2.2, 2.3）。

2004年のイギリス政府白書「公共サービスの変容」は「比例的紛争解決」のコンセプトを以下のように概説している。すなわち，①人々の権利や義務に関する法が，可能な限り公平，シンプル，かつ明確なものであること，及び行政機関がより良い決定を行い，かつ明確な説明を行うことを保障することで，人々が直面する法的問題の極小化を図る。②人々の自己の権利や責任についての理解を高め，人々に，自身がなしうる事柄や，問題が生じた場合に救済を求めることができる場所に関する情報を提供する。このことは，私人が自分で問題を解決する方法を決定する場合の助けになるとともに，仮に自己解決ができない場合には，助言その他のサービスを受けることを保障することにもなろう。③必要に応じて，人々が迅速かつ適切な助言や補助に浴することを保障し，その結果として，問題が解決され，また潜在的な紛争が正式な争訟手続に発展する前に事前に摘み取られることとなる。④事案に則

図2　行政救済手続の類型とその特徴

制度	独立性	申立ての事由	申立ての対象	典型的救済手法	手続の典型	利用の容易さ
行政内における決定の再審査	行政内	Legality + merits	決定	決定の代置	職権主義的 (inquisitorial) 原則書面審理	中
行政内の苦情処理	行政内	Legality + Merits + 行政的慣行	決定及びその他の活動	決定の変更や補償を含む勧告	職権主義的原則書面調査	高
行政内の対話	行政内	Legality + Merits + 行政的慣行	決定及びその他の活動	決定の変更や補償を含む勧告や和解	職権主義的対話	高
公的オンブズマン	行政外	Legality + Merits + 過誤行政	決定及びその他の活動	決定の変更や補償を含む勧告	職権主義的原則書面調査	高
審判所	行政外	Legality + merits	決定	決定の代置	職権主義的・書面審理もしくは対審的 (adversarial)・口頭審理 (oral)	中
裁判所	行政外	Legality	決定及びその他の活動	取消し，差し戻し，補償	対審的・口頭審理	低

した紛争解決方法を拡充し，費用が掛かる正式な裁判や行政審判が必要ではないような場合に，それらによらずとも，多様な種類の紛争が，公平，迅速，効率的，効果的に解決されうること。⑤しかし，紛争解決のために口頭審理が最良の手段となるような事案に関しては，裁判所や審判所が適していることから，費用対効果の見込める裁判や行政審判が存在すること（白書，para 2.3. 行政救済手続の類型と特徴については図2参照）。

　この説明からは，第一に，行政決定に対する不服，不満はまず行政内における非公式な再審査や苦情処理による早期解決が前提とされていること，第二に，行政紛争に関する正式な行政外救済手続については，アクセスの容易さ，経済的効率性を踏まえた効果的紛争解決といった実利的な側面からの改善が求められていること，第三に，あらゆる「行政的正義制度」において，

私人の権利救済観点からの正確な情報提供や適切な助言が必要とされていることがわかる。

こうした特徴を備えた「比例的紛争解決」というコンセプトは，それがうまく機能する場合には，私人の権利救済の実効性を高めるものであるといえる。他方で，このコンセプトが実際に機能するためには，上記の三つの要件が全て完全に充足されている必要がある。また，「比例的紛争解決」というコンセプトが，行政紛争が行政争訟へ発展することを抑制する機能を有するものである以上，人々の裁判を受ける権利，あるいは口頭審理を受ける権利を制限することにもなりかねない。さらに，司法裁判所における判例形成の機会を減少させることが，「行政的正義制度」の一つとされる行政（作用）法の形成を遅らせる結果につながるのではないかという懸念もある。

そこで以下では，「行政的正義制度」の二つの柱である，「紛争解決手続と行政紛争の事前防止のサイクル」と「比例的紛争解決」に係るこうした課題について概観する。

第3節 「行政的正義」の課題

1 紛争解決手続と行政紛争の事前防止のサイクルの機能不全
──当初から "正しい" 行政決定の実現困難性

2008年の上級審判所総長のレポート（President of Appeal Tribunals, Report on the Standards of Decision-making by the Secretary of State 2007-2008（2008））は，2001年から2008年までの行政審判手続の実情から，行政決定の質的改善は見られず，①行政審判所における聴聞手続において新たに明らかになった情報によって，行政決定が破棄されることが往々にしてある。このことは，行政機関と不服申立人との間に綿密なやり取りが欠けていたことを示す。②行政審判所による正式な審判手続以前に，行政決定についての効果的な救済が行政内部において図られていたとはいいがたいケースが少なくない。審判所への不服申立は，しばしば，行政決定の再審査に対する行政機関の消極的姿勢

を明らかにする。③行政決定を行うに際し，行政機関が，専門家の提示した情報などについて適切な重みづけを行うことができていないといった課題が存在すると指摘する。

その上で同レポートは，行政審判所の作成した，申立人の不服申立（上訴）が却下された旨の裁決要旨を読むことは，行政機関の行政決定の改善をもたらすものとは言えない。行政救済を通じて得られる，行政機関にとって最も有益なはずの諸情報は，聴聞手続において得られるものであると考えられる。特に，実際の審判手続に行政機関を代表して出席する職員（Presenting Officer）が聴聞において知りえた事柄こそが，行政決定を行う職員らにとって直接的なものであり，また行政決定の改善に資するものであると指摘する。

このように，行政決定に携わる職員の法や事実関係の把握に関する知見ないしスキルの低さ，行政救済手続から得られた情報の行政機関の意思形成過程への還元というコンセプトの機能不全などの結果，実際のところ紛争の事前抑制の実は挙がっているとは言えないようである。

行政救済手続の情報を行政機関へ還元することは，行政決定過程の制度上の問題点を改善し，職員の知見を向上させ，行政決定の質を向上させるための一つの方法として有益であることは確かであり，またそれは，全ての潜在的不服申立人の利益となると考えられることから，今後はその改善が図られる必要があろう。

他方で，行政審判所の中には，紛争の一方当事者である行政側とのみやり取りをすることで，人々から，審判所が行政側に有利な審理や判断を行っているとみなされることへの懸念がある。そのため，行政内救済であれ行政外の正式な救済手続であれ，救済機関と行政決定を行う行政機関の間の恒常的な情報交換の透明性を高め，救済機関の独立性を損なう，あるいは私人に救済機関の独立性に疑問を抱かせることのないよう留意する必要がある。

2　比例的紛争解決の問題点

「行政的正義」の一つの柱である「比例的紛争解決」は，行政決定のみならず行政活動全般について，私人に不服や苦情あるいは不満がある場合に，その不服等を解決する救済制度が常に存在することを目指すものである。そしてここでいう救済制度には，行政審判所に対する不服申立（上訴）や行政訴訟（司法審査）の提起，公的オンブズマンに対する苦情の申出といった行政外の正式な救済制度に加えて，行政内救済も含まれるが，これらの諸制度に関しても今後改善されるべき課題は少なくない。

(1)　行政内救済について

行政紛争が，司法審査や行政審判などの行政外救済制度へと発展する前に，行政内救済によって迅速かつ効果的に解決されれば，それは行政，私人双方にとって実利的であることは疑いがない。

しかし，行政決定などに不服等があっても，行政内救済制度の利用可否に関する適切な助言や援助がなされていない，行政決定に疑義を呈するような点がないと私人が信じ込んでいる，救済手続が非常に面倒なものに思える，救済を求めた場合に行政機関によって将来不利益な取り扱いを受けることが懸念されると言った理由から，そもそも行政内救済を求めようとしない者が存在することも想定される。

したがって，行政紛争と救済手続に対する知見を備え，公正な立場にある者ないし機関による私人への救済手続に関する情報性提供や救済の遂行に関する援助が必要となる。

また，行政内救済は，その性質上公平性が十分に担保されているとはいいがたいため，こうした行政内救済制度の利用が，私人の（不服申立や訴訟提起といった）正式な救済手続の利用に対する法的な抑制はもとより，事実上の障害ともならないように留意しなければならない。

(2)　行政紛争と救済制度の最適化を図るための助言・援助制度について

一般に，私人は行政救済手続に関する知識を有しているとはいえず，そのため，救済制度の多様化が，利用者の混乱を招き，私人が紛争解決に適さな

い救済手続を選択したり，あるいは救済を求めること自体をあきらめてしま
う恐れもある（実際，一般に公的オンブズマンの調査対象となるような過誤行政と，行
政審判や司法審査を通じた救済が図られるべき行政決定の違いがあまり理解されていない
ことが指摘されている）。

　それゆえ，行政紛争発生時に，適切な救済制度の選択についての適切な助
言を行う公正な立場に立った助言者・援助者の存在は，「比例的紛争解決」
というコンセプトが機能するための不可欠の仕組みであるといえよう。

　こうした制度はイギリスでは"ワン・ドア・アプローチ（one door
approach)"と呼ばれている。これは，行政紛争に関する救済手続の入り口
として，適切な救済制度の教示や利用に関する助言を行う助言者を置き，そ
れによって，行政紛争をそれが適切に解決できる行政救済手続に方向付ける
という考え方である。

　もっとも，このワン・ドア・アプローチに関しては，こうした職務を担う
助言者ないし制度の行政組織内での位置づけ，あるいは，直通電話の利用や
インターネットを活用したバーチャル・ワン・ドア・アプローチといった具
体的な仕組みについて多くの提言がなされてはいるものの，未だ実現されて
おらず，上記の行政内救済手続における問題点にも現れているように，私人
が権利救済を求めること自体をあきらめてしまう現象は未だ解消されていな
い。

（3）正式な救済手続の後退

　「比例的紛争解決」は実利的である反面で，私人が行政争訟の提起といっ
た正式な救済手続を利用することを認めないような運用がなされると，私人
の，公正かつ独立性を有した裁定者の前で，公開かつ対審的な手続において
口頭審理を受ける権利を侵害するものとなる。また，行政争訟の相対的な減
少は，本来行政紛争の事前抑制に資するはずの判例法の形成を後退ないし減
速させるおそれがある。

　そのため，「比例的紛争解決」における紛争の事前抑制や行政内での早期
解決という目的と，人々の正式な救済手続を受ける権利の間には常に緊張関

係が存在する。

　今日の「行政的正義」に係る諸改革の一つに行政審判所改革がある。イギリスの行政審判所は，これまで，個別法によってそれぞれ別個に整備されてきたが，その結果として，なかには司法裁判所への上訴が認められないものや口頭審理を行わず書面審理のみによるものも存在するなど，不服申立制度の不統一性が問題視されてきた。「行政的正義」改革では，こうした問題点が，第 1 審審判所及び上級審判所によって構成される二層制の統一的な審判所制度の構築という形で解決された（2007年審判所，裁判所及び執行法）。

　他方で，この「行政的正義」という考え方に基づく行政審判所改革は，紛争の事前抑制・早期解決，人々が紛争解決に費やす時間や費用の削減という実利的側面を強調することで，行政争訟の利用減少，あるいは審判所における口頭審理を減少させ，書面審理による審理の拡大を図ろうとするものでもあり，そのことが，立憲主義との関係において疑問視されている。

　すなわち，紛争が司法裁判所において審理されることの減少や，行政審判所での審判における口頭審理の減少は，人々の正式な救済手続を受ける権利を損なうと同時に，審判所の審理の質の悪化を招く（先に述べたように，口頭審理において新たな事実が認定されることは少なくない），あるいは行政法の発展の一翼を担う裁判所による判例形成の機会を減少させることで，結果的に当初から正しい行政活動という，「行政的正義」が目指す行政活動の実現を遅滞させる可能性があると考えられる。

　口頭審理は，その厳粛さや法律的性質，参加コストなどが，私人にとっては利用する際の障害となり，また審判所にとっても口頭審理開催場所などの選定の煩雑さや審理の遅滞といった懸念もたらす。しかし他方で，口頭審理は　書面審理と比べ，利用者にとってより友好的であり，紛争が複雑で厳格な証拠のテストが必要とされる事案に適していると考えられており，また同時により透明性の高い方法での正義の実現が果たされているととらえることができる。そしてこうした特徴を備えた口頭審理は，決定の正確性を高めるとともに，「行政的正義制度」の信頼性をも高めるものでもある。

したがって，「比例的紛争解決」における効率性というコンセプトの下で，書面審理を原則とするとしても，これまで認められていた口頭審理を，書面審理に切り替えることを強制するならば，それは，人々から見た効率性ではなく，国家の都合としての効率性を人々に押し付けることにつながり，結果的に本来の「行政的正義」像が歪められることになる点に留意しなければならない。

3 「行政的正義」の実情を踏まえて

これまでイギリスにおける「行政的正義」実現に向けた取り組みについて概観してきた。そしてそれは，行政救済手続と行政活動，言い換えれば行政の作用，救済，組織に関する法や仕組みを「行政的正義制度」として一体的にとらえ，包括的な改善を図ろうとするものである点に最大の特徴がある。

冒頭にも述べたように，今日では，いわゆる"良き行政"ないし「行政的正義」の実現は，国家や行政法の成り立ちにとらわれない普遍的な要請として認識されるようになっている。

この点，日本においても，行政手続法の制定，情報公開・個人情報保護制度の確立，行政事件訴訟法や行政不服審査法の改正などが既になされており，加えていわゆる代替的紛争処理手続（ADR）の拡充も進みつつある。

しかし，これまでのところ，日本では，イギリスのような，行政救済手続と行政機関の意思形成過程の有機的な連環の構築を通じた"良き行政"ないし「行政的正義」を実現という包括的な改革コンセプトは採用されていないように思われる。

"良き行政"ないし「行政的正義」の実現が普遍的な要請として認識されるようになっている今日，イギリスにおける「行政的正義」実現に向けた包括的な取り組みと，そこで生じている課題は，今後日本において"良き行政"の実現を目指す場合の一つの参考になるものといえる。

【設　問】

(1) 日本において，「行政的正義制度」に含まれうる制度として既に存在するものは何か，また未だ実現されていない制度としてはどのようなものがあるのか検討しなさい。

(2) 日本において「比例的紛争解決」のコンセプトを導入しようとする場合に，最も重要と思われる課題を一つ上げ，その課題の解決方法を論じなさい。

(3) 救済実施機関の公平性や独立性を損なうことなく，行政救済手続の情報を行政機関の意思形成過程へ還元するために必要と考えられる仕組みについて検討しなさい。

参考文献

榊原秀訓編『行政法システムの構造転換』（日本評論社，2015年）

榊原秀訓『司法の独立性とアカウンタビリティ』（日本評論社，2016年）

A. Le Sueur, M. Sunkin, J.E.K. Murkins, *Public Law 3rd ed.*, (OUP, 2016)

A. Le Sueur, Administrative Justice and The Resolution of Disputes, in J. Jowell, D. Oliver (eds), "*The Changing Constitution 7th ed.*", (OUP, 2011), pp.260~285.

Department for Constitutional Affairs, "Transforming Public Services; Complaints Redress and Tribunals" Cm.6243 (2004) para6.32.

Sir A. Legatt, Trubunals for Users One System, One Service, (2001)

（長内祐樹）

第**23**講　原発訴訟——福島事故後の変容

┌─**本講の内容のあらまし**──────────────────────────
│　日本では，1970年代以降，全国各地で原発の建設・運転が進められ
│　た。原発の建設・運転に反対する住民らが国や電力会社を被告として提
│　起した訴訟は多数にのぼるが，福島第一原発事故以前，住民らの請求が
│　認められた裁判例はわずか2例であり（いずれも上級審で住民らの敗訴
│　が確定している），訴訟に対する失望が広がっていた。しかし，甚大な
│　被害をもたらした福島第一原発事故を契機として，現在，原発訴訟が注
│　目を集めている。ここでは，福島第一原発事故以前の原発訴訟を概観
│　し，事故後に提起された原発事故の被害者による東京電力・国に対する
│　損害賠償訴訟，原発の再稼働の差止め等を求める訴訟の動向を踏まえ，
│　原発訴訟の変容と今後の課題について述べる。
└───────────────────────────────────────

第1節　福島第一原発事故前の原発訴訟

1　日本における原発の建設・運転の開始とこれに反対する住民らによる訴訟の提起

　1966年7月，日本で最初の商業用原子力発電である東海原発が，茨城県東海村で運転を開始した。1970年11月には福井県で関西電力美浜原発1号機が，1971年3月には福島県で東京電力福島第一原発1号機が，相次いで運転を開始するなど，1970年代以降，日本の各地で原発の建設・運転が進められた。福島第一原発事故が発生した2011年3月の時点で，日本には54基の原発が存在した。他方，原発の建設・運転に反対する周辺住民らが国や電力会社

を被告として提起した民事・行政訴訟は多数にのぼる。

① 福島第一原発事故以前，原発の運転等の差止めを求める民事訴訟とし
て，関西電力高浜原発（2号機）訴訟（大阪地判平成5年12月24日），東北電力
女川原発（1・2号機）訴訟（仙台地判平成6年1月31日，仙台高判平成11年3月
31日，最決平成12年12月19日），北陸電力志賀原発（1号機）訴訟（金沢地判平成
6年8月25日，名古屋高金沢支判平成10年9月9日，最決平成12年12月19日），北海
道電力泊原発（1・2号機）訴訟（札幌地判平成11年2月22日確定），泊原発訴
訟（札幌地判平成11年2月22日），もんじゅ訴訟（福井地判平成12年3月22日），浜
岡原発訴訟（静岡地判平成19年10月26日），島根原発訴訟（松江地判平成22年5月
3日）などがあるが，いずれも請求は棄却された。民事訴訟としては，北
陸電力志賀原発（2号機）訴訟の第一審（金沢地判平成18年3月24日）が，原
発の運転差止請求を認容した唯一の判決である。なお，控訴審（名古屋高
金沢支判平成21年3月18日）では取消され，上告審（最決平成22年10月28日）で
も請求は棄却された。

② 原発の設置許可処分の取消し等を求める行政訴訟としては，四国電力伊
方原発（1号機）訴訟（松山地判昭和53年4月25日，高松高判昭和59年12月14日，最
判平成4年10月29日），東京電力福島第二原発訴訟（福島地判昭和59年7月23日，
仙台高判平成2年3月20日，最判平成4年10月29日），日本原子力発電東海第二原
発訴訟（水戸地判昭和60年6月25日，東京高判平成13年7月4日，最決平成16年11月
2日），東京電力柏崎刈羽原発（1号機）訴訟（新潟地判平成6年3月4日，東京
高判平成17年11月22日，最決平成21年4月23日），四国電力伊方原発（2号機）訴
訟（松山地判平成12年12月15日）などがあるが，いずれも請求は棄却された。
行政訴訟としては，高速増殖炉もんじゅ本案訴訟の控訴審（名古屋高金沢支
判平成15年1月27日）が，原子炉設置許可の違法無効を確認した唯一の判決
である。なお，上告審（最判平成17年5月30日）では破棄された。

福島第一原発事故以前はもちろん，事故後，現在まで，原発の運転等の
差止めを求める民事訴訟および原発の設置許可処分の取消し等を求める行
政訴訟のいずれにおいても，確定判決として住民側の請求が認容された例

はない。

2　原発の安全性に関する司法審査の方法

　原発訴訟は，裁判所が科学技術の問題をどのように審査するべきかという難しい問題をはらんでいる。伊方原発（1号機）訴訟の最高裁判決（平成4年10月29日）は，原子炉設置許可処分の取消訴訟における裁判所の審理・判断の方法について，次のように判示した。

　「原子炉施設の安全性に関する判断の適否が争われる原子炉設置許可処分の取消訴訟における裁判所の審理，判断は，原子力委員会若しくは原子炉安全専門委員会の専門技術的な調査審議及び判断を基にしてされた被告行政庁の判断に不合理な点があるか否かという観点から行われるべきであって，現在の科学技術水準に照らし，右調査審議において用いられた具体的審査基準に不合理な点があり，あるいは当該原子炉施設が右の具体的判断基準に適合するとした原子力委員会若しくは原子炉安全専門委員会の調査審議及び判断の過程に看過し難い過誤，欠落があり，被告行政庁の判断がこれに依拠してされたと認められる場合には，被告行政庁の右判断に不合理な点があるものとして，右判断に基づく原子炉設置許可処分は違法と解すべきである。」

　「原子炉設置許可処分についての右取消訴訟においては，右処分が前記のような性質を有することにかんがみると，被告行政庁がした右判断に不合理な点があることの主張，立証責任は，本来，原告が負うべきものと解されるが，当該原子炉施設の安全審査に関する資料をすべて被告行政庁の側が保持していることなどの点を考慮すると，被告行政庁の側において，まず，その依拠した前記の具体的審査基準並びに調査審議及び判断の過程等，被告行政庁の判断に不合理な点のないことを相当の根拠，資料に基づき主張，立証する必要があり，被告行政庁が右主張，立証を尽くさない場合には，被告行政庁がした右判断に不合理な点があることが事実上推認されるものというべきである。」

　本判決は，核原料物質，核燃料物質及び原子炉の規制に関する法律（以

下，「原子炉等規制法」という。）24条1項4号に規定されている原子炉設置許可の基準「災害防止上支障がないものであること」に適合するか否かは，行政庁の「合理的な判断にゆだねる趣旨」であるとした。これはいわゆる「専門技術的裁量」を認めたものと解されている。本判決によって原子炉設置許可処分の取消訴訟における裁判所の審理判断の枠組みが確立された。

第2節　福島第一原発事故後の原発訴訟

2011年3月11日の東日本大震災を契機に発生した東京電力福島第一原発事故は，甚大な被害をもたらした。この原発事故をきっかけに，現在，日本では原発をめぐる裁判が活発化している。福島原発事故後に提起された原発に関連する訴訟としては，福島原発事故の被害者による東京電力や国に対する損害賠償訴訟，福島原発事故に対する東電元経営陣の責任を問う刑事裁判，東電役員の民事責任を明らかにする株主代表訴訟，原発の再稼働の差止めを求める民事訴訟，原発の設置許可の取消しなどを求める行政訴訟がある。ここでは，福島原発事故の被害者による東電・国に対する損害賠償訴訟，原発の再稼働の差止めを求める民事訴訟を取り上げる。

1　福島原発事故損害賠償訴訟

福島原発事故の被害者が賠償を求める手続きには，（1）東京電力への直接請求，（2）原子力損害賠償紛争解決センターへの和解仲介の申立て，（3）訴訟の3つがある。原子力損害賠償法18条に基づき設置された原子力損害賠償紛争審査会が策定した中間指針等を踏まえて，東京電力は賠償を行っている。しかし，東京電力と原子力損害賠償紛争解決センターが損害の範囲や賠償額の決定の拠り所としている中間指針等については，福島原発事故による被害の実態を十分に捉えていないとの批判もあり，東京電力との直接交渉や原子力損害賠償紛争解決センターによる和解仲介では合意に至らず，訴訟に持ち込まれることも少なくない。

①　福島原発事故の被害者が損害賠償を求める集団訴訟は，全国で約30あり，その原告数は，合計で 1 万2000人にのぼる。2019年12月末までに，次の 9 つの地裁判決が出ている。（ 1 ）群馬訴訟（前橋地判平成29年 3 月17日），（ 2 ）千葉訴訟第 1 陣（千葉地判平成29年 9 月22日判決），（ 3 ）生業訴訟（福島地判平成29年10月10日），（ 4 ）小高訴訟（東京地判平成30年 2 月 7 日），（ 5 ）京都訴訟（京都地判平成30年 3 月15日），（ 6 ）首都圏訴訟（東京地判平成30年 3 月16日），（ 7 ）福島訴訟（福島地いわき支判平成30年 3 月22日），（ 8 ）かながわ訴訟（横浜地判平成31年 2 月20日），（ 9 ）千葉訴訟第 2 陣（千葉地判平成31年 3 月14日），（10）愛媛訴訟（松山地判平成31年 3 月26日），（11）名古屋訴訟（名古屋地判令和元年 8 月 2 日），（12）山形訴訟（山形地判令和元年12月17日）。福島原発事故被害者が損害賠償を求める集団訴訟の争点は多岐にわたるが，ここでは多くの訴訟で共通して論点にあげられている，国の賠償責任，被侵害利益，避難の相当性について取り上げる。

②　原子力損害賠償法 3 条に基づく東京電力の賠償責任は無過失責任と定められているが，国家賠償法 1 条に基づく国の賠償責任は，本件の場合，国の東京電力に対する規制権限の不行使が違法と判断された場合に認められる。（ 1 ）群馬訴訟，（ 2 ）千葉訴訟第 1 陣，（ 3 ）生業訴訟，（ 5 ）京都訴訟，（ 6 ）首都圏訴訟，（ 8 ）かながわ訴訟，（ 9 ）千葉訴訟第 2 陣，（10）愛媛訴訟，（11）名古屋訴訟，（12）山形訴訟は，東京電力とともに国の責任を問うものであり，そのうち，（ 1 ）群馬訴訟，（ 3 ）生業訴訟，（ 5 ）京都訴訟，（ 6 ）首都圏訴訟，（ 8 ）かながわ訴訟，（10）愛媛訴訟の 6 つの地裁判決では，東京電力と国の双方の賠償責任が認められた。すなわち，国は津波の予見が可能であり，結果回避措置を講ずることも可能であったとして，国の規制権限の不行使は違法と判断された。一方，（ 2 ）千葉訴訟第 1 陣，（ 9 ）千葉訴訟第 2 陣，（11）名古屋訴訟，（12）山形訴訟の 4 つの地裁判決では，国の賠償責任は否定された。

③　福島原発事故によってどのような権利利益が侵害されたのか，すなわち，原告らの被侵害利益をどのようなものとして捉えるのかという問題に

ついて，（1）群馬訴訟の前橋地裁判決は，本件の被侵害利益は「平穏生活権」であり，これは「自己実現に向けた自己決定権を中核とした人格権」であり，「放射線被ばくへの恐怖不安にさらされない利益」，「人格発達権」，「居住移転の自由及び職業選択の自由」，「内心の静穏な感情を害されない利益」を包摂する権利であるとした。（2）千葉訴訟の千葉地裁判決は，被侵害利益を「生活の本拠およびその周辺の地域コミュニティーにおける日常生活の中で人格を発展，形成しつつ，平穏な生活を送る利益」であるとし，（3）生業訴訟の福島地裁判決は，被侵害利益を平穏生活権と捉え，その内実を「人は，その選択した生活の本拠において平穏な生活を営む権利を有し，社会通念上受忍すべき限度を超えた大気汚染，水質汚濁，騒音，振動，地盤沈下，悪臭によってその平穏な生活を妨げられないのと同様，社会通念上受忍すべき限度を超えた放射性物質による居住地の汚染によってその平穏な生活を妨げられない利益」であるとした。（4）小高訴訟の東京地裁判決は，「従前属していた本件包括生活基盤から利益を享受していた者にとって，同基盤が一定以上の損傷を被り，同基盤から享受していた利益が本質的に害され，その者の人格への侵害が一定以上に達したときは，従前属していた本件包括生活基盤において継続的かつ安定的に生活する利益（以下「本件包括生活基盤に関する利益」という。）を侵害されたものと解することが相当である。ここで本件包括生活基盤に関する利益は，人間の人格にかかわるものであるから，憲法13条に根拠を有する人格的利益であると解される」と述べた。

④　区域外避難者，いわゆる自主避難者の避難の相当性について，群馬訴訟の前橋地裁判決は，「国等による避難指示の基準となる年間20mSvを下回る低線量被ばくによる健康被害を懸念することが科学的に不適切であるということはできない」，「本件事故によって放出された放射性物質による危険を，単なる不安感や危惧感にとどまらない重いものとして受け止めることも無理もないものといわなければならない」，「本件事故の最中及び直後において，放出された放射性物質の量や実効線量が判然としない中で，本

件事故により放射性物質が放出されたとの情報を受けて自主的に避難することについても，通常人ないし一般人において合理的な行動というべきである」と述べて，その合理性を認めた。

また，京都訴訟の地裁判決は，「低線量被ばくに関する科学的知見は，未解明の部分が多く，1mSv の被ばくによる健康影響は明らかでないことなどの理由から，空間線量が年間1mSv を超える地域からの避難および避難継続は全て相当であるとまではいえないし，一方で，政府が策定した年間20mSv は，避難指示の基準であって，それ以下であれば，科学的知見によっても安全であるといい切れるわけではないから，空間線量が年間20mSv を超える地域からの避難及び避難継続のみ相当であるともいい難い」と述べ，区域外避難者（自主避難者）についても，個別具体的事情を考慮して避難の相当性を認めた。

2　原発の再稼働の差止め等を求める訴訟の動向

福島第一原発事故を踏まえ，2012年に環境省の外局として新たに原子力規制委員会が発足し，原子炉等規制法が改正された。2013年には福島原発事故の教訓に学んだとされる新たな規制基準が策定され，既存の原発も新規制基準への適合が求められるようになった。福島第一原発事故後，日本国内の原発は，事故の影響や定期点検などにより順次停止し，2013年9月以降の約2年間，そのすべてが停止していたが，原子力規制委員会による原子炉施設変更許可等を得て，2015年に川内原発（1・2号機）が，2016年には伊方原発3号機が，2017年には高浜（3・4号機）が，2018年には大飯原発（3・4号機），玄海原発（3・4号機）が，それぞれ再稼働した。2019年12月末現在，9基の原発が再稼働している。

① このような原発再稼働の動きに対して，全国各地で原発再稼働の阻止を目的とする訴訟が提起されている。原発の再稼働の差止め等の仮処分を求める民事訴訟としては，次のものがある。（1）大飯原発（3・4号機）運転差止仮処分申立（大阪地決平成25年4月16日）および（1）の即時抗告審

（大阪高決平成26年5月9日）は申立却下，（2）大飯原発（3・4号機）および高浜原発（3・4号機）運転差止仮処分申立（大津地決平成26年11月27日）は申立却下，（3）高浜原発（3・4号機）運転差止仮処分申立（福井地決平成27年4月14日）および（4）高浜原発（3・4号機）運転差止仮処分申立（大津地決平成28年3月9日）は仮処分の申立てを認容したものの，（3）の保全異議審（福井地決平成27年12月24日）および（4）の保全抗告審（大阪高決平成29年3月28日）では取消された。また，（5）川内原発（1・2号機）運転差止仮処分申立（鹿児島地決平成27年4月22日）および（5）の保全抗告審（福岡高宮崎支決平成28年4月6日）は申立却下，（6）伊方原発（3号機）運転差止仮処分申立（広島地決平成29年3月30日）および（7）伊方原発（3号炉）運転差止仮処分申立（松山地決平成29年7月21日）は申立却下，（6）の即時抗告審（広島高決平成29年12月13日）は，運転差止の仮処分を認めたが，（6）異議審（広島高決平成30年9月25日）は，仮処分決定を取消した。

② 原発の再稼働の差止め等を求める民事訴訟（本案）としては，大飯原発（3・4号機）運転差止訴訟がある。同訴訟の地裁判決（福井地判平成26年5月21日）は，本件原発から250km圏内に居住する原告らについて，人格権が侵害される危険があるとして差止め請求を認容し，大いに注目を集めた。本判決の要旨は以下の通りである。

　「ひとたび深刻な事故が起これば多くの人の生命，身体やその生活基盤に重大な被害を及ぼす事業に関わる組織には，その被害の大きさ，程度に応じた安全性と高度の信頼性が求められて然るべきである。このことは，当然の社会的要請であるとともに，生存を基礎とする人格権が公法，私法を問わず，すべての法分野において，最高の価値を持つとされている以上，本件訴訟においてもよって立つべき解釈上の指針である。

　個人の生命，身体，精神及び生活に関する利益は，各人の人格に本質的なものであって，その総体が人格権であるということができる。人格権は憲法上の権利であり（13条，25条），また人の生命を基礎とするものであるがゆえに，我が国の法制下においてはこれを超える価値を他に見出すこと

はできない。したがって，この人格権とりわけ生命を守り生活を維持するという人格権の根幹部分に対する具体的侵害のおそれがあるときは，人格権そのものに基づいて侵害行為の差止めを請求できることになる。人格権は各個人に由来するものであるが，その侵害形態が多数人の人格権を同時に侵害する性質を有するとき，その差止めの要請が強く働くのは理の当然である。」

「原子力発電所に求められるべき安全性，信頼性は極めて高度なものでなければならず，万一の場合にも放射性物質の危険から国民を守るべく万全の措置がとられなければならない。」

「技術の危険性の性質やそのもたらす被害の大きさが判明している場合には，技術の実施に当たっては危険の性質と被害の大きさに応じた安全性が求められることになるから，この安全性が保持されているかの判断をすればよいだけであり，危険性を一定程度容認しないと社会の発展が妨げられるのではないかといった葛藤が生じることはない。原子力発電技術の危険性の本質及びそのもたらす被害の大きさは，福島原発事故を通じて十分に明らかになったといえる。本件訴訟においては，本件原発において，かような事態を招く具体的危険性が万が一でもあるのかが判断の対象とされるべきであり，福島原発事故の後において，この判断を避けることは裁判所に課された最も重要な責務を放棄するに等しいものと考えられる。」

同訴訟の高裁判決（名古屋高裁金沢支部判平成30年7月4日）は，「原子力発電所の運転差止めの当否，すなわち原子力発電所における具体的危険性の有無を判断するに当たっては，原子力発電所の設備が，想定される自然災害等の事象に耐えられるだけの十分な機能を有し，かつ，重大な事故の発生を防ぐために必要な措置が講じられているか否か，言葉を換えれば，上記のとおり，原子力発電に内在する危険性に対して適切な対処がされ，その危険性が社会通念上無視しうる程度にまで管理・統制がされているか否かを検討すべきである」としたうえで，「本件発電所の安全性審査に当たって原子力規制委員会が用いた具体的な審査基準である新規制基準に違

法や不合理の廉があるとは認められず，また，本件発電所が新規制基準に適合するとした原子力規制委員会の判断に不合理な点があるともいえない」，「本件発電所の危険性は社会通念上無視しうる程度にまで管理・統制されているといえる」として，差止め請求を認容した地裁判決を取消し，原告の請求を棄却した。上告しなかったため，住民側の敗訴が確定した。

　なお，2017年5月に原子力委員会は大飯原発（3・4号炉）について新規制基準に適合すると判断しており，2018年に関西電力はこれらを再稼働した。

③　原発の再稼働を阻止するための行政訴訟として，2019年12月末現在，大飯原発（3・4号機）運転停止命令義務付け訴訟（平成24年6月12日提訴，大阪地裁係争中），玄海原発（3・4号機）運転停止命令義務付け訴訟（平成25年11月13日提訴，佐賀地裁係争中），高浜原発（1・2号機）運転期間延長認可等取消訴訟（平成28年4月14日提訴，名古屋地裁係争中），川内原発（1・2号機）設置許可取消訴訟（福岡地判令元年6月17日請求棄却，福岡高裁係争中），美浜原発（3号機）運転期間延長認可等取消訴訟（平成28年12月9日提訴，名古屋地裁係争中）などがある。

第3節　原発訴訟の変容と課題

1　原発訴訟の変容

　福島原発事故を契機として，脱原発運動が広がり，各地で原発の再稼働を阻止するための訴訟が提起された。福島原発事故後の原発訴訟については，裁判所への期待の高まりや，民事訴訟の活用といった顕著な変化が認められる。

　福島原発事故以前，原発の建設・運転を阻止するための訴訟は，原発の設置許可の取消し等を求める行政訴訟が中心であった。実際のところ，これらの行政訴訟が原発の建設・運転に及ぼす影響はほとんどなかったように思われる。しかし，福島原発事故以降，各地で戦略的に提起されている多数の民事差止訴訟は，原発の再稼働における現実の脅威となっているといえるだろ

う。特に仮処分は，本案の結果を待っていては債権者に著しい不利益が発生する危険があり，保全を認める必要性が高い場合に権利保全に必要な暫定的措置を認める処分であることから，早期に決定され，直ちに効果を発する。原発再稼働の差止め等の仮処分申立てが認められた場合の影響は，非常に大きい。

2　検討課題

① 　従来，原発の建設・運転を差止める民事訴訟においても，多くの裁判例が，伊方原発訴訟最高裁判決（平成 4 年10月29日）によって確立した審理・判断の枠組みを採用していた。ところが，原発の運転差止を認容して注目を集めた大飯原発（3・4 号機）地裁判決（福井地判平成26年 5 月21日）は，原発に求められる安全性について，「原子炉等規制法をはじめとする行政法規のあり方，内容によって左右されるものではない」と述べ，また，運転差止の仮処分を決定した高浜原発（3・4 号機）地裁決定（福井地決平成27年 4 月14日）は，「新規制基準は緩やかに過ぎ，これに適合しても本件原発の安全性は確保されていない」と指摘した。原発の安全性について，行政の専門技術的判断に委ねることなく，裁判所が直接判断するという姿勢を明確にしたこれらの判決を受けて，様々な見解が提出されている。これらの判決に批判的な見解として，原発の運転等の差止めを求める民事訴訟については，行政訴訟との役割分担という観点からの再考が必要であるとの指摘がある（高木光「原発訴訟における民事法の役割」自治研究91巻10号17頁）。すなわち，民事訴訟において新規制基準の合理性を判断するのは誤りであり，判例上の「人格権」理論の構造に従って，「本件発電所において炉心の著しい損傷や周辺環境への放射性廃棄物の異常な放出が生じる蓋然性」があるかどうかにしぼって審理すべきであるという見解である。

　他方，安全性の判断には，我が国の社会がどの程度の危険性であれば容認するかという観点を考慮に入れざるを得ないために原子力行政の責任者である行政庁の専門技術的裁量にゆだねざるを得ない面があるとされてい

るが，この理論が成り立つのは，行政庁の安全性の判断に対する社会の信頼が存在していることが前提であるが，今回の事故によってこの信頼が大きく損なわれたことは明白であるとし，裁判所には，少なくともその分，行政庁の裁量に委ねることなく，みずからの責任において社会が容認する安全性の有無を判断することが求められるとの見解がある（山下義昭「科学技術的判断と裁判所の審査」行政判例百選Ⅰ）。また，原子力規制委員会の判断過程においては，被害が発生する危険がある住民らが参加する手続的保障はないことから，民事訴訟では，避難計画や警備体制なども考慮して，住民らに対する具体的危険性を判断されるべきであるとの指摘もある（渡邉知行「大飯原発」環境判例百選）。

【設　問】
(1) 原発の安全性に関する判断の適否が争われる原子炉設置許可処分の取消訴訟における裁判所の審理方法について説明しなさい。
(2) 福島原発事故を踏まえ，原子力損害賠償法の課題について論じなさい。
(3) 原発の運転差止を求める民事訴訟における裁判所の具体的危険性の判断は，原子炉等規制法に基づく新規制基準に拘束されないとする見解がある。この見解の是非を考察しなさい。

参考文献

山下義昭「科学技術的判断と裁判所の審査」宇賀克也ほか編『行政判例百選Ⅰ（第7版）』（有斐閣，2017年）

高木光「伊方原発事件―科学問題の司法審査」大塚直・北村喜宣編『環境判例百選（第3版）』（有斐閣，2018年）

渡邉知行「大飯原発」大塚直・北村喜宣編『環境判例百選（第3版）』（有斐閣，2018年）

淡路剛久監修『原発事故の被害回復の法と政策』（日本評論社，2018年）

（西村淑子）

第24講　少子超高齢社会と行政法

―**本講の内容のあらまし**―――――――――――――――――――

　まず，少子超高齢社会が進展する日本において，少子超高齢社会がもたらす諸問題を少子化の面と高齢化の面に分けて検討していく。つぎに，現時点での少子超高齢社会への行政法的対応として，少子化社会対策基本法と高齢社会対策基本法を概観していく。その際，両法が類似した構造を持っていることを押さえる。そして，少子超高齢社会はもはや行政が押しとどめることのできない現象であることを前提に，むしろ少子超高齢社会を活かす行政的対応を考える。具体的には，経済成長論から脱成長論へと発想を転換し，経済成長優先社会から脱成長社会へ移行することにより，少子超高齢社会に対応すべきことを提案する。また，AI社会，ロボット社会の到来に備えることにより，少子超高齢社会に対応すべきことも主張する。

第1節　少子超高齢社会が進展する日本

　おそらく"少子超高齢社会"という言葉を聞いたことがない人もいるかもしれないが，分解して考えてみれば理解がしやすくなるだろう。すなわち，これは，少子社会と（超）高齢社会をあわせた造語である。

　まず，少子社会から検討していく。すでに内閣府の平成16年版の少子化社会白書で，「合計特殊出生率が人口置き換え水準をはるかに下まわり，かつ，子どもの数が高齢者人口（65歳以上人口）よりも少なくなった社会」を，「少子社会」と呼んでいた。ここにいう「合計特殊出生率（期間合計特殊出生率。以下，単に出生率）」とは，「その年次の15歳から49歳までの女性の年齢別

出生率を合計したもの」で，「1人の女性が仮にその年次の年齢別出生率で一生の間に生むとしたときの子ども数」に相当する。また，「人口置き換え水準」とは，「合計特殊出生率がこの水準以下になると人口が減少することになるという水準」のことをいい，日本では，2.08前後の数値が該当する。この点，日本では，1997（平成9）年に子どもの数が高齢者人口よりも少なくなったことにより要件を満たし，この年以降，少子社会になったとされている。すなわち，1940年代後半のベビーブームでは出生率は4を超えていたが，出生率の低下による少子化傾向は戦前から徐々に始まり，2018（平成30）年の厚生労働省・人口動態統計によれば，2017年の出生率は1.43であり，それが1.5を下回る状況は1995年から既に20年以上も続いている。

　このように，一人の女性が一生に産む子どもの数がきわめて低調な理由としては，未婚化，晩婚化，離婚率の増加，さらには価値観の多様化とともにライフスタイルも多様化し，子どもを持たない，育てない人生に対する社会の寛容度が高まったこと等があげられている。憲法で自己決定権（人格的自律権）が新しい人権として主張されるようになったのも（13条の幸福追求権が根拠），かかる傾向の表れといえる。もちろんこのような社会変化は，自由な生き方の容認という点では必ずしも悪いものではないであろうが，その弊害も大きい。すなわち，平成29年版の厚生労働白書によれば，2015（平成27）年の国勢調査において約1億2,709万人であった日本の総人口は，今後，ますますの少子化により長期的な減少過程に入り，2050年には1億人を割り込み，2060年代には8千万人台になると推計されている。2015年時点より4千万人以上の減少となり，日本は半世紀の間におよそ3分の1の人口を失うことになる。このように，少子社会は必然的に人口減少社会を導くのである。これは日本の国力の発展，経済の安定的成長にとって，大きなマイナスとなりうる。

　つぎに，高齢社会を検討していく。一般的に，「高齢化社会」「高齢社会」「超高齢社会」という類似した三つの用語が使用されているが，それらの定義はWHO（世界保健機関）によれば，つぎの通りである。すなわち，65歳以

上の者を「高齢者」ということを前提にして（そして，高齢者が総人口に占める割合を「高齢化率」という），「高齢化社会」とは，65歳以上の人口が総人口の7％を超え14％以下の社会をいい，「高齢社会」とは，65歳以上の人口が総人口の14％を超え21％以下の社会をいい，「超高齢社会」とは，65歳以上の人口が総人口の21％を超えている社会をいう。この点，日本は，「人口高齢化を乗り越える社会モデルを考える」と副題のついた平成28年版の厚生労働白書によれば，1950年時点で5％に満たなかった高齢化率は，1985（昭和60）年には10.3％，2005（平成17）年には20.2％と急速に上昇し，2015（平成 27）年は26.7％と過去最高となっている。そして，平成29年版の厚生労働白書によると，2016（平成 28）年も65歳以上の人口は総人口の26.6％であり，21％を超えているから，「超高齢社会」に当てはまることになる。さらに将来においても，2060年まで一貫して高齢化率は上昇していくことが見込まれ，2060年時点では38％を超えることが予想されており，そうなれば実に総人口の約4割が高齢者となる。これは，文化的水準が向上したことにより，食生活や衛生状態が充実し，また，医療技術も飛躍的に進歩したことから，平均寿命が著しく延びたことが原因といえる。

第2節　少子超高齢社会がもたらす諸問題

　このように，日本は，少子社会と超高齢社会が世界でもっとも進展している国の一つであるが，そのことにより，やがて様ざまな社会問題が発生するのは確実である。それゆえ，少子超高齢社会への対応が行政法の分野でも喫緊の課題となっているのである。内閣府が公表した「選択する未来—人口推計から見えてくる未来像—」（「選択する未来」委員会報告の解説・資料集，平成27年発行）によれば，少子超高齢社会は社会保障制度と財政の持続可能性に対して大きな障害となる。すなわち，世代間の扶養関係を，高齢者1人に対して現役世代（生産年齢人口）が何人で支えているかということで考えると，高齢者1人を支える現役世代の人数は，1960年では11.2人であったが，少子高

齢化により，1980年には7.4人，2014年では2.4人となった。現状が継続した場合，2060年時点では高齢者1人に対して現役世代が約1人となる。このように，高齢者と現役世代の人口が1対1に近づいた社会は，"肩車社会"と言われている。こうした少子高齢化の進行による肩車社会の到来にともない，医療・介護費を中心に社会保障に関する給付と負担の間のアンバランスは一段と強まることとなる。そして，このまま少子化が進むと労働力不足はますます深刻となり，各種社会保障制度は財政的に維持できなくなってしまう。そうなれば今のままでは社会保障制度は破綻するしかないであろう。

　また，家計や企業等の純貯蓄が減少する一方，財政赤字が十分に削減されなければ，経常収支の黒字は構造的に縮小していき，国債の消化を海外に依存せざるをえない状況となる。その結果，利払い費の負担が増加するおそれがあるとともに，国際金融市場のショックに対して脆弱な構造になる。財政健全化の取組が着実に実行できなければ，財政の国際的信認を損ない，財政破綻リスクが急速に高まることも考えられる。そして，財政健全化のためには国民にさらなる負担を強いなければならないが，それが消費を抑えて経済成長を阻害することは確実である。こうした少子超高齢社会による経済へのマイナスの負荷が需要面，供給面の両面で働き合って，マイナスの相乗効果を発揮し，いったん経済規模の縮小が始まると，それがさらなる縮小を招くという "縮小スパイラル" に陥り，縮小スパイラルが強く作用する場合には，国民負担の増大が経済成長を上回る可能性もある。結局，実際の国民生活の質や水準を表す一人当たりの実質消費水準が低下し，国民一人ひとりの豊かさを低下させるような事態を招きかねないであろう。

第3節　現時点での少子超高齢社会への行政法的対応

1　少子化社会対策基本法

　出生率が低下して少子社会となった原因としては，前述した未婚化，晩婚化，離婚率の増加，ライフスタイルの多様化，社会意識の変化以外にも，女

性の社会進出の増加，仕事と育児の両立の問題，収入面での経済的問題等，様ざまな複合的な事情が考えられる。それら少子化の主たる要因に適切に対応するために，少子化社会対策基本法が2003（平成15）年に議員立法により成立・施行された。本法は，少子化社会に対処する施策の総合的推進を目的として，その基本理念を規定した法律である。

　少子化社会対策基本法の具体的な概要は，つぎの通りである。まず，前文には，「子どもがひとしく心身ともに健やかに育ち，子どもを生み，育てる者が真に誇りと喜びを感じることのできる社会」を実現し，少子化の進展に歯止めをかけることが求められていること等が規定されている。

　そして，第1章・総則（1条～9条）には，目的として，少子化に対処するための施策を総合的に推進し，もって国民が豊かで安心して暮らすことのできる社会の実現に寄与すること等が（1条），また，基本理念として，家庭や子育てに夢を持ち，かつ，次代の社会を担う子供を安心して生み，育てることができる環境を整備すること等が規定されている（2条）。さらに，国，地方公共団体，事業主，国民の責務（3～6条）と政府の義務が規定されている。政府の義務としては，具体的には，①少子化に対処するための施策の大綱の策定（7条），②必要な法制上または財政上の措置を講ずること（8条），③年次報告の国会提出（9条）が規定されている。

　つぎに，第2章・基本的施策（10条～17条）には，①育児休業制度，多様な就労機会の確保などの雇用環境の整備（10条），②保育サービス等の充実（11条），③地域社会における子育て支援体制の整備（12条），④母子保健医療体制の充実等（13条），⑤ゆとりのある教育の推進等（14条），⑥生活環境の整備（15条），⑦経済的負担の軽減（16条），⑧教育および啓発（17条）が規定されている。

　さらに，第3章・少子化社会対策会議（18条，19条）には，同会議が内閣府に特別の機関として設置されるべきこと，その所掌事務として，①少子化に対処するための施策の大綱の案の作成，②少子化社会において講ぜられる施策について必要な関係行政機関相互の調整，③少子化社会において講ぜられ

る施策に関する重要事項の審議，少子化に対処するための施策の実施の推進等が規定されている（18条）。また，同会議の組織としては，内閣総理大臣を会長，内閣官房長官，関係行政機関の長，特命担当大臣を委員，関係行政機関の職員を幹事とすることが規定されている（19条）。

　この法律の規定にもとづき，2004（平成16）年，「少子化対策大綱」が閣議決定により制定された。この大綱には，少子化の流れを変えるための視点や重要課題が掲げられ，推進体制および重点課題に取り組む体制が示されている。

2　高齢社会対策基本法

　高齢社会対策を総合的に推進するための基本事項を定めるべく，高齢社会対策基本法が，1995（平成7）年，議員立法によって制定・施行された。高齢社会対策基本法の具体的な概要は，つぎの通りである。まず，前文には，高齢社会の急速な進展を踏まえ，「国民一人一人が生涯にわたって真に幸福を享受できる高齢社会」を築き上げるため，雇用，年金，医療，福祉，教育，社会参加，生活環境等の社会システムを見直す必要があるとし，本法はその対策の基本理念を明らかにするものであることが規定されている。

　つぎに，第1章・総則（1条〜8条）には，目的として，高齢社会対策を総合的に推進し，経済社会の健全な発展と国民生活の安定向上を図ることが（1条），また，基本理念として，「公正で活力ある社会」，「地域社会が自立と連帯の精神に立脚して形成される社会」，「健やかで充実した生活を営むことができる豊かな社会」の構築が規定されている（2条）。さらに，国，地方公共団体，国民の責務（3〜5条）と政府の義務が規定され，政府の義務として，①基本的かつ総合的な高齢社会対策の大綱の策定（6条），②必要な法制上または財政上の措置を講ずること（7条），③年次報告の国会提出（8条）が規定されているのは少子化社会対策基本法と同様である。

　そして，第2章・基本的施策（9条〜14条）には，①就業および所得（9条），②健康および福祉（10条），③学習および社会参加（11条），④生活環境

（12条），⑤調査研究等の推進（13条）が規定されている。また，高齢社会対策に国民の意見を反映させるための制度整備も要求されている（14条）。さらに，第3章・高齢社会対策会議（15条，16条）には，内閣府に特別の機関として「高齢社会対策会議」を設置することと，その所掌事務（15条），および，その組織等（16条）が規定されているのは少子化社会対策基本法と同様である。

　この法律の規定にもとづき，内閣府に高齢社会対策会議が設置され，1996（平成8）年，「高齢社会対策大綱」が閣議決定により制定された。これにより，政府の高齢社会対策の指針が明らかにされた。この高齢社会対策大綱は，2001（平成13）年，2012（平成24）年と改定され，2018（平成30）年，最新の大綱が閣議決定された。この大綱には，①年齢区分でライフステージを画一化することを見直し，希望に応じて活躍できるエイジレス社会を目指すこと，②地域の生活基盤を整備し，高齢期を安心で豊かに暮らせる地域コミュニティをつくること，③サイバー空間等技術革新の成果を生かした新しい高齢社会対策を志向すること等が盛り込まれている。また，具体的な数値目標としては，2020年までに①60～64歳の就業率を67％にすること（2016年は63.6％），②社会的な活動を行っている高齢者の割合を80％にすること（2016年は男性62.4％，女性55.0％），③2025年をめどに限定地域で無人自動運転移動サービスを全国普及すること等を掲げている。

第4節　少子超高齢社会を活かす行政的対応を

　本来，結婚するかどうかや，子どもを持つかどうかは個人の自己決定の問題なのだから，そもそも行政が強制することはできない事柄である。むしろ価値観が多様化し，様ざまな生き方が認められた自由社会では，少子化は当然といえる。また，医療技術や食生活が充実した平和で豊かな社会であればあるほど，平均寿命が延び，長寿社会になるのも当然である。よって，超高齢社会は，人生の持ち時間が増えたことを意味し，むしろ望ましいとさえ考

えられるであろう。その意味で，行政の力で少子化や高齢化を阻止することは，もはや無理であるし，その必要もないのである。今後の行政の対応としては，少子化や高齢化を悪とみなして押しとどめようとするのではなく，それを当然のこととして受け入れ，それを好機として，新しい社会をつくろうという前向きな発想こそが必要となる。そして，行政法においても，その観点からの法整備が急務となろう。"産めよ増やせよ" "姥捨て山" の時代はとうの昔に去ったのである。それでは，行政は今後の少子超高齢社会において，どのような発想にたつべきであろうか。この点の考え方が今後の行政法のあり方にも大きな影響を与えることから問題となる。

1 経済成長論から脱成長論へ ── 脱成長社会の実現

"より遠く，より高く，より速く" "進歩を止めてはならない" というスローガンの下で，経済成長は善であると信じ，経済的発展を目指し続けてきたのが戦後の資本主義社会である。資本主義は，成長することと，さらにその成長を維持し続けることが運命づけられている。以前，そのあり様を「電気カミソリが巻き起こす台風騒ぎ」と揶揄した経済学者がいた。「より長く仕事時間をとるためにより速くひげを剃る，というコンセプトで，より速く剃れるカミソリが作られ，それが果てしなく続く」というのである。例えば，日本においても，1949（昭和24）年，東京・大阪間に戦後初の特急「へいわ」が登場したときの所要時間は約9時間であったが，現在では，東京・新大阪間は新幹線「のぞみ」でわずか2時間30分程度である。しかし，その時間短縮のためには，膨大な労働時間が費やされ，さらにこれにより短縮した時間は，"さらにより速く" 移動するための技術開発に費やされる。決して労働時間が短縮することはないし，労働にゆとりが生じるわけでもないのである。

社会においても，消費しなければ需要は生まれないから，物を買ってはまだ使えるのに何の躊躇もなく惜しまず捨てる。資本主義社会は大量消費社会であり，資本主義では大量消費は奨励される。日本では，新車の償却期間

（すなわち耐用年数）は，普通乗用車は6年，軽自動車は4年，その期間が過ぎれば原則的に無価値と評価されてしまうが，実に不合理でもったいない話である。携帯電話会社も，絶えず新機種を開発して売り続けなければ経済競争に敗れてしまうので，激烈な販売合戦を演じるが，それほど頻繁に携帯電話を買い替える必要など本当はまったくないのである。資本主義の論理に染まった日本人は，それを疑問に感じることはほとんどないが，このような資本主義が必然的に産み出す“社会的無駄”は想像もできないくらい膨大であろう。

　しかし，このような日本人の価値観は大幅に修正を迫られるのは確実である。すなわち，前述したように日本の総人口は，今後，長期的な減少過程に入り，この半世紀の間におよそ3分の1の人口が失われると言われている。このような状況では，もはや持続的な経済成長は不可能であり，その必要もないであろう。もちろん経済成長自体は必ずしも悪いものではないが，それを最優先するのは明白に誤りである。経済成長はあくまで各人の幸福追求の結果の産物であるべきなのである。経済成長が必ずしも人間に幸福をもたらさないことは紛れもない事実である。この点，フランスの経済学者セルジュ・ラトゥーシュは，経済成長優先社会（もっぱら経済成長のみが目的とされている社会）との決別の必要性を主張するために，“脱成長社会”という概念を提唱している。そもそも脱成長社会とは，経済成長優先社会と決別し，社会関係と政治的なるものを再生するために，経済成長と経済発展から抜け出した社会を意味する。そして，ラトゥーシュは，経済成長への執着から断絶し，そこから解放された社会を実現するために，“自主的に選択される簡素な生活”をつくる必要があり，それにより，穏やかで，持続可能な，楽しみと分かち合いに満ちた脱成長社会に近づくことができるとしている。“より遠く，より高く，より速く”の社会から“すべてが緩やかな”社会へと転換するためには，やはり新しい文化や慣行，価値観が求められるであろう。

　日本においても，むしろ日本だからこそ，このような脱成長社会を目指すべきである。そして，そのためには，今こそ，“幸福”の内容と質が問い直

されなければならない。幸福のあり方が変化すれば，行政や行政法のあり方も当然に変わる。新幹線を使い2時間30分で行く大阪よりも，特急で9時間かけて行く大阪の方が楽しいかもしれない。喧騒だらけ都会の50階建てタワーマンションの最上階よりも，自然に囲まれた田舎の一軒家の方が住みやすいかもしれない。高級フレンチのフルコースよりも，一杯のかけ蕎麦の方が美味しいかもしれない。少なくとも幸福のあり方は，国民各自がみずからの判断により自主的に選択することができなければならず，各人の幸福の内容に国家が介入しては絶対にならない。国家は，国民各自がみずから幸福だと思える生き方を選択できるように，そして，その生き方を全うして，「幸福な人生だった」と回想して死ねるように，各人を側面から最大限にサポートするだけでいい。少子超高齢社会においてこそ，行政や行政法は，経済成長優先社会ではなく脱成長社会の実現に向けて制度設計がなされなければならないであろう。

2　AI 社会，ロボット社会の到来に備える

　科学技術のよりいっそうの進歩により，近い将来，AI 社会，ロボット社会が到来することは確実であると言われている。AI とは，Artificial Intelligence の略語で，通常，「人工知能」と訳されるが，具体的には「知的な機械，特に，知的なコンピュータプログラムをつくる科学と技術」と考えられている（人工知能学会）。AI とロボット技術を融合してつくられた自立型の AI ロボットが少子化，高齢化で減少した労働力人口を補い，社会を支える時代は必ずやって来る。この点，イギリスのオックスフォード大学でAI などの研究を行うマイケル・オズボーンが，カール・フライとともに執筆した「雇用の未来 ― コンピュータ化によって仕事は失われるのか」という論文によれば，コンピュータや AI，ロボットの技術革新が今後，急激に進展すれば，これまで人間にしかできないと考えられていた数多くの労働が，機械に代替されることによって自動化され，人間の労働は不要になるという。例えば，自動車が AI により自動走行できるようになれば，タクシー

やトラックは無人化され，それらのドライバーは失業することになる。オズボーンは，米国労働省のデータにもとづいて，702の職種が今後どれだけ先端科学技術によって自動化され，人間の労働が不要になるかを研究した。その結果，今後の20年程度で，米国の総雇用者の約47%の仕事が自動化される可能性が高いと結論づけている。また，オランダの歴史家でジャーナリストでもあるルトガー・ブレグマンも，コンピュータは2029年までに人間と同等の知能を持ち，2045年には全人類の脳の総計より10億倍の脳を持つようになり，近い将来，AIとロボットがホワイトカラー中間層の仕事を奪うと警告を発している。このように，人間の労働の多くが機械に代替され，人間が働く必要のない社会の到来は確実に近づいているのである。今後は，「仕事がないこと」や「働かないこと」を悪とするのではなく，幸福の契機とする社会が求められると言える。

　少子超高齢社会の下で，人間とAIロボットが共存する社会の実現が急務となる。日本は少子化，高齢化，過疎化，労働力不足，財政支出増大，1000兆円を超える政府債務など，数多くの国家的課題を抱えているが，AIロボットの活用によってそれらが解決されることが期待されている。実際，自動運転技術による交通サービス，AIとIoT（Internet of Things）を組み合わせた携帯電話や家電，AI技術を使った新時代の住宅，AIによる医療画像解析やスマートフォンを使ったAIによる遠隔医療など，AIを活用した新しいサービスの進歩がめざましい。今後，AIがさらに進化して社会に普及すれば，社会全体の生産性はどんどん上昇し，AIロボットが人間に必要なものはほぼすべてつくりだしてくれるであろう。そして，その際，ベーシックインカム（国家による国民に対する個別所得保障）の制度を導入するならば，誰もが働かずに豊かな生活を送れるようになりうる。すなわち，個人は国家によって基本的な生活を保障されつつ，趣味に没頭したり，本当にやりたい仕事に採算を度外視して挑戦したりすることが可能になり，ライフスタイルや人生そのものが大きく転換することになるであろう。

　そのような社会では，貨幣の価値や資本主義の意義も，また，人間に期待

される能力や役割も，激変していくに違いない。人間がAIやロボットと共生する時代では，人間のあるべき姿とはどのようなものか，人間の生きる意味は何か，あるいは，仕事を持ち働くことによって得られた精神的な生きがいを何に求めるべきか等が大きな課題となる。とりわけ少子超高齢社会では，高齢者が生きる意味や生きがいを探求する場としての社会参加や生涯学習が重要となろう。この点，内閣府に設置されている「人間中心のAI社会原則検討会議」では，AIの利用は，憲法および国際的な規範の保障する基本的人権を侵すものであってはならず，AIは，人びとの能力を拡張し，多様な人びとの多様な幸せの追求を可能とするために開発され，社会に展開され，活用されるべきであるとして"人間中心の原則"が宣言されている。さらに，理念として尊重すべきものとして，つぎの3つの価値があげられている。すなわち，①人間の尊厳が尊重される社会（Dignity），②多様な背景を持つ人びとが多様な幸せを追求できる社会（Diversity & Inclusion），③持続性ある社会（Sustainability）である。

　このような社会では，行政や行政法が対応すべき課題もまた激変するのは確実である。この点，AI社会やロボット社会の進展を活かして，前述したような少子超高齢社会の弊害を是正しつつ，すべての国民が一度きりのかけがえのない人生を有意義で幸せに送れるようにすることも重要な課題の一つとなろう。それには，誰もがメリットを享受できる行政的な制度設計が必要不可欠となる。例えば，AIによって自動運転する自動車などは，少子超高齢社会には非常に有益であろう。しかし，自動運転している自動車が事故を起こした場合に法的責任を負うのは，所有者なのか，売主なのか，製造したメーカーなのか，プログラマーなのかという問題は現在も解決されていない。また，前述したベーシックインカムも少子超高齢社会にはぜひとも導入されるべき制度であるが，いまだ実験段階にとどまり，具体的内容は定まっておらず，どのような形での導入が日本にふさわしいのかの議論はほとんどなされていない。さらに，自立的なAIロボットが収入を得た場合，誰が税金を支払うのかという点も，行政法（税法）上の大問題となろう。この点，

欧米では"ロボット税"という考え方が提唱されており，きわめて注目に値する。これは，企業が既存の仕事を AI やロボットにやらせて利益を得た場合，企業がそれに応じた税金を支払うという制度である。ロボット税を原資にすればベーシックインカム制度の導入可能性が高まるという主張もある。しかし，①どの範囲のロボットにどの程度の税金を課すのか，②ロボット税が大きな負担となり企業の成長力や競争力を奪ってしまうのではないか，③ロボット税は各国個別ではなくグローバルスタンダード（世界共通基準）で導入すべきではないか等の諸問題が提起されている。

　最後に一つだけ注意しておきたいことは，いくら AI ロボットが普及して AI 社会化，ロボット社会化が進んだとしても，人間が為すべき労働や作業がなくなることは絶対にありえない。また，AI ロボットに決して委ねてはならない人間的行為も存在するはずである。少子超高齢社会にたいする対応も100％機械に頼るわけにはいかないのである。この点，これからの行政や行政法は，人間と機械との役割分担，それぞれの領域での原理原則やルールの策定，禁止事項の設定等に取り組む必要がある。それがひいては人間の尊厳を維持することにつながるであろう。

> **【設　問】**
> (1) 少子超高齢社会のメリットとデメリットを考えてみなさい。
> (2) 少子超高齢社会においては，経済成長優先社会と脱成長社会のどちらがふさわしいか考えてみなさい。
> (3) AI ロボットにはどのような行政的規制をするべきか考えてみなさい。

参考文献

東京大学高齢社会総合研究機構『2030年 超高齢未来』（東洋経済新報社，2010年）
弥永真生・宍戸常寿編『ロボット・AI と法』（有斐閣，2018年）
セルジュ・ラトゥーシュ（中野佳裕訳）『〈脱成長〉は，世界を変えられるか？―贈

与・幸福・自律の新たな社会へ』（作品社，2013年）

セルジュ・ラトゥーシュ，ディディエ・アルパジェス（佐藤直樹・佐藤薫訳）『脱成長［ダウンシフト］のとき―人間らしい時間をとりもどすために』（未來社，2014年）

ルトガー・ブレグマン（中野香方子訳）『隷属なき道―AI との競争に勝つベーシックインカムと一日三時間労働』（文芸春秋，2017年）

（藤井正希）

第25講　グローバル行政法

┌─**本講の内容のあらまし**─────────────────────
　経済のグローバル化に伴い，政策実現過程もグローバル化しており，
「国家」の果たす役割が変容している。グローバル行政法という新たな
論点について，①経済のグローバル化と法制度の対応，②法にとっての
「グローバル化」の意味，③政策実現過程のグローバル化がもたらすも
の，について概説する。政策実現過程のグローバル化に伴い国家の役割
が国際法上も国内法上も変容している。国家の役割については，（1）
国会で立法せざるを得ないので，なお主権国家の役割を重視する見解
と，（2）正統性を確保するため，手続的な法原理を根拠とするグロー
バル・ガヴァナンスを重視する見解，に大別される。グローバル化は今
後，法律の留保理論や公法部門法理といった国内公法の基礎理論の再構
築につながる可能性をもつ。
└───────────────────────────────────┘

第1節　経済のグローバル化と法制度の対応

1　「国際化」と「グローバル化」

「国際化」とは，international，すなわち「国家間の結びつき」を指す。
主権国家という統治単位ないし社会管理を基礎に，その相互の「調整」を問
題にする伝統的な概念である。これに対して「グローバル化」とは globe
(global)，すなわち「地球全体の結びつき」を指す。国家を単位とせず，主
権国家以外のアクターの重みが増していることを前提に，公私の境界の相対
化に光を当てる概念であり，地球全体を単位とする政策形成・実施とその調
整を図る概念として用いられる。

　経済のグローバル化（以下「広義のグローバル化」という。）は，近代以降の法学が前提として観念していた「国家」単位で行われる問題解決作用（統治・規制）に変容をもたらしている。すなわち，政策実現過程のグローバル化（以下「狭義のグローバル化」という。）は，国家を飛び越えて私人に直接影響を与え，アクターの多元化をもたらしている。既に WTO や IMF の裁定機関による事例もあり，アカデミックな議論も始まっている。

　このような広義のグローバル化の結果，国家単位で切り分けて規律することは困難になる。そして法学における国家中心の思考枠組みに再考をもたらす。さらに，狭義のグローバル化は，国家の統治作用の実効性を低下させ，国家と法の結びつきを相対化させ，司法審査，規制権限，各国の決定権限範囲といった国内行政法の争点にも影響を及ぼしている。

2　グローバル化に伴う国際法／国内法および「国家」の役割の変容

(1) 国際法／国内法の特色と変容

　国際社会には，国家における議会・国会・裁判所にあたる機関が存在せず，したがって権利・義務が国内法と同じ次元で実現・履行されるわけではない。他方，広義のグローバル化の進展とともに，様々な分野で法制度のグローバル化が進行しており，国内法と国際法の垣根ははっきりとしたものではなくなってきている。国際法は，国際公法と国際私法に分けられる。国際公法では国際社会における国家の権利・義務や責任の問題が扱われ，国際私法では国境を越える民事紛争を解決するためのルールの選択や裁判管轄権の問題等が議論されてきた。

　一方，これまでの国内公法学は，法律に代表される政策基準の定立・執行・紛争解決（権利救済）という政策実現過程が，基本的には国境の中で展開することを前提としてきた。ところが，広義のグローバル化は，狭義のグローバル化を惹起することになった。自由貿易体制のもとで展開した経済のグローバル化に伴い，解決すべき社会的課題もグローバル化し，その結果，国家を単位とする政策実現過程が国境を越えて展開するようになってきた。

(2)「国家」の役割の変容

　こうして国際法と国内法の境界線は曖昧になり，国際法と国内法の二元論は相対化する。国際機構の役割も変容し，アクターの多元化をもたらしている。グローバル化はこれまでの公法学の前提を揺るがすことになる。

　国際公法学の主体として最も重要なのが「国家」である。伝統的な国際公法学は国家を中心的なアクターと考え，国家間の法関係をその対象としてきた。一方，国内公法学は国家と個人との法関係に視野を集中させてきた。ところが，国際公法学では，国家と並んで国際機構や民間組織（NGO や個人）も国際法のアクターとして位置付けられる変化が生じている。国際機構や民間組織が国家を飛び越えて個人と法関係を結ぶ状況が起こりうるとすれば，国家を媒介に国際公法と国内公法を区別することは難しくなってくる。国際機構や民間組織が担う任務と国家との結びつきは必ずしも明確ではない。どのような場合に，どの程度，公法の法理を拡張すべきか，また，その根拠は何なのかとの問いに対する明確な解答を得にくい状況になっている。

3　国際法 / 国内法，公法 / 私法の垣根の融解

(1) 国際法 / 国内法の垣根

　広義および狭義のグローバル化は，実定法秩序が暗黙の前提としてきた国家中心の法制度および規範構造を流動化させている。広義のグローバル化は，個々の国家の統治作用単独での問題解決能力（機能性・実効性）を低下させ，社会を一つの単位として統合する働きを弱め，国家と法の結びつきも相対化させている。それは，国家の民主的正統性が弱まることを意味する。国家は，統一性をもった単位としてではなく，機能領域ごとに作動する統治・規制のメカニズムに組み込まれた構成要素として存在することになる。国家間の正式な合意以外の様々な自生的な規範が国際社会の秩序をつくり，またそれらを支えるようになっている結果として，伝統的な国際法の存立基盤自体が問われる状況となっている。

(2) 公法／私法の垣根

また，公法／私法の垣根も低くなっている。政策実現過程のグローバル化現象に直面して，国内法における公法私法二元論に対して，行政法と民事法が同時に作用する局面が議論されている。グローバル化の中で国家間の「行政連携」（多層的な公共管理・統治過程が結びつく構造）が進展することにより，政策形成の段階においては，実体的な政策内容の調整と共通化が進められる。その執行の段階においては，各国行政機関相互間での執行権限の調整と執行構造の平準化が推し進められることになる。

私法では，各国法のある程度の同質性・互換性を前提として，国内法としての抵触法（「法の適用に関する通則法」）が，自国裁判所における外国法の適用を認める。それに対して各国公法間にはそのような同質性は存在せず，「外国公法不適用の原則」が説かれてきた。このような従来の考え方に対し，私法における考えを公法にも適用していくのが「公法抵触法的解釈」である。国家主権や自国法の独立性を損なわない形で公法の抵触が論じられている。

第2節　法にとっての「グローバル化」の意味

1　グローバル化と立法

行政活動の基準は国家の法律によって定められており，仮に条約によって国家に一定の政策実現が義務付けられたとしても，国内法的にはこれを実現するための担保法の立法という媒介項が必要となる。しかし最近は，グローバル・レベルにおける政策基準の定立が，より直接的に国内の政策実現に影響を与える局面が見られる。

(1) 二次法の定立

その一つは，条約に基づく二次法による規範定立である。例えば，地球温暖化問題に関する「気候変動枠組条約」（1992年）の詳細は，「京都議定書」（1995年）や「パリ協定」（2015年）といった法的拘束力をもつ二次法に委ねられている。京都議定書とパリ協定はともに批准されているが，二次法に基づ

く義務の変更に対して担保法の改正という形で明確に国内法化することは稀
で，担保法の委任立法レベルの改正，あるいは行政規則の改正で対応するこ
とが多い。義務の詳細を実施する部分について，国内議会が介在せずに国内
での実施が図られることになる。

（2）インフォーマルな国際ネットワーク

もう一つは，行政機関同士のインフォーマルな国際ネットワークによる事
実上の（de facto）基準定立である。例えば「国際金融市場規制」は，規制執
行を担当する行政機関の代表者が集まってインフォーマルな政策基準を形成
し，これに基づいて国内の法執行基準を定めたり，執行機関の国際的な相互
協力を行っている。法執行基準が国内において法律という形で改めて定めら
れることは稀で，行政基準（委任立法・通達）により，あるいは不確定概念の
解釈の枠内でこれらの基準が参照されることが多い。基準そのものには拘束
力がないが，基準への適合性を確保しなければ国際市場に参入できなくなる
ことから，基準には事実上の強い拘束力が認められる。

このように，政策基準の内容がグローバル・レベルで実質的には決定さ
れ，国内の立法者はそれを追認するだけになりかねない。伝統的な民主的正
統性が確保できなくなっている。

2　グローバル化と執行

（1）執行管轄権——公法は水際で止まる

いくら経済がグローバル化しようとも，「公法は水際で止まる」（Public law
stops at the water's edge）と言われるように，主権国家単位で形成・適用され
てきた各国法による規律が全く変わってしまったわけではない。

立法管轄権同様，執行管轄権も属地主義の壁を越えることはできないと考
えられてきた。行政活動は国家の行政機関によって実施されてきたが，グ
ローバル化のなかでの立法管轄権や執行管轄権（以下「課税管轄権」という。）
を扱う国際租税法の分野では，各国間での課税の調整が主要な課題となって
いる。二重課税を防ぐための OECD モデル租税条約やコメンタリーが参照

されるため，二国間租税条約は平準化してくる。国家機関によらないスタン
ダードという柔軟な手法が好まれる傾向も生ずる。多国籍企業による国際的
な租税回避問題等に関しては，OECD/G20による「BEPS（税源浸食と利益移
転）最終報告書」が公表されている（2015年）。

　このように，広義のグローバル化によってもたらされた地球規模の格差の
拡大に対して，国境を越えた「分配の正義」を達成する必要がある。それ
は，これまでの「国家による課税権の行使」を越えた「ポスト・ナショナ
ル」と呼べるような越境的な課税管轄権の共同実施であり，その正統性が求
められている。

（2）政策の実施──情報交換

　経済のグローバル化に伴う課税の抜け穴（国際的な租税回避）を防ぐような
グローバル課税権の行使として「グローバル・タックス」も提唱されてい
る。現段階では，フランス等14ヶ国によって実施されている「航空券連帯
税」の導入例しかないが，グローバル・タックスは「代表なくして課税な
し」という主権国家のもとでの租税法律主義の原則（憲法84条）の枠組を溶
融させるような新たな形態の租税である。

　立法面に呼応した執行面，すなわち，グローバル・レベルでの格差を拡大
させている「逃げていく税金」問題に対する国際的な執行共助も具体化して
いる。課税に関する情報交換である。それも二国間租税条約ではなく，多国
間での税務情報交換協定や税務行政執行共助条約がすでに締結されている
（日本では2013年10月1日発効）。アメリカのFATCA（外国口座税務コンプライアン
ス法）（2010年）制定に伴う徴収共助も実行されている。海外の金融機関に対
して課税当局と契約を締結するよう求め，契約上の義務として情報提供させ
る仕組みである。属地主義の壁を行政契約で破っている。これを踏まえて，
OECD/G20における金融口座情報の共有体制整備が進んでいる。

3　行政法にとっての「グローバル化」
——正統性要素とグローバル・ガヴァナンス論

(1)　正統性要素とアカウンタビリティ

日本の行政法の理論体系は，議会立法による授権と正統化の連鎖および独立した裁判所による司法審査を前提として組み立てられており，民主主義と権力分立を基盤とする国家の統治構造を抜きにして語ることはできない。ドイツ公法学の影響を受けた日本の行政法における「法律による行政の原理」は，国家による統治・規制作用は民主的正統性に基礎付けられなければならないとの考えである。

ところがグローバル化の進展により，政策形成の場が主権国家の議会から超国家レベルへと移転すると，伝統的な民主的正統性が確保できなくなってしまう。グローバル行政法が妥当し適用される行政空間は，国家の枠組みを越えた社会である。

政策決定が国家によってなされる場合でも，その内容形成が実質的にはグローバル・レベルで先取りされると，国家の立法者の決定権限が空洞化する。これを補う正統性要素をどのように調達するかが問われることになる。これはアカウンタビリティの確保という手続的な法原理をその規範的基礎付けとする見解，すなわち，グローバル・ガヴァナンスの問題へとつながる。グローバル行政法の対象は，集権的な統治機構が存在しない世界において，国境を越えた諸課題に対応するための諸々の主体の相互作用ないし枠組みである。それは国際関係論でグローバル・ガヴァナンス論と呼ばれる現象である。

(2)　グローバル・ガヴァナンス論

グローバル・ガヴァナンス論は，国際レジームの協調的な法形成・法発展の過程を制度設計的に把握しようとする立場である。主権国家を越えたレベルで，国際機構・国家・企業・自治体・NGO・個人等の諸主体によって展開されるグローバル・ガヴァナンスを，行政法の法的規律の対象として捉えるべきかが問われている。

　グローバル・ガヴァナンスは国際関係論に出自をもつ概念であるため，一般行政法的な議論として展開することに対し批判的な見解も，逆に法的規律の対象に含めるべきとの肯定的な見解もある。肯定的に捉えるグローバル行政法論にも，（1）なお主権国家の役割を重視する見解と，（2）グローバル・ガヴァナンスを行政法に由来する諸原理をもって理解しようとする見解とがある。前者（1）は，国家間の連携によるグローバル・ガヴァナンス類似の構造を行政法の対象として捉える考えであり，後者（2）は，アカウンタビリティ・透明性・立法過程への参加などの手続法理の活用を重視して捉える考えである。

　前者（1）は，ドイツの「国際的行政法」をめぐる議論を追跡するものであり，グローバル化は正統性問題をもたらすとする。その対処法として国家間の「行政連携」と「公法抵触法的解釈」によって主権国家の役割を重視する見解を採る。後者（2）は，米国や英国を中心とする「グローバル行政法」で唱えられている考えであり，どこか特定の主権国家の国内行政法に依拠しないのみならず，グローバル社会における主権国家の機能的等価物（グローバル立憲主義など）をも措定しない見解である。すなわち，グローバル・ガヴァナンスに正統性を付与する究極の存在たる国民（the people）はいないが，アカウンタビリティ等の確保という手続的な法原理をグローバル行政法の理論的根拠とする考えである。

4　グローバル行政法論

(1) グローバル化と行政法

　ドイツで議論される国際行政法や米国や英国で議論されているグローバル行政法は，各々異なる枠組みから「ポスト・ナショナル時代の公法」規範の定立を目指している。グローバル化された行政活動への法的対応として，従来の国際法と国内公法の素材と発想を融合し，かつ伝統的な国内公法規範に近づける形で理論化が試みられている。国家と国家がもつ一元的な集団的意思形成過程を前提とせず，グローバルな行政活動への法的規律のあり方を政

策分野ごとに直截に構想する。

　グローバルに展開する各機能領域の下で公私の境界を越えて発展した＜問題把握−解決＞メカニズムは，一方では伝統的な国家の役割を部分的に代替する。他方では「グローバルな政策実現過程」の一部として取り込みつつある。この状況を，国際公法・国内公法を横断する形で構想される新たな公法理論が取り組むべき課題として認識している。

　(2)　主権国家の役割を重視する見解――行政連携

　EU に加盟している27ヶ国は，その主権の一部を EU との関係で制限ないし譲渡することにより，超国家的（supranational）な機構や法制度を発展させてきた。EU 法は加盟国の国内法に優越し，直接効果が認められるため，各加盟国の法体系は EU 条約や EU 法のヒエラルキーに拘束され，EU 司法裁判所や欧州人権裁判所（ECtHR）に縛られることになる。これら EU と各加盟国との法執行の局面における複雑で強度な結びつきを示す概念が「行政連携」であり，主権国家の役割をなお重視する見解である。行政連携の概念は，国家の統治機構のグローバルな政策実現過程に対する独自性・自律性を前提に，相互の協力関係に基づく調整の必要を説くものである。

　しかし，超国家的組織である EU のような法体系や経済統合のない日本の公法学において，主権国家の役割を重視し，正統性を国家に一元的に還元する試みにはなお課題が多いとされる。

　(3)　グローバル・ガヴァナンスを重視する見解――アカウンタビリティ

　広義のグローバル化により，グローバルな制度・枠組みが増加し，強化されることは，政策形成における国家の自由度を引き下げることにつながっている。国際関係論におけるグローバル・ガヴァナンスをあえて行政法の対象たる「行政」と捉えるのがグローバル行政法であり，アカウンタビリティを基礎とする手続的な法原理で対処することを構想する。アカウンタビリティは，政治的・行政的手段によって正統性を，法的手段によって合法性を確保することに資する。

　アカウンタビリティだけで正統性問題を解決できるわけではなく，国民主

権が妥当しないグローバル・ガヴァナンスにおいては，公的決定過程が帰属すべき「全体」が何であるかは容易に確定しえない。そのような条件下では，「利害当事者原則」こそが重要であるとして，手続法理の活用を説く見解である。

第3節　政策実現過程のグローバル化がもたらすもの ——グローバル行政法

1　各論——個別行政法分野におけるグローバル・システム

政策実現過程がグローバル化すれば，公法学において中心点となっていた国家の役割が低下することは避けられない。それでも，これまで「国家」が果たしてきた機能を国家以外の仕組みが担いうるか，との問いに対しては否定的に捉える見解の方が多い。一般行政法理論として，グローバル行政法理論が形成されるかについては，欧米のアカデミアを含めてチャレンジングな状況にある。しかし，個別行政法の分野ではそれぞれの特性に応じたグローバル・システムが既に整えられている。以下，租税法，環境法，経済法の分野につき，概観する。

(1) 国際租税法——課税管轄権

課税管轄権はグローバル化現象が広がる遥か前のウェストファリア条約（1648年）によって形成された主権国家を前提としている。「経済はグローバル，課税はローカル」というギャップのもと，主権国家を前提とした租税法が今後どのような役割を果たしていくのか，という点は非常に難しい問題となっている。地球規模での格差が拡大し続けている現在，課税管轄権の限界を越えた世界的な「分配の正義」が求められている。越境的な課税管轄権の共同実施の正統性が求められている。そのための国際公共価値は「社会正義」であり，分配的正義の構想はあくまで税引き後の財産の分配をめぐって展開されることになる。しかし，国家以外には課税権を行使できる主体はない。「国家主権の中枢に属する課税権」からして，租税法の分野において国家の果たすべき役割は今後も軽視できないことになる。

　一方，執行に関しては，外国租税債権の徴収共助のしくみが整えられている。行政上の義務履行強制に関する共助は，他の競争法領域とは顕著な相違となっている。すなわち，執行管轄権（執行共助体制）の確立は，立法管轄権の行使に対してもインパクトを持ちうると考えられている。

(2)　地球環境法——クリーン開発メカニズム

　地球環境問題は容易に国境の壁を越える。そして，生物多様性問題（生物多様性条約）も，オゾン層問題（オゾン層の保護のためのウィーン条約）も，気候変動問題（気候変動枠組条約）も，結局は南北問題へと行き着くことになる。

　地球規模の環境問題の分野では各国の利害は鋭く対立する。その調整が難しいため，まず第一歩として，条約の目的と一般的な原則のみを定めた枠組条約を締結する。その細目は後に別個の議定書や協定を締結・批准することによって，各締約国を法的に拘束することになる。

　京都議定書では，附属書Ⅰ締約国のみが目標期間（2008～2012年）に6種類の温室効果ガスを1990年比少なくとも5％削減を目指す数値目標が課せられた（同3条）。その手法として京都メカニズムという国際的に協調して目標を達成する3つの仕組みが導入されたが，その一つがCDM（クリーン開発メカニズム）である（同12条）。非附属書Ⅰ国での削減プロジェクトから生じた削減量を附属書Ⅰ国の削減量に充当できる制度であるが，これらのプロジェクトは第三者機関（指定運営組織（DOE））の有効化審査を受けた後，国連のCDM理事会に送付される。審査を通過するとプロジェクトの登録が行われる。それぞれのプロジェクトの認証排出削減量（CER）は，附属書Ⅰ国の排出枠に加えられることになるが，CDM理事会や指定運営組織（DOE）は国内行政機関との関係をもたない組織である。国家を媒体としないシステムによる認証によって，国家の排出削減量（CER）に加えられることになる。

(3)　国際経済法——投資協定仲裁

　政策実現過程のグローバル化は，裁判の領域にも影響を与えている。一例として，二国間の国際的な投資協定に基づいてなされる仲裁が注目されている。投資協定仲裁とは，主として二国間の国際投資協定に基づき，紛争の解

決を仲裁廷に委ねる仕組みである。二国間の投資協定は，投資家の受入国に対する投資を促進する内容を有する。仮に投資受入国が，投資家に対して協定に反する行為や，投資家の信頼に反する行為をした場合，投資家には受入国裁判所で裁判を受ける権利が認められるが，受入国の裁判所が公正中立な判断を下すことへの疑念を払拭できない場合もある。このような場合に，相手国が投資協定に違反したかどうかを中立な仲裁人が判断し，仲裁判断によって相手国に対して損害賠償や原状回復を命じることができる。当該仲裁人は，国内法的にみると何の民主的正統性も持たず，専門性・中立性に関しても制度的担保はないが，場合によっては国内裁判所により承認・執行されうる。

　また，投資紛争解決国際センター（ICSID）（ICSID 条約に基づいて設立）で行われる仲裁の場合は，国内裁判所の執行決定を経ずに，仲裁判断の民事執行が可能となる。同センターは，企業同士の紛争ではなく，投資家と国との間の紛争に限られる。

2　グローバル行政法はどうなるか──グローバル化と公法理論

(1) 法律の留保理論の再構成

　例えば国際金融市場規制法のように，重要な政策決定がますますグローバル・レベルで行われ，国家の枠組みを超えた機能的な部分社会で形成された規範に多くの人々が従う状況は，国家法のあり方に影響を与える存在となる。これらの規範を行政法の考察の対象に含める必要があることを意味する。それは，行政活動に関する一定の事項は議会が法律の形で事前に決定しておくべきとの「法律の留保理論」（法律による行政の原理）の重要性が薄れることにつながりうる。

　となると，まず，実質的な決定がなされている国際的なレベルにおける補完的な正統性要素を模索する必要がある。国家における民主的正統性はそのままでは適用できないので，適正な手続・透明性・専門性といった要素を足し合わせる方法が模索される。アカウンタビリティの重視である。もう一つ

は，国家は今なおあらゆる任務を国家事務として遂行することができ，また強制力を伴う執行権限を独占的に有していることから，国際的なレベルでの政策基準の形成過程・手続等に条件付けを行い，その条件を充足しなかった場合には国内法上の効力を否認するという方法がある。それは，国際的なレベルの政策形成に対する国内での防波堤の役割を果たす方法であるが，具体化は難しいと思われる。

(2)　グローバル化時代の公共部門法理

　狭義のグローバル化の下で，国際機構や民間組織が担う任務と国家との結びつきは必ずしも明確ではなく，どのような場合に公法理論をどの程度拡張すべきか，その根拠は何なのか，という問題に対する明確な解答は得にくい。伝統的には国家の行政機関が法執行を行ってきた。狭義のグローバル化に伴い，国家事務を民間組織が担うようになっている。それは，国内行政法における民営化と同様の状況である。民営化の場合の公法理論を段階的に適用するような制度設計論を，グローバル化に伴う諸問題に対しても拡張することになるのか。「国家」の役割が変容しつつあるグローバル化時代における公共部門法理の再構築は今後の課題であろう。

　【設　問】
　(1)　「国際化」（internationalization）のもたらす影響と「グローバル化」
　　　（globalization）のもたらす影響の違いを考えてみよう。
　(2)　第3節1で取り上げた租税法・環境法・経済法といった政策分野で
　　　の具体的なグローバル化の法システムを調べてみましょう。
　(3)　「公法は水際で止まる」「経済はグローバル，課税はローカル」とさ
　　　れる国際公法と国内公法の仕組みの歴史を調べてみましょう。

参考文献

Paul Craig, *UK, EU and Global Administrative Law*, Cambridge University Press, 2015

浅野有紀ほか編著『グローバル化と公法・私法関係の再編』（弘文堂，2015年）
上村雄彦編著『グローバル・タックスの理論と実践』（日本評論社，2019年）
大橋洋一『対話型行政法の開拓線』（有斐閣，2019年）
原田大樹『公共制度設計の基礎理論』（弘文堂，2014年）

（兼平裕子）

事項索引

編者・執筆者一覧（50音順）

岡 田 大 助（おかだ だいすけ）
　　群馬大学・駿河台大学・筑波技術大学・東京未来大学・健康科学大学講師

長 内 祐 樹（おさない ひろき）
　　金沢大学教授

小 澤 久 仁 男（おざわ くにお）
　　日本大学教授

片 上 孝 洋（かたかみ たかひろ）
　　大阪経済法科大学教授

兼 平 裕 子（かねひら ひろこ）
　　元愛媛大学教授

兼 平 麻 渚 生（かねひら まなみ）
　　元首都大学東京助教

後 藤 浩 士（ごとう ひろし）
　　九州共立大学准教授

権 　 奇 法（こん ぎほぶ）
　　愛媛大学教授

竹 嶋 千 穂（たけしま ちほ）
　　群馬大学・文教大学講師ほか

西 村 淑 子（にしむら よしこ）
　　群馬大学教授

藤 井 正 希（ふじい まさき）
　　群馬大学准教授

三 浦 一 郎（みうら いちろう）
　　鎌倉女子大学・関東学院大学・日本大学講師

現代行政法25講

2022年6月20日　初版第1刷発行

編著者　　片上孝洋
　　　　　兼平裕淑
　　　　　西村淑子
　　　　　藤井正希

発行者　　阿部成一

〒162-0041　東京都新宿区早稲田鶴巻町514
発行所　株式会社　成文堂
電話03（3203）9201代　FAX03（3203）9206
http://www.seibundoh.co.jp

製版・印刷　藤原印刷　　　　　　　　検印省略
©2022　T. Katakami, H. Kanehira, Y. Nishimura, M. Fujii
☆乱丁・落丁本はおとりかえいたします☆ Printed in Japan
ISBN978-4-7923-0702-8 C3032　　　　検印省略

定価（本体3,200円＋税）